한 번에 합격,
자격증은 이기적

이렇게
기막힌
적중률

KB050347

자격증 독학, 어렵지 않다!
수험생 합격 전담마크

이기적 스터디 카페

이기적 스터디 카페

인증만 하면, **고퀄리티 강의가 무료!**

100% 무료 강의

영진닷컴 이기적

1년 365일 이기적이 쏜다!

365일 진행되는 이벤트에 참여하고 다양한 혜택을 누리세요.

EVENT ❶
기출문제 복원

- 이기적 독자 수험생 대상
- 응시일로부터 7일 이내 시험만 가능
- 스터디 카페의 링크 클릭하여 제보

이벤트 자세히 보기 ▶

EVENT ❷
합격 후기 작성

- 이기적 스터디 카페의 가이드 준수
- 네이버 카페 또는 개인 SNS에 등록 후
  이기적 스터디 카페에 인증

이벤트 자세히 보기 ▶

EVENT ❸
온라인 서점 리뷰

- 온라인 서점 구매자 대상
- 한줄평 또는 텍스트 & 포토리뷰 작성 후
  이기적 스터디 카페에 인증

이벤트 자세히 보기 ▶

EVENT ❹
정오표 제보

- 이름, 연락처 필수 기재
- 도서명, 페이지, 수정사항 작성
- book2@youngjin.com으로 제보

이벤트 자세히 보기 ▶

N Pay
네이버페이
포인트 쿠폰
20,000원

영진닷컴 쇼핑몰
30,000원

- N페이 포인트 5,000~20,000원 지급
- 영진닷컴 쇼핑몰 30,000원 적립
- 30,000원 미만의 영진닷컴 도서 증정

※이벤트별 혜택은 변경될 수 있으므로 자세한 내용은 해당 QR을 참고하세요.

이기적 크루를 찾습니다!

WANTED

저자 · 강사 · 감수자 · 베타테스터 상시 모집

저자 · 강사

- **분야** 수험서 전 분야
  수험서 집필 혹은 동영상 강의 촬영
- **요건** 관련 강사, 유튜버, 블로거 우대
- **혜택** 이기적 수험서 저자 · 강사 자격
  집필 경력 증명서 발급

감수자

- **분야** 수험서 전 분야
- **요건** 관련 전문 지식 보유자
- **혜택** 소정의 감수료
  도서 내 감수자 이름 기재
  저자 모집 시 우대(우수 감수자)

베타테스터

- **분야** 수험서 전 분야
- **요건** 관련 수험생, 전공자, 교사/강사
- **혜택** 활동 인증서 & 참여 도서 1권
  영진닷컴 쇼핑몰 30,000원 적립
  스타벅스 기프티콘(우수 활동자)
  백화점 상품권 100,000원(우수 테스터)

◀ 모집 공고 자세히 보기

이메일 문의하기 ✉ book2@youngjin.com

누구나 작성만 하면 100% 포인트 지급
합격 후기 EVENT

이기적과 함께 합격했다면,
합격썰 풀고 네이버페이 포인트 받아가자!

합격 후기
작성 시
100%
지급

네이버페이
포인트 쿠폰

25,000원

 카페 합격 후기 이벤트

이기적 스터디 카페에
합격 후기 작성하고 5,000원 받기!

5,000원
네이버 포인트 지급

▲ 자세히 보기

 블로그 합격 후기 이벤트

개인 블로그에
합격 후기 작성하고 20,000원 받기!

20,000원
네이버 포인트 지급

▲ 자세히 보기

• 자세한 참여 방법은 QR코드 또는 이기적 스터디 카페 '합격 후기 이벤트' 게시판을 확인해 주세요.

• 이벤트에 참여한 후기는 추후 마케팅 용도로 활용될 수 있습니다.

• 이벤트 혜택은 추후 변동될 수 있습니다.

이기적 스터디 카페 🔍

이기적이
다 드립니다

여러분은 합격만 하세요! 이기적 **합격 성공세트** BIG 4

이론부터 문제까지, **무료 동영상 강의**

ITQ 기능 이론, 따라하기, 기출문제, 모의고사까지!
무료 강의로 선생님과 함께 한 번에 합격해 보세요.

설치 없이 빠르게, **자동 채점 서비스**

문제 풀이 후 채점이 막막하다면? 이기적이 도와드릴게요.
itq.youngjin.com에서 자동 채점을 이용해 보세요.

시험장 그대로, **답안 전송 프로그램**

ITQ 답안 전송도 미리 연습해볼 수 있도록,
시험장 그대로의 답안 전송 프로그램이 준비되어 있어요.

무엇이든 물어보세요. **1:1 질문답변**

ITQ 시험에 대한 궁금증, 전문 선생님이 풀어드려요.
이기적 스터디 카페에서 어떤 질문이든 들려주세요.

※ 〈2025 이기적 ITQ 엑셀 ver.2021〉을 구매하고 인증한 회원에게만 드리는 자료입니다.
※ 부가 서비스로 제공되는 부분이며, 혜택 및 내용은 변경 · 중단될 수 있습니다.

설치 없이 쉽고 빠르게 채점하는
ITQ 자동 채점 서비스

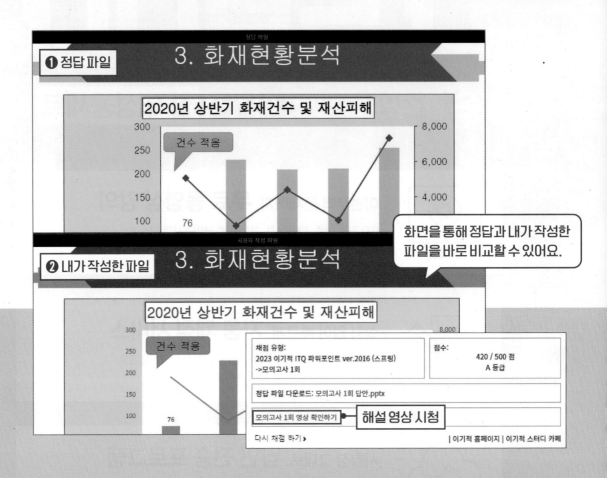

화면을 통해 정답과 내가 작성한 파일을 바로 비교할 수 있어요.

이용 방법

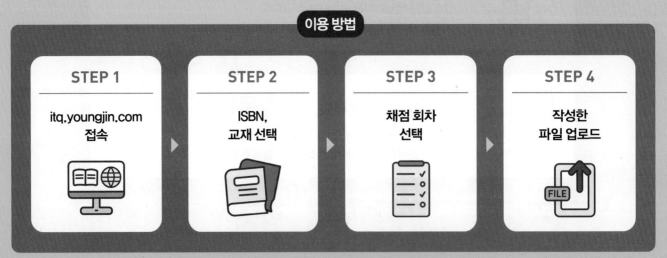

STEP 1	STEP 2	STEP 3	STEP 4
itq.youngjin.com 접속	ISBN, 교재 선택	채점 회차 선택	작성한 파일 업로드

- 인터넷이 연결되어 있지 않을 시 사용할 수 없으며 개인 인터넷 속도, 접속자 수에 따라 채점 속도가 다를 수 있습니다.
- 운영체제, MS Office 정품 여부에 상관없이 채점이 가능합니다.
- 부가 서비스로 제공되는 부분이며, 업체 등의 변경으로 제공이 중단 또는 제한될 수 있습니다.

 **ITQ 엑셀 빈출 함수 정리**

01 날짜/텍스트

함수	예문	설명
DATE	=DATE(년,월,일)	년, 월, 일에 해당하는 날짜를 구함
WEEKDAY	=WEEKDAY(날짜,[옵션])	날짜에 해당하는 요일의 번호를 구함 – 옵션 1 또는 생략 시 : 일요일이 '1' – 옵션 2 : 월요일이 '1'
YEAR	=YEAR(날짜)	날짜에서 연도를 추출
TODAY	=TODAY()	시스템에 설정된 오늘의 날짜를 반환
LEFT	=LEFT(문자열,개수)	문자열의 왼쪽에서 개수만큼 문자를 추출
MID	=MID(문자열,시작 위치,개수)	문자열의 시작 위치에서 개수만큼 문자를 추출
RIGHT	=RIGHT(문자열,개수)	문자열의 오른쪽에서 개수만큼 추출
REPT	=REPT(문자열,반복수)	문자열을 반복수만큼 표시함

02 수학

함수	예문	설명
SUM	=SUM(인수1,인수2,…)	인수들의 합계를 구함
SUMIF	=SUMIF(조건 범위,조건,합계 범위)	조건 범위에서 조건에 맞는 자료의 합계를 구함
ROUND	=ROUND(인수,자릿수)	인수를 지정한 자릿수까지 반올림
ROUNDUP	=ROUNDUP(인수,자릿수)	인수를 지정한 자릿수까지 올림
ROUNDDOWN	=ROUNDDOWN(인수,자릿수)	인수를 지정한 자릿수까지 내림
SUMPRODUCT	=SUMPRODUCT(배열1,배열2,…)	배열1과 배열2를 곱한 값들의 합계를 구함
MOD	=MOD(인수1,인수2)	인수1을 인수2로 나눈 나머지를 구함

03 데이터베이스

함수	예문	설명
DSUM	=DSUM(범위,열 번호,조건 범위)	범위에서 조건에 맞는 자료를 대상으로 지정된 열의 합계
DAVERAGE	=DAVERAGE(범위,열 번호,조건 범위)	범위에서 조건에 맞는 자료를 대상으로 지정된 열의 평균
DCOUNTA	=DCOUNTA(범위,열 번호,조건 범위)	범위에서 조건에 맞는 자료를 대상으로 지정된 열의 비어 있지 않은 셀 개수
DCOUNT	=DCOUNT(범위,열 번호,조건 범위)	범위에서 조건에 맞는 자료를 대상으로 지정된 열의 숫자가 있는 셀 개수

04 통계

함수	예문	설명
MAX	=MAX(인수1,인수2,…)	인수들 중 가장 큰 값을 표시
RANK.EQ	=RANK.EQ(인수1,범위,옵션)	범위에서 셀이 몇 번째 순위인지 구함 옵션이 0이거나 생략 시 내림차순 옵션이 1이면 오름차순
AVERAGE	=AVERAGE(인수1,인수2,…)	인수들의 평균을 구함
COUNTIF	=COUNTIF(범위,조건)	범위에서 조건을 만족하는 셀의 개수를 구함
COUNTA	=COUNTA(인수1,인수2,…)	인수들 중 비어 있지 않은 셀의 개수를 구함
COUNT	=COUNT(인수1,인수2,…)	인수들 중 숫자가 들어 있는 셀의 개수를 구함
COUNTBLANK	=COUNTBLANK(인수1,인수2,…)	인수들 중 비어 있는 셀의 개수를 구함
MIN	=MIN(인수1,인수2,…)	인수들 중 가장 작은 값을 구함
MEDIAN	=MEDIAN(인수1,인수2,…)	인수들 중 중간 값을 구함
LARGE	=LARGE(인수,숫자)	인수에서 숫자 번째로 큰 값을 구함

05 찾기/참조

함수	예문	설명
INDEX	=INDEX(범위,행 번호, 열 번호)	범위에서 행 번호와 열 번호에 위치한 데이터를 표시
MATCH	=MATCH(찾을 값,범위,옵션)	범위에서 찾을 값과 같은 데이터를 찾아 그 위치를 번호로 표시
CHOOSE	=CHOOSE(인수,첫 번째,두 번째,…)	인수가 1일 때 첫 번째, 2일 때 두 번째를 출력
VLOOKUP	=VLOOKUP(찾을 값,범위,열 번호)	범위의 첫 번째 열에서 찾을 값과 같은 데이터를 찾은 후 지정된 열 번호에서 동일한 행에 있는 데이터를 표시

06 논리값

함수	예문	설명
IF	=IF(조건,참,거짓)	조건이 참(TRUE)이면 참 내용을 표시, 거짓(FALSE)이면 거짓 내용을 표시
AND	=AND(조건1,조건2,…)	조건이 모두 참(TRUE)일 때만 TRUE를 표시
OR	=OR(조건1,조건2,…)	조건 중에 하나라도 참(TRUE)이면 TRUE를 표시

※ 이기적 스터디 카페(cafe.naver.com/yjbooks)에서 구매인증하고 "ITQ 엑셀 주요 함수 총정리" PDF를 받아보세요.

이렇게 기막힌 적중률

ITQ 엑셀
ver.2021

"이" 한 권으로 합격의 "기적"을 경험하세요!

YoungJin.com Y.
영진닷컴

차례

난이도에 따라 분류하였습니다.
- 상 : 반드시 반복 연습해야 하는 기능
- 중 : 여러 차례 풀어보아야 하는 기능
- 하 : 수월하게 익힐 수 있는 기능

▶ 표시된 부분은 동영상 강의가 제공됩니다.
이기적 홈페이지(license.youngjin.com)에 접속하여 시청하세요.

▶ 제공하는 동영상과 PDF 자료는 1판 1쇄 기준 2년간 유효합니다.
  단, 출제기준안에 따라 동영상 내용은 변경될 수 있습니다.

PART 01 시험 유형 따라하기 ▶

하 CHAPTER 01	답안 작성요령	24
중 CHAPTER 02	[제1작업] 데이터 입력 및 서식 설정	32
하 CHAPTER 03	[제1작업] 도형 및 제목 작성	47
중 CHAPTER 04	[제1작업] 함수-1(날짜, 문자 반환, 조건)	57
중 CHAPTER 05	[제1작업] 함수-2(합계, 순위, 자릿수)	65
중 CHAPTER 06	[제1작업] 함수-3(목록, 범위)	73
중 CHAPTER 07	[제2작업] 목표값 찾기/고급 필터/표 서식	76
상 CHAPTER 08	[제3작업] 정렬 및 부분합	98
상 CHAPTER 09	[제3작업] 피벗 테이블	105
중 CHAPTER 10	[제4작업] 차트	114

PART 02 대표 기출 따라하기 ▶

대표 기출 따라하기 01회	132
대표 기출 따라하기 01회 해설	138
대표 기출 따라하기 02회	184
대표 기출 따라하기 02회 해설	190

PART 03 최신 기출문제 ▶

최신 기출문제 01회	239
최신 기출문제 02회	242
최신 기출문제 03회	245
최신 기출문제 04회	248
최신 기출문제 05회	251
최신 기출문제 06회	254
최신 기출문제 07회	257
최신 기출문제 08회	260
최신 기출문제 09회	263
최신 기출문제 10회	266

PART 04 실전 모의고사 ▶

실전 모의고사 01회	271
실전 모의고사 02회	274
실전 모의고사 03회	277
실전 모의고사 04회	280
실전 모의고사 05회	283
실전 모의고사 06회	286
실전 모의고사 07회	289
실전 모의고사 08회	292
실전 모의고사 09회	295
실전 모의고사 10회	298

PART 05 기출문제/모의고사 해설

| 기출문제/모의고사 해설 | PDF 제공 |

ITQ 부록 & 구매 인증 자료

ITQ 실습용
압축 파일

기출문제/모의고사
해설 PDF

주요 함수 총정리
구매 인증 자료

※ 부록 자료 다운로드 방법
이기적 홈페이지(license.youngjin.com) 접속 → [자료실]-[ITQ] 클릭 → 도서 이름으로 게시물 찾기 → 첨부파일 다운로드 후 압축 해제
※ 구매 인증 자료 다운로드 방법
이기적 스터디 카페(cafe.naver.com/yjbooks) 접속 → '구매 인증 PDF 증정' 게시판 → 구매 인증 → 메일로 자료 받기

실습 파일 사용법

ITQ 합격에 필요한 자료를 모두 모았습니다.

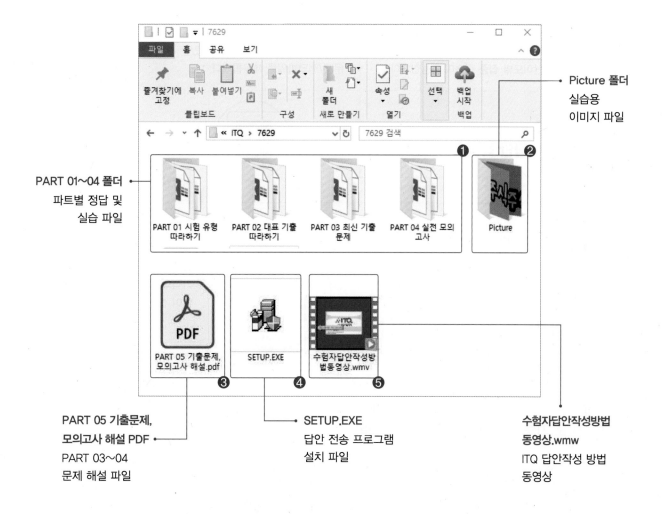

PART 01~04 폴더
파트별 정답 및
실습 파일

Picture 폴더
실습용
이미지 파일

PART 05 기출문제,
모의고사 해설 PDF
PART 03~04
문제 해설 파일

SETUP.EXE
답안 전송 프로그램
설치 파일

수험자답안작성방법
동영상.wmw
ITQ 답안작성 방법
동영상

다운로드 방법

① 이기적 영진닷컴(license.youngjin.com)에 접속한다.
② 상단 메인 메뉴에서 [자료실] − [ITQ]를 클릭한다.
③ '[2025] 이기적 ITQ 엑셀 ver.2021 부록 자료' 게시글을 클릭하여 첨부파일을 다운로드한다.

사용 방법

① 다운로드한 '7629.zip' 압축 파일에서 마우스 오른쪽 버튼을 눌러 압축을 해제한다.
② 압축이 풀린 후 '7629' 폴더를 더블 클릭하여 모든 파일이 들어 있는지 확인한다.

※ ITQ 시험은 빈 문서에서 내용을 입력하는 것부터 시험 시작입니다. 처음 시험 공부를 하실 때에는 빈 문서에서 차근차근 연습해 주세요.

STEP 01 시험 유형 따라하기로 유형 학습하기

난이도
챕터별 난이도를 상중하로 나누어
난이도별 집중 학습이 가능합니다.

문제/정답파일
문제 풀이와 채점에 활용할 수 있는
문제/정답파일을 제공합니다.

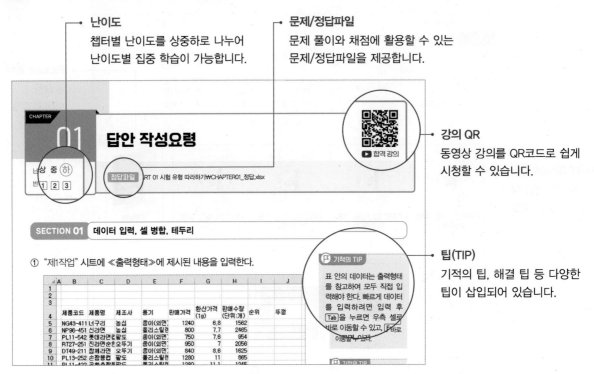

강의 QR
동영상 강의를 QR코드로 쉽게
시청할 수 있습니다.

팁(TIP)
기적의 팁, 해결 팁 등 다양한
팁이 삽입되어 있습니다.

STEP 02 대표 기출 따라하기로 실제 시험 정복

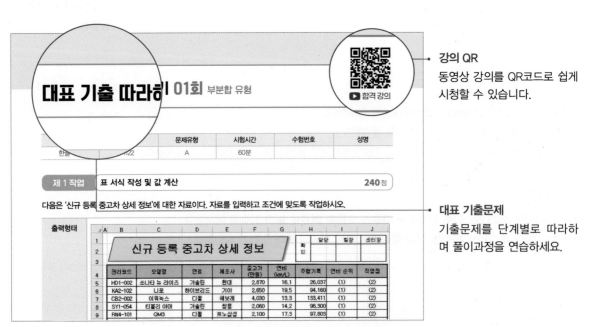

강의 QR
동영상 강의를 QR코드로 쉽게
시청할 수 있습니다.

대표 기출문제
기출문제를 단계별로 따라하
며 풀이과정을 연습하세요.

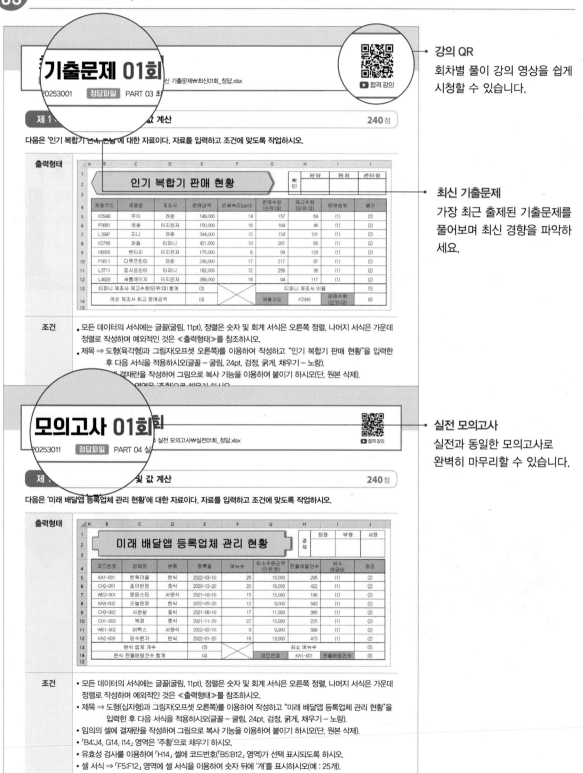

기출문제 01회

20253001 정답파일 PART 03 최신 기출문제₩최신01회_정답.xlsx

▶ 합격 강의

제 1 ...값 계산 240점

다음은 '인기 복합기 판매 현황'에 대한 자료이다. 자료를 입력하고 조건에 맞도록 작업하시오.

출력형태

인기 복합기 판매 현황

제품코드	제품명	제조사	판매금액	인쇄속도(ppm)	판매수량(단위:대)	재고수량(단위:대)	판매순위	평가
K2949	루이	레온	149,000	14	157	64	(1)	(2)
P3861	레옹	이지전자	150,000	16	184	48	(1)	(2)
L3997	지니	레온	344,000	15	154	101	(1)	(2)
K2789	퍼플	티파니	421,000	19	201	65	(1)	(2)
K8955	벤티지	이지전자	175,000	6	98	128	(1)	(2)
P3811	디큐프린터	레온	245,000	17	217	87	(1)	(2)
L3711	로시프린터	티파니	182,000	12	256	36	(1)	(2)
L4928	새롬레이저	이지전자	389,000	18	94	117	(1)	(2)

결재란: 담당 / 팀장 / 센터장

티파니 제조사 재고수량(단위:대) 합계 (3) / 티파니 제조사 비율 (5)
레온 제조사 최고 판매금액 (4) / 제품코드 K2949 / 판매수량(단위:대) (6)

조건

- 모든 데이터의 서식에는 글꼴(굴림, 11pt), 정렬은 숫자 및 회계 서식은 오른쪽 정렬, 나머지 서식은 가운데 정렬로 작성하며 예외적인 것은 《출력형태》를 참조하시오.
- 제목 ⇒ 도형(육각형)과 그림자(오프셋 오른쪽)를 이용하여 작성하고 "인기 복합기 판매 현황"을 입력한 후 다음 서식을 적용하시오(글꼴 – 굴림, 24pt, 검정, 굵게, 채우기 – 노랑).
- ...셀에 결재란을 작성하여 그림으로 복사 기능을 이용하여 붙이기 하시오(단, 원본 삭제).
- ...영역을 '주황'으로 채우기 하시오.

모의고사 01회

20253011 정답파일 PART 04 실... 실전 모의고사₩실전01회_정답.xlsx

▶ 합격 강의

제... 및 값 계산 240점

다음은 '미래 배달앱 등록업체 관리 현황'에 대한 자료이다. 자료를 입력하고 조건에 맞도록 작업하시오.

출력형태

미래 배달앱 등록업체 관리 현황

코드번호	업체명	분류	등록일	메뉴수	최소주문금액(단위:원)	전월배달건수	최소배달비	등급
KA1-001	한옥마을	한식	2022-03-10	25	15,000	295	(1)	(2)
CH2-001	초이반점	중식	2020-12-20	20	16,000	422	(1)	(2)
WE2-001	멍피스타	서양식	2021-10-10	15	15,000	196	(1)	(2)
KA3-002	오늘원장	한식	2022-05-20	12	9,000	343	(1)	(2)
CH3-002	사천성	중식	2021-09-10	17	11,000	385	(1)	(2)
CH1-003	북경	중식	2021-11-20	22	15,000	225	(1)	(2)
WE1-002	버벅스	서양식	2022-02-10	9	9,900	398	(1)	(2)
KA2-003	정수분가	한식	2022-01-20	16	13,000	415	(1)	(2)

결재: 팀장 / 부장 / 사장

한식 업체 개수 (3) / 최소 메뉴수 (5)
한식 전월배달건수 합계 (4) / 코드번호 KA1-001 / 전월배달건수 (6)

조건

- 모든 데이터의 서식에는 글꼴(굴림, 11pt), 정렬은 숫자 및 회계 서식은 오른쪽 정렬, 나머지 서식은 가운데 정렬로 작성하며 예외적인 것은 《출력형태》를 참조하시오.
- 제목 ⇒ 도형(십자형)과 그림자(오프셋 오른쪽)를 이용하여 작성하고 "미래 배달앱 등록업체 관리 현황"을 입력한 후 다음 서식을 적용하시오(글꼴 – 굴림, 24pt, 검정, 굵게, 채우기 – 노랑).
- 임의의 셀에 결재란을 작성하여 그림으로 복사 기능을 이용하여 붙이기 하시오(단, 원본 삭제).
- 「B4:J4, G14, I14」 영역은 '주황'으로 채우기 하시오.
- 유효성 검사를 이용하여 「H14」 셀에 코드번호(「B5:B12」 영역)가 선택 표시되도록 하시오.
- 셀 서식 ⇒ 「F5:F12」 영역에 셀 서식을 이용하여 숫자 뒤에 '개'를 표시하시오(예 : 25개).

강의 QR
회차별 풀이 강의 영상을 쉽게 시청할 수 있습니다.

최신 기출문제
가장 최근 출제된 기출문제를 풀어보며 최신 경향을 파악하세요.

실전 모의고사
실전과 동일한 모의고사로 완벽히 마무리할 수 있습니다.

STEP 01 ITQ 응시 자격 조건

제한 없음

STEP 02 원서 접수하기

- https://license.kpc.or.kr 인터넷 접수
- 직접 선택한 고사장, 날짜, 시험 시간 확인(방문 접수 가능)
- 응시료
  1과목 : 22,000원 I 2과목 : 42,000원 I 3과목 : 60,000원

STEP 03 시험 응시

- 60분 안에 답안 파일 작성
- 네트워크로 연결된 감독위원 PC로 답안 전송

STEP 04 합격자 발표

https://license.kpc.or.kr에서 성적 확인 후 자격증 발급 신청

01 ITQ 시험 과목

자격 종목	시험 과목	S/W Version	접수 방법	시험 방식
정보기술자격 (ITQ)	아래한글	한컴오피스 2020/2016(NEO) 선택	온라인/방문	PBT
	한글엑셀 한글파워포인트 한글액세스	MS Office 2021/2016 선택		
	인터넷	익스플로러 8.0 이상		

- 정보기술자격(ITQ) 시험은 정보기술 실무능력을 평가하는 시험으로 국민 누구나 응시가 가능한 시험이다.
- 동일 회차에 최대 3과목까지 신청자가 선택하여 응시할 수 있다.
- 아래한글 과목은 2025년 1월부터 2022/2020 선택 응시로 변경된다.

02 시험 배점 및 시험 시간

시험 배점	시험 방법	시험 시간
과목당 500점	실무작업형 실기시험	과목당 60분

03 시험 검정 기준

ITQ 시험은 500점 만점을 기준으로 200점 이상 취득자에 한해서 C등급부터 A등급까지 등급별 자격을 부여하며, 낮은 등급을 받은 수험생이 차기 시험에 재응시하여 높은 등급을 받으면 등급을 업그레이드 할 수 있다.

A등급	B등급	C등급
500 ～ 400점	399 ～ 300점	299 ～ 200점

※ 200점 미만은 불합격 처리

04 등급 기준

A등급	주어진 과제의 100～80%를 정확히 해결할 수 있는 능력 수준
B등급	주어진 과제의 79～60%를 정확히 해결할 수 있는 능력 수준
C등급	주어진 과제의 59～40%를 정확히 해결할 수 있는 능력 수준

시험 출제 경향

ITQ 엑셀은 엑셀 스프레드시트 프로그램의 주요 기능을 두루 이해하고, 활용할 수 있는지를 평가하는 시험입니다. 타 과목에 비해서 학습 난이도가 있지만 실무적인 활용도가 가장 높은 과목입니다. 60분 동안 4개의 작업시트를 작성해야 합니다.

제1작업　표 서식 작성 및 값 계산 ──────────── 배점 240점

✔ 체크포인트
– 셀 서식 기능과 유효성 검사
– 셀 병합 기능과 열 너비 조정
– 서식 도구 모음의 활용과 다양한 함수의 활용
– 그림 복사 기능과 조건부 서식 지정
– 그리기 도구 활용과 그림자 스타일 적용

▶ **평가기능** : 조건에 따른 서식과 다양한 함수 사용 능력 등을 종합적으로 평가

제2작업　목표값 찾기 및 필터/필터 및 서식 ──────────── 배점 80점

✔ 체크포인트
– 셀의 복사와 간단한 함수 이용
– 중복 데이터 제거와 자동 필터
– 선택하여 붙여넣기
– 고급 필터, 표 서식
– 목표값 찾기

▶ **평가기능** : 제1작업의 데이터를 이용하여 고급 필터 능력과 서식 적용 능력, 중복 데이터 제거 능력, 자동 필터 능력을 평가
'목표값 찾기 및 필터'와 '필터 및 서식' 중 한 가지가 출제됨

제3작업 정렬 및 부분합/피벗 테이블 ——————————————————————————— 배점 80점

	전시코드	전시명	전시구분	전시장소	전시 시작일	관람인원 (단위:명)	전시기간
3	S4372	거장의 시선	특별	특별전시실	2023-05-10	45,820	25일
4	S2314	부처의 울	특별	특별전시실	2023-07-01	52,400	80일
5	S4325	근대 문예인	특별	특별전시실	2023-07-10	36,780	20일
6			특별 평균			45,000	
7		3	특별 계수				
8	A2314	메소포타미아	상설	1전시실	2023-07-08	12,750	61일
9	A2344	반가사유상	상설	2전시실	2023-07-05	28,000	92일
10	A2313	목칠공예	상설	3전시실	2023-06-05	48,000	57일
11			상설 평균			29,583	
12		3	상설 계수				
13	B3242	분청사기	외부	시립박물관	2023-06-02	15,480	30일
14	B3247	외규장각 의궤	외부	역사박물관	2023-05-12	27,500	30일
15			외부 평균			21,490	
16		2	외부 계수				

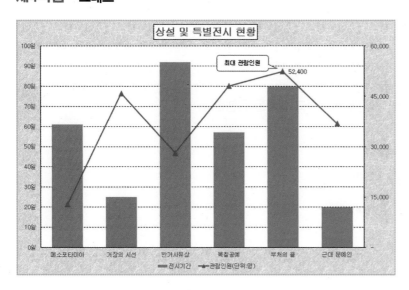

전시구분	외부			특별			상설		
전시 시작일	계수 : 전시명	평균 : 관람인원(단위:명)	계수 : 전시명	평균 : 관람인원(단위:명)		계수 : 전시명	평균 : 관람인원(단위:명)		
5월	1	27,500	1	45,820	**	**			
6월	1	15,480	**	**	1	48,000			
7월	**	**	2	44,590	2	20,375			
총합계	2	21,490	3	45,000	3	29,583			

● **평가기능** : 필드별 분류, 계산 능력과 특정 항목의 요약 · 분석 능력 평가
　　 '정렬 및 부분합', '피벗 테이블' 중 한 가지가 출제됨

☑ **체크포인트**
 – 셀의 복사와 정렬
 – 윤곽 지우기
 – 선택하여 붙여넣기
 – 부분합과 피벗 테이블의 자세한 기능

제4작업 그래프 ——————————————————————————————————— 배점 100점

상설 및 특별전시 현황

최대 관람인원 52,400

전시기간　관람인원(단위:명)

메소포타미아　거장의 시선　반가사유상　목칠공예　부처의 울　근대 문예인

● **평가기능** : 차트 작성 능력 평가

☑ **체크포인트**
 – 차트 종류와 데이터 범위 파악
 – 차트 제목의 글꼴과 채우기
 – 범례의 위치 및 수정
 – 차트 영역 글꼴과 채우기 설정
 – 축 최소값, 최대값, 주 단위 설정
 – 그림 영역 채우기
 – 데이터 계열 표식과 레이블 설정
 – 도형 삽입

답안 전송 프로그램 설치법

답안 전송 프로그램이란?

ITQ 시험은 답안 작성을 마친 후 저장한 답안 파일을 감독위원 PC로 전송하여 제출해야 합니다. 시험장에서 당황하는 일이 없도록, 답안 전송 프로그램으로 미리 연습해 보세요.

다운로드 및 설치법

01 이기적 홈페이지(license.youngjin.com)에 접속한 후 상단에 있는 [자료실]-[ITQ]를 클릭한다. '[2025] 이기적 ITQ 엑셀 ver.2021 부록 자료'를 클릭하고 첨부 파일을 다운로드 받아 압축을 해제한다.

02 다음과 같은 폴더가 열리면 'SETUP.EXE'를 더블클릭하여 프로그램을 실행시킨다.

※ 운영체제가 Windows 7 이상인 경우는 마우스 오른쪽 버튼을 클릭해 '관리자 권한으로 실행'을 선택하여 실행시킨다.

03 다음과 같이 설치 화면이 나오면 [다음]을 클릭하고 설치를 진행한다.

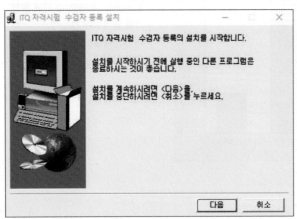

04 설치 진행이 완료되면 'ITQ 수험자용' 아이콘을 더블클릭하여 프로그램을 실행한다.

※ 여러 과목의 ITQ 시험을 함께 준비하는 수험생은 기존 과목의 프로그램을 삭제하지 마시고 그대로 사용하세요.

시험 진행 순서

수험자 시험 시작 (20분 전 입실) ▶ 수험자 등록 (수험번호 등록) ▶ 시험 시작 (답안 작성) ▶ 답안 파일 저장 (수험자 PC 저장) ▶ 답안 파일 전송 (감독 PC로 전송) ▶ 시험 종료 (수험자 퇴실)

01 수험자 수험번호 등록

① 바탕화면에서 'ITQ 수험자용' 아이콘을 실행한다. [수험자 등록] 화면에 수험번호를 입력한 후 [확인]을 클릭한다.

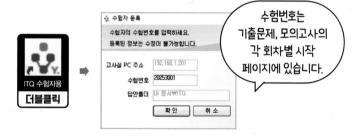

> 수험번호는 기출문제, 모의고사의 각 회차별 시작 페이지에 있습니다.

② 수험번호가 화면과 같으면 [예]를 클릭한다. 다음 화면에서 수험번호, 성명, 수험과목, 좌석번호를 확인한다.

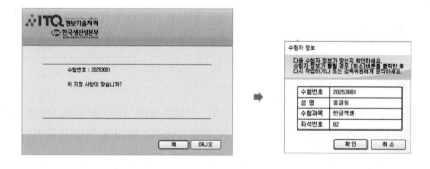

③ 다음과 같은 출력화면 확인 후 감독위원의 지시를 기다린다.

02 | **시험 시작(답안 파일 작성)**

① 과목에 맞는 수검 프로그램(아래한글, MS오피스) 실행 후 답안 파일을 작성한다.

② 이미지 파일은 '내 PC₩문서₩ITQ₩Picture' 폴더 내의 파일을 참조한다.

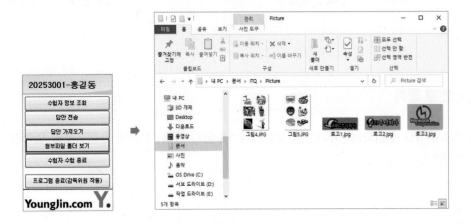

03 | **답안 파일 저장(수험자 PC 저장)**

① 답안 파일은 '내 PC₩문서₩ITQ' 폴더에 저장한다.

② 답안 파일명은 '수험번호–성명'으로 저장해야 한다.
(단, 인터넷 과목은 '내 PC₩문서₩ITQ'의 '답안 파일–인터넷.hwp' 파일을 불러온 후 '수험번호–성명–인터넷.hwp'로 저장)

04 | **답안 파일 전송(감독 PC로 전송)**

① 바탕화면의 실행 화면에서 [답안 전송]을 클릭한 후, 작성한 답안 파일을 감독 PC로 전송한다.
화면에서 작성한 답안 파일의 존재유무(파일이 '내 PC₩문서₩ITQ' 폴더에 있을 경우 '있음'으로 표시됨)를 확인 후 [답안 전송]을 클릭한다.

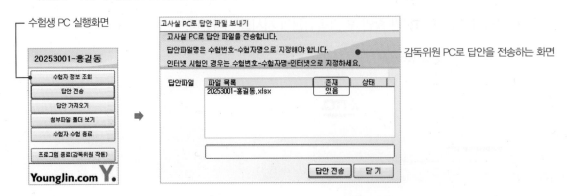

② 전송이 성공적으로 끝나면 상태 부분에 '성공'이라 표시된다.

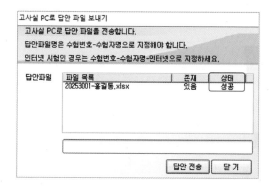

05 시험 종료

① 수험자 PC화면에서 [수험자 수험 종료]를 클릭한 후 감독위원의 지시를 기다린다.

② 감독위원의 퇴실 지시에 따라 퇴실한다.

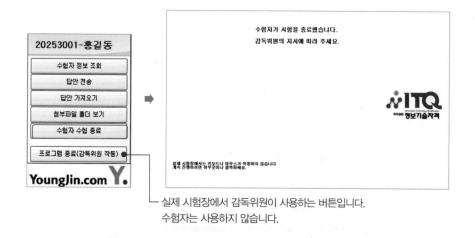

실제 시험장에서 감독위원이 사용하는 버튼입니다.
수험자는 사용하지 않습니다.

답안 전송 프로그램 안내

• **프로그램을 설치했는데 '339 런타임 오류가 발생하였습니다'라는 오류 메시지가 나타나는 경우**

프로그램 설치 시 마우스 오른쪽 버튼을 클릭하여 '관리자 권한으로 실행'을 선택하여 설치하고, 설치 후 실행 시에도 '관리자 권한으로 실행'을 선택해주세요.

• **프로그램을 실행하는데 'vb6ko.dll' 파일 오류가 나타나는 경우**

이기적 홈페이지의 ITQ 자료실 공지사항을 확인해주시고, 첨부 파일을 다운로드 받아 해당 폴더에 넣어주세요.

- 윈도우 XP : C:\Windows\System
- 윈도우 7/10 32bit : C:\Windows\System32
- 윈도우 7/10 64bit : C:\Windows\System32와 C:\Windows\Syswow64

자동 채점 서비스 사용법

01 채점 서비스(itq.youngjin.com)에 접속한 후 ISBN 5자리 번호(도서 표지에서 확인)를 입력하고 [체크]를 클릭한다. 체크가 완료되면 [확인]을 클릭한다.

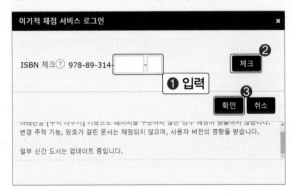

02 [작성한 파일 선택] 버튼을 클릭한다. 직접 작성하여 저장한 파일을 선택하고 '열기'를 클릭한다. 화면에 보이는 보안문자를 똑같이 입력하고 [실행]을 클릭한다.

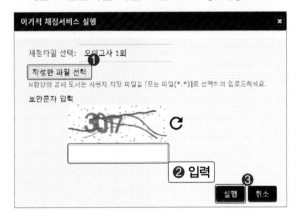

03 채점 결과를 확인한다(왼쪽 상단이 정답 파일, 하단이 사용자 작성 파일).

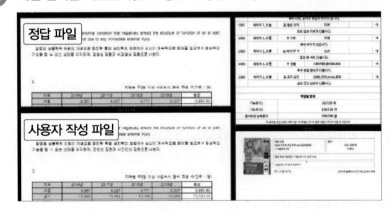

※ 현재 시범 서비스 중으로 답안의 일부 요소는 정확한 인식이 되지 않을 수 있습니다.

※ 본 서비스는 영진닷컴이 직접 설정한 기준에 의해 채점되므로 참고용으로만 활용 바랍니다.

Q ITQ는 어떤 시험인가요?

A ITQ는 실기 시험으로만 자격을 평가하는 시험으로 아래한글(MS워드), 엑셀, 파워포인트, 액세스, 인터넷 등의 과목으로 이루어져 있습니다. 이 중 한 가지만 자격을 취득하여도 국가공인 자격으로 인정됩니다.

Q 언제, 어디서 시험이 시행되나요?

A 정기 시험은 매월 둘째 주 토요일에, 특별 시험은 2, 5, 8, 11월 넷째 주 일요일에 시행됩니다. 지역센터에서 시험을 응시할 수 있습니다.

※ 시험 시행일은 시행처 사정에 따라 변경될 수 있으므로, 응시 전 꼭 시행처에 확인하세요.

Q OA MASTER 자격 취득은 어떻게 하는 건가요?

A OA MASTER는 ITQ 시험에 응시하여 3과목 이상 A등급을 받으면 취득할 수 있습니다. 자격은 온라인으로 신청 가능하며 발급 비용 및 수수료는 별도로 부과됩니다.

Q 작성한 답안과 정답 파일의 작성 방법이 달라요.

A ITQ는 실무형 시험으로 작성 방법은 채점하지 않습니다. 정답 파일은 모범답안이며 꼭 똑같이 작성하지 않아도 됩니다. 문제의 지시사항대로 출력형태를 참고하여 작성하면 됩니다.

Q 채점기준 및 부분점수 기준은 어떻게 되나요?

A 주어진 지시사항에 따라 출력형태가 동일하게 작성된 경우 감점되지 않습니다. 또한 ITQ 인터넷을 제외한 모든 과목은 부분채점이 이루어지며 부분점수는 공개되지 않습니다.

Q MS오피스, 아래한글 버전별로 문제지가 다른가요?

A ITQ 시험은 과목별로 아래한글 2020/2016(NEO), MS오피스 2021/2016의 두 개 버전 중 선택 응시가 가능합니다. 각 과목의 문제지는 동일하며, 버전별로 조건이 다른 부분은 문제지에 표시되어 있습니다.

※ 소프트웨어 버전은 변경될 수 있으므로, 응시 전 꼭 시행처에 확인하세요.

Q 취득 시 어떻게 활용할 수 있나요?

A 공기업/공단과 사기업에서 입사 시 우대 및 승진 가점을 획득할 수 있으며, 대학교 학점인정을 받을 수 있습니다. 정부부처/지자체에서도 의무취득 및 채용 가점, 승진 가점이 주어집니다.

PART

01

시험 유형 따라하기

CHAPTER 01 답안 작성요령   24

CHAPTER 02 [제1작업] 데이터 입력 및 서식 설정   32

CHAPTER 03 [제1작업] 도형 및 제목 작성   47

CHAPTER 04 [제1작업] 함수-1(날짜, 문자 반환, 조건)   57

CHAPTER 05 [제1작업] 함수-2(합계, 순위, 자릿수)   65

CHAPTER 06 [제1작업] 함수-3(목록, 범위)   73

CHAPTER 07 [제2작업] 목표값 찾기/고급 필터/표 서식   86

CHAPTER 08 [제3작업] 정렬 및 부분합   98

CHAPTER 09 [제3작업] 피벗 테이블   105

CHAPTER 10 [제4작업] 차트   114

답안 작성요령

CHAPTER 01 답안 작성요령

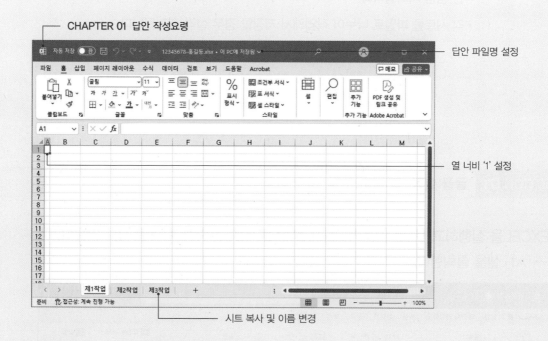

답안 파일명 설정

열 너비 '1' 설정

시트 복사 및 이름 변경

출제포인트
열 너비 설정 · 시트 이름 변경

A등급 TIP
답안 작성요령은 배점은 따로 없으나 앞으로 작성할 모든 문서의 틀이 되는 부분이므로 실수 없이 꼼꼼히 작업해야 합니다. 엑셀의 화면 구성과 각 기능의 명칭을 살펴보며 익혀 보세요.

CHAPTER 01 답안 작성요령

난이도 상 중 (하)
반복학습 1 2 3

정답파일 PART 01 시험 유형 따라하기\CHAPTER01_정답.xlsx

답안 작성요령	• 온라인 답안 작성 절차 수험자 등록 ⇒ 시험 시작 ⇒ 답안파일 저장 ⇒ 답안 전송 ⇒ 시험 종료 • 문제는 총 4단계, 즉 제1작업부터 제4작업까지 구성되어 있으며 반드시 제1작업부터 순서대로 작성하고 조건대로 작업하시오. • 모든 작업시트의 A열은 열 너비 '1'로, 나머지 열은 적당하게 조절하시오. • 답안 시트 이름은 "제1작업", "제2작업", "제3작업", "제4작업"이어야 하며 답안 시트 이외의 것은 감점 처리됩니다. • 각 시트를 파일로 나누어 작업해서 저장할 경우 실격 처리됩니다.

SECTION 01 글꼴 설정, 열 너비 조절, 시트 이름 변경

① EXCEL을 실행하고, [새로 만들기]의 [새 통합 문서]를 클릭하여 새 문서를 만든다.
→ 「A1」 셀을 클릭한다.

F 기적의 TIP

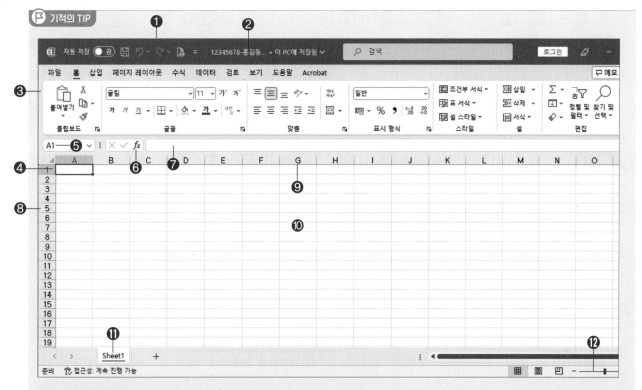

❶ **빠른 실행 도구 모음** : [저장], [실행 취소], [다시 실행] 등으로 구성되어 있다.
❷ **제목 표시줄** : 현재 열려 있는 문서의 이름이 표시된다.
❸ **리본 메뉴** : [탭]을 클릭하면 관련된 [그룹]과 [아이콘]들이 보여진다.

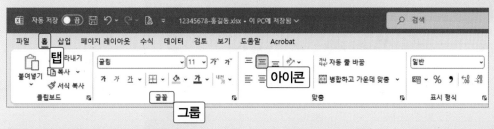

❹ **셀** : 행과 열이 교차하는 공간이다.
❺ **이름 상자** : 현재 셀 위치를 나타낸다.
❻ **함수 삽입(함수 마법사)** : 함수를 검색해서 입력할 수 있는 함수 마법사를 실행한다.
❼ **수식 입력줄** : 셀에 데이터나 수식을 입력할 수 있다.
❽ **행 머리글** : 행을 나타내는 숫자가 표시된다. 클릭하면 행 전체가 선택된다.
❾ **열 머리글** : 열을 나타내는 문자가 표시된다. 클릭하면 열 전체가 선택된다.
❿ **워크시트** : 문서를 작업하는 공간으로 셀들로 구성된다.
⓫ **시트 탭** : 시트의 이름이 표시된다.
⓬ **확대/축소** : 워크시트를 확대 및 축소하여 볼 수 있다.

② [홈] 탭 – [셀] 그룹 – [서식](🗒)을 클릭하고 [열 너비](▱)를 클릭한다.
→ [열 너비] 대화상자에 『1』을 입력하고 [확인]을 클릭한다.

⚙ 해결 TIP

시험 시작할 때 기본 환경 설정은?
답안 작성요령에 안내되어 있으며, 모든 작업 시트의 A열은 열 너비 '1'로 지정하는 것이 중요하다.

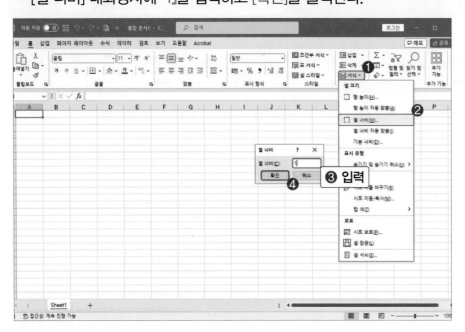

③ "제1작업" 시트에서 [모두 선택](◢) 버튼을 클릭한다.
→ 글꼴은 '굴림', 크기는 '11'을 설정한다.

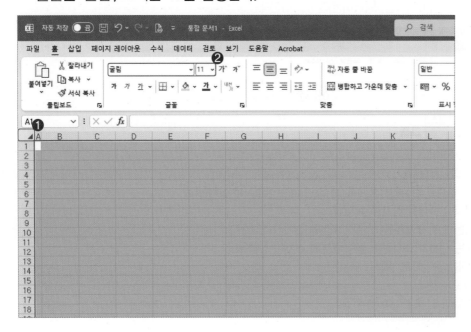

Excel의 기본 글꼴을 설정하는 방법

다음의 방법으로 Excel 프로그램 실행 시 모든 시트의 기본 글꼴을 설정할 수 있다.

1. [파일]을 클릭하여 메뉴화면이 바뀌면 왼쪽 하단의 [옵션]을 클릭한다.

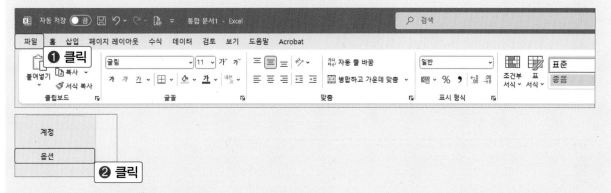

2. Excel 옵션 창의 **새 통합 문서 만들기**에서 기본 글꼴을 설정한다.

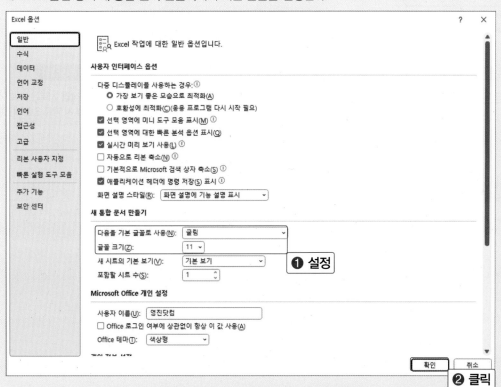

3. 메시지 창이 나타나면 [확인]을 클릭하고, Excel을 종료 후 다시 실행한다.

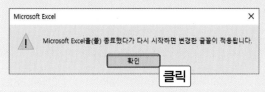

④ 아래의 "Sheet1" 시트를 Ctrl 을 누른 채 오른쪽으로 마우스 드래그하여 복사한다.

→ 한 번 더 복사하여 3개의 시트를 만든다.

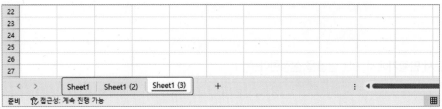

⑤ "Sheet1" 시트를 더블클릭하고 『제1작업』으로 이름을 변경한다.

→ 나머지 시트도 각각 『제2작업』, 『제3작업』으로 이름을 변경한다.

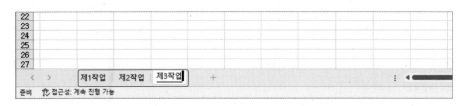

🄕 기적의 TIP

제4작업 시트는 차트 작성 작업 시 따로 만들게 된다.

① [파일]을 클릭한다.

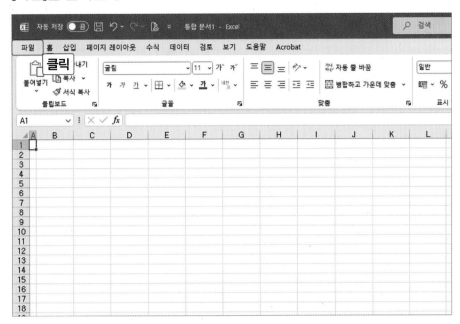

② [다른 이름으로 저장] – [찾아보기]를 클릭한다.

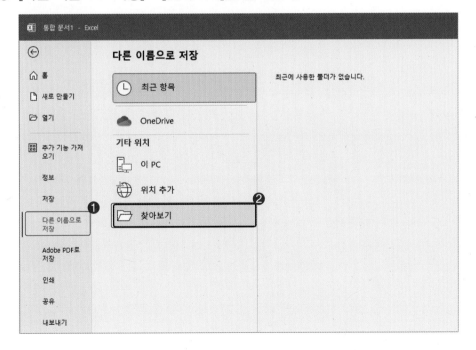

🅱 기적의 TIP

작업 시 수시로 저장하며 예상치 못한 문제 발생에 대비하는 것이 좋다.
저장 단축키 : Ctrl + S

③ 나타나는 대화상자에서 파일을 저장할 폴더로 이동한다(시험에서는 '내 PC₩문서₩ITQ' 폴더).

→ 파일 이름을 입력하고 [저장]을 클릭한다.

🅕 기적의 TIP

시험에서 파일 이름은 '수험번호–성명'으로 저장한다. 답안 문서 파일명이 '수험번호–성명'과 일치하지 않거나, 답안 파일을 전송하지 않아 미제출로 처리될 경우 실격 처리된다.

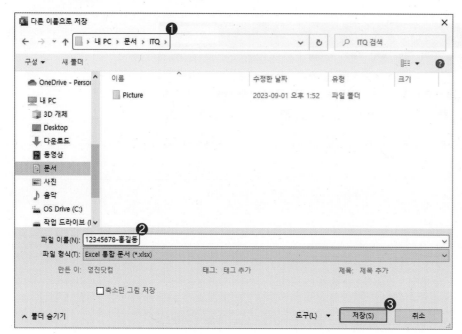

제1작업
표 서식 작성 및 값 계산

배점 **240점** | A등급 목표점수 **200점**

CHAPTER 03 도형 및 제목 작성

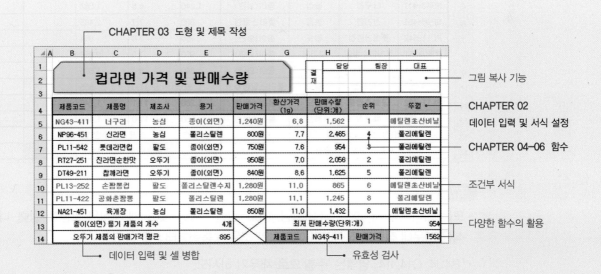

컵라면 가격 및 판매수량

제품코드	제품명	제조사	용기	판매가격	환산가격 (1g)	판매수량 (단위:개)	순위	뚜껑
NG43-411	너구리	농심	종이(외면)	1,240원	6.8	1,562	1	에틸렌초산비닐
NP96-451	신라면	농심	폴리스틸렌	800원	7.7	2,465	4	폴리에틸렌
PL11-542	롯데라면컵	팔도	종이(외면)	750원	7.6	954	3	폴리에틸렌
RT27-251	진라면순한맛	오뚜기	종이(외면)	950원	7.0	2,056	2	폴리에틸렌
DT49-211	참깨라면	오뚜기	종이(외면)	840원	8.6	1,625	5	폴리에틸렌
PL13-252	손짬뽕컵	팔도	폴리스틸렌수지	1,280원	11.0	865	6	에틸렌초산비닐
PL11-422	공화춘짬뽕	팔도	폴리스틸렌	1,280원	11.1	1,245	8	폴리에틸렌
NA21-451	육개장	농심	폴리스틸렌	850원	11.0	1,432	6	에틸렌초산비닐
종이(외면) 용기 제품의 개수				4개		최저 판매수량(단위:개)		954
오뚜기 제품의 판매가격 평균				895		제품코드	NG43-411	판매가격	1562

그림 복사 기능

CHAPTER 02
데이터 입력 및 서식 설정

CHAPTER 04~06 함수

조건부 서식

다양한 함수의 활용

데이터 입력 및 셀 병합

유효성 검사

출제포인트
셀 서식 · 유효성 검사 · 셀 병합 · 열 너비 조정 · 서식 도구 모음의 활용 · 다양한 함수의 활용 · 그림 복사 기능 · 조건부 서식 · 그리기 도구 활용 · 그림자 스타일

출제기준
출력형태의 표를 작성하여 조건에 따른 서식과 다양한 함수 사용 능력을 종합적으로 평가하는 문항입니다.

A등급 TIP
제1작업은 가장 배점이 높으며 제2, 3, 4작업이 제1작업 데이터를 기반으로 하기 때문에, 틀린 내용이 발생하면 합격이 어려울 수 있습니다. 계산작업을 포함한 다양한 기능을 사용해야 하므로 집중해서 연습하세요.

CHAPTER 02

[제1작업]
데이터 입력 및 서식 설정

난 이 도 상 ⑧ 하
반복학습 ① ② ③

문제파일 PART 01 시험 유형 따라하기₩CHAPTER02.xlsx
정답파일 PART 01 시험 유형 따라하기₩CHAPTER02_정답.xlsx

▶ 합격 강의

문제보기

• 모든 작업시트의 테두리는 ≪출력형태≫와 같이 작업하시오.
• 해당 작업란에서는 각각 제시된 조건에 따라 ≪출력형태≫와 같이 작업하시오.

출력형태

제품코드	제품명	제조사	용기	판매가격	환산가격 (1g)	판매수량 (단위:개)	순위	뚜껑
NG43-411	너구리	농심	종이(외면)	1,240	6.8	1,562		
NP96-451	신라면	농심	폴리스틸렌	800	7.7	2,465		
PL11-542	롯데라면컵	팔도	종이(외면)	750	7.6	954		
RT27-251	진라면순한맛	오뚜기	종이(외면)	950	7.0	2,056		
DT49-211	참깨라면	오뚜기	종이(외면)	840	8.6	1,625		
PL13-252	손짬뽕컵	팔도	폴리스틸렌수지	1,280	11.0	865		
PL11-422	공화춘짬뽕	팔도	폴리스틸렌	1,280	11.1	1,245		
NA21-451	육개장	농심	폴리스틸렌	850	11.0	1,432		
종이(외면) 용기 제품의 개수					최저 판매수량(단위:개)			
오뚜기 제품의 판매가격 평균					제품코드	NG43-411	판매가격	

조건

• 모든 데이터의 서식에는 글꼴(굴림, 11pt), 정렬은 숫자 및 회계 서식은 오른쪽 정렬, 나머지 서식은 가운데 정렬로 작성하며 예외적인 것은 ≪출력형태≫를 참조하시오.

• 「B4:J4, G14, I14」 영역은 '주황'으로 채우기 하시오.

• 셀 서식 ⇒ 「F5:F12」 영역에 셀 서식을 이용하여 숫자 뒤에 '원'을 표시하시오(예 : 1,240원).

• 유효성 검사를 이용하여 「H14」 셀에 제품코드(「B5:B12」 영역)가 선택 표시되도록 하시오.

• 「F5:F12」 영역에 대해 '판매가격'으로 이름 정의를 하시오.

• 조건부 서식의 수식을 이용하여 판매가격이 '1,000' 이상인 행 전체에 다음의 서식을 적용하시오(글꼴 : 파랑, 굵게).

① "제1작업" 시트에 ≪출력형태≫에 제시된 내용을 입력한다.

	제품코드	제품명	제조사	용기	판매가격	환산가격 (1g)	판매수량 (단위:개)	순위	뚜껑
5	NG43-411	너구리	농심	종이(외면)	1240	6,8	1562		
6	NP96-451	신라면	농심	폴리스틸렌	800	7,7	2465		
7	PL11-542	롯데라면컵	팔도	종이(외면)	750	7,6	954		
8	RT27-251	진라면순한	오뚜기	종이(외면)	950	7	2056		
9	DT49-211	참깨라면	오뚜기	종이(외면)	840	8,6	1625		
10	PL13-252	손짬뽕컵	팔도	폴리스틸렌	1280	11	865		
11	PL11-422	공화춘짬뽕	팔도	폴리스틸렌	1280	11,1	1245		
12	NA21-451	육개장	농심	폴리스틸렌	850	11	1432		
13	종이(외면) 용기 제품의 개수					최저 판매수량(단위:개)			
14	오뚜기 제품의 판매가격 평균					제품코드		판매가격	

② 「B13:D13」 영역을 마우스 드래그하여 블록 설정한다.

→ Ctrl 을 누른 채 「B14:D14」, 「F13:F14」, 「G13:I13」 영역을 각각 블록 설정한다.

→ [홈] 탭 – [맞춤] 그룹 – [병합하고 가운데 맞춤](📳)을 클릭한다.

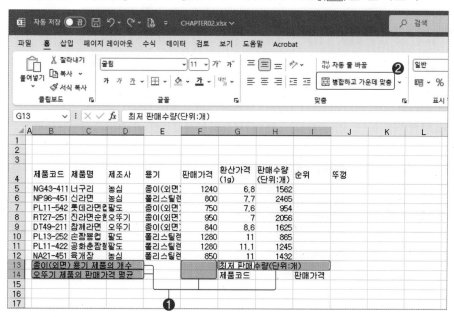

🅱 기적의 TIP

표 안의 데이터는 출력형태를 참고하여 모두 직접 입력해야 한다. 빠르게 데이터를 입력하려면 입력 후 Tab 을 누르면 우측 셀로 바로 이동할 수 있고, Enter 를 누르면 아래 셀로 바로 이동할 수 있다.

🅱 기적의 TIP

한 개의 셀에 두 줄 이상의 내용을 입력할 때는 Alt + Enter 를 눌러 줄바꿈한다.

③ 「B4:J4」 영역을 블록 설정한다.
  → [Ctrl]을 누른 채 「B5:J12」, 「B13:J14」 영역을 각각 블록 설정한다.

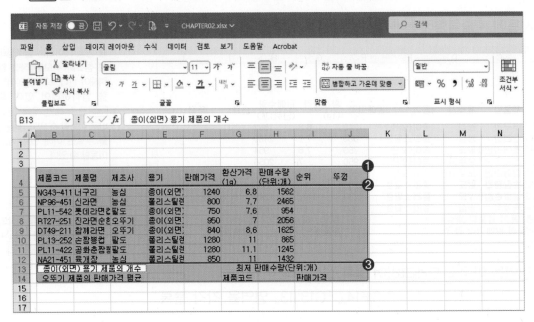

④ [홈] 탭 – [글꼴] 그룹의 [테두리]에서 [모든 테두리](⊞)를 선택한다.

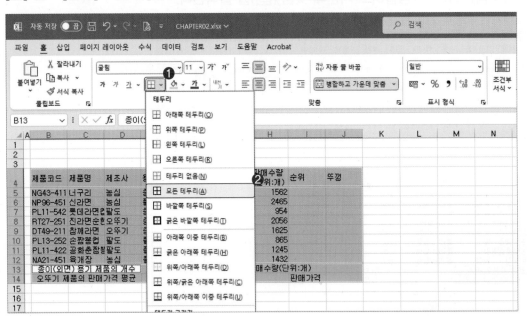

⑤ [테두리]에서 [굵은 바깥쪽 테두리](▦)를 클릭한다.

⑥ 「F13:F14」 영역을 클릭한다.

→ [테두리]에서 [다른 테두리](⊞)를 클릭하면 [셀 서식] 대화상자가 나타난다.

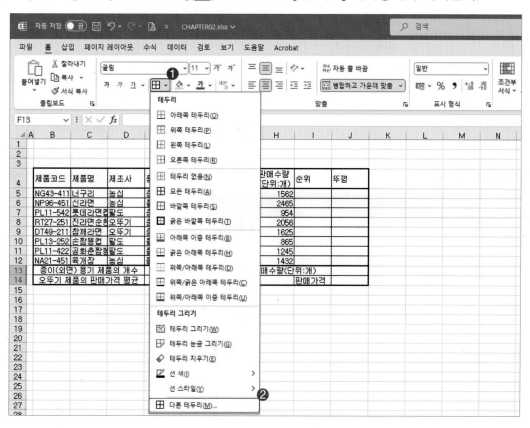

⑦ 선 스타일에서 [가는 실선](———)을 클릭한다.
　→ 두 개의 [대각선](◸)(◹)을 각각 클릭하고 [확인]을 클릭한다.

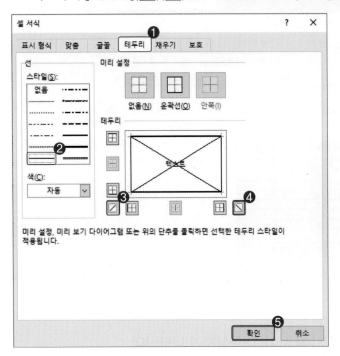

---

① 조절하고자 하는 영역을 블록 설정한다.
　→ [홈] 탭 – [셀] 그룹 – [서식](▦)을 클릭하여 행 높이와 열 너비를 직
　　접 수치로 조절할 수 있다.

🅕 기적의 TIP

행과 열의 머리글 경계선
(⊞)(⊞)을 마우스 드래그하
면 간단히 조절할 수 있다.

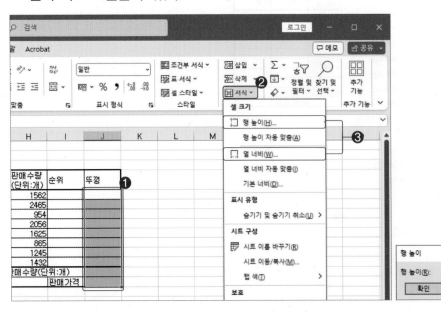

① 「B4:J4」 영역을 블록 설정한다.

　　→ Ctrl 을 누른 채 「G14」 셀과 「I14」 셀을 블록 설정한다.

② [홈] 탭 – [글꼴] 그룹 – [채우기 색](🖫)에서 '주황'을 선택한다.

③ [홈] 탭 – [맞춤] 그룹 – [가운데 맞춤](≡)을 클릭한다.

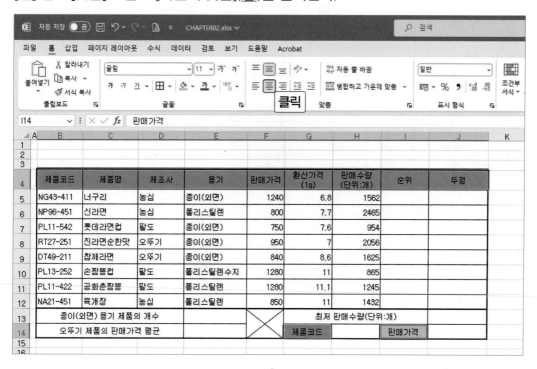

④ 「B5:E12」 영역을 블록 설정한다.
　→ [홈] 탭 – [맞춤] 그룹 – [가운데 맞춤](☰)을 클릭한다.

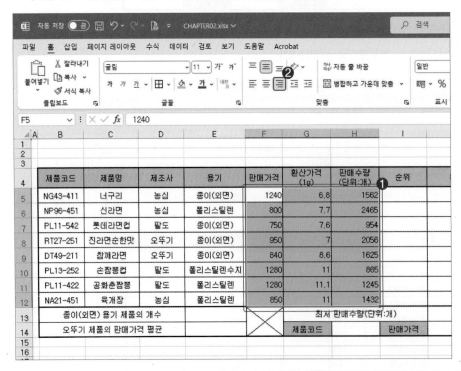

⑤ 숫자 및 회계 영역인 「F5:H12」를 블록 설정한다.
　→ [홈] 탭 – [맞춤] 그룹 – [오른쪽 맞춤](☰)을 클릭한다.

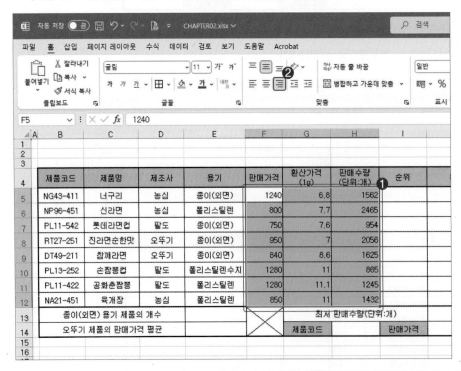

🅑 기적의 TIP

숫자 및 회계 서식은 오른쪽 맞춤, 나머지 서식은 가운데 맞춤으로 주로 출제된다.

① '판매가격'에 대한 셀 서식을 지정하기 위해 「F5:F12」 영역을 블록 설정한다.

→ 마우스 오른쪽 클릭하여 [셀 서식](⊞)을 클릭한다.

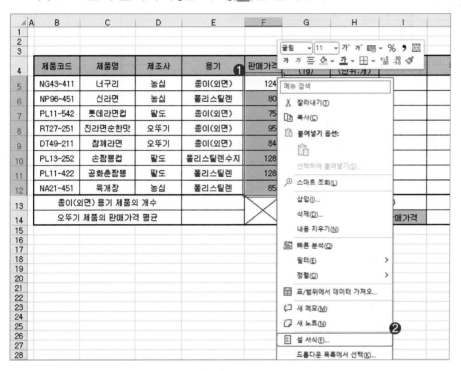

② [셀 서식] 대화상자 – [표시 형식] 탭의 범주에서 '사용자 지정'을 클릭한다.

→ #,##0을 선택하고 『"원"』을 추가로 입력한 후 [확인]을 클릭한다.

기적의 TIP

#,##0"원"

천 단위마다 구분 쉼표를 넣고 단위를 "원"으로 표시한다. #은 유효하지 않은 0 값을 표시하지 않는다.

⑩ 0010을 입력하면 10으로 표시

③ 「G5:G12」 영역을 블록 설정한다.

　　→ 마우스 오른쪽 클릭하여 [셀 서식](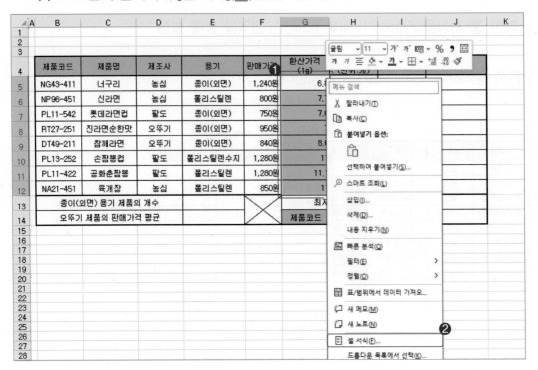)을 클릭한다.

④ [셀 서식] 대화상자 – [표시 형식] 탭의 범주에서 '숫자'를 클릭한다.

　　→ 소수 자릿수에 『1』을 입력한 후 [확인]을 클릭한다.

⑤ 「H5:H12」 영역을 블록 설정한다.

→ 마우스 오른쪽 클릭하여 [셀 서식](🔢)을 클릭한다.

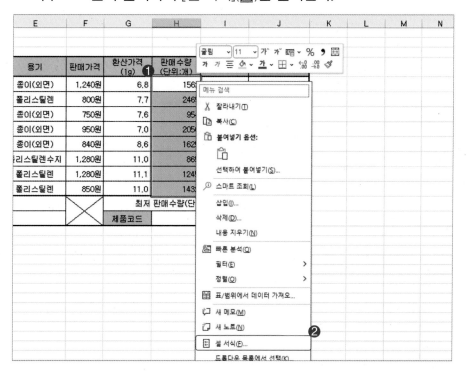

⑥ [셀 서식] 대화상자 - [표시 형식] 탭의 범주에서 '숫자'를 클릭한다.

→ 1000 단위 구분 기호(,) 사용에 체크한 후 [확인]을 클릭한다.

🅑 기적의 TIP

표시 형식의 범주에서 회계를 선택해도 1000 단위 구분 기호가 사용된다.
숫자 범주와의 차이는 차트에서 0이 −로 표시되는 것이 다르다.

① 「H14」 셀을 클릭한다.
→ [데이터] 탭 – [데이터 도구] 그룹 – [데이터 유효성 검사](☑)를 클릭
한다.

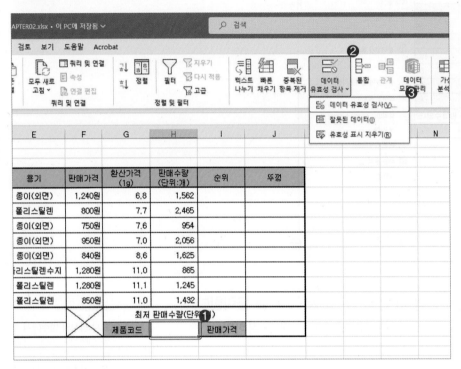

② [데이터 유효성] 대화상자에서 제한 대상을 '목록'으로 설정한다.
→ 원본 입력란을 클릭하고 「B5:B12」 영역을 마우스 드래그한 후 [확인]
을 클릭한다.

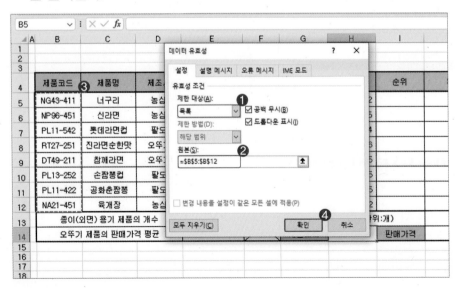

🅕 기적의 TIP

원본 입력란에 직접 텍스트
를 입력할 수도 있다.
직접 입력 시에는 목록을
쉼표(,)로 구분한다.

③ 「H14」셀에 드롭다운 버튼이 생성된 것을 확인한다.

→ [홈] 탭 – [맞춤] 그룹 – [가운데 맞춤](目)을 클릭한다.

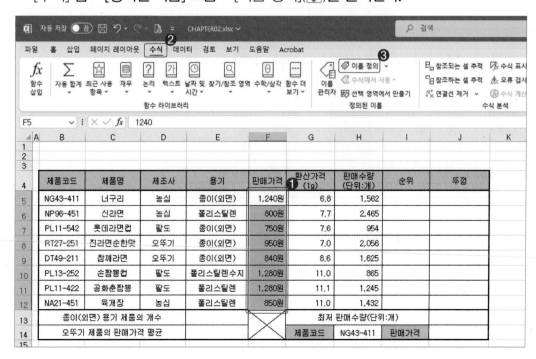

---

① 「F5:F12」 영역을 블록 설정한다.

→ [수식] 탭 – [정의된 이름] 그룹 – [이름 정의](⊘)를 클릭한다.

제품코드	제품명	제조사	용기	판매가격	환산가격(1g)	판매수량(단위:개)	순위	뚜껑
NG43-411	너구리	농심	종이(외면)	1,240원	6.8	1,562		
NP96-451	신라면	농심	폴리스틸렌	800원	7.7	2,465		
PL11-542	롯데라면컵	팔도	종이(외면)	750원	7.6	954		
RT27-251	진라면순한맛	오뚜기	종이(외면)	950원	7.0	2,056		
DT49-211	참깨라면	오뚜기	종이(외면)	840원	8.6	1,625		
PL13-252	손짬뽕컵	팔도	폴리스틸렌수지	1,280원	11.0	865		
PL11-422	공화춘짬뽕	팔도	폴리스틸렌	1,280원	11.1	1,245		
NA21-451	육개장	농심	폴리스틸렌	850원	11.0	1,432		
종이(외면) 용기 제품의 개수					최저 판매수량(단위:개)			
오뚜기 제품의 판매가격 평균					제품코드	NG43-411	판매가격	

② 이름에 『판매가격』을 입력하고 [확인]을 클릭한다.

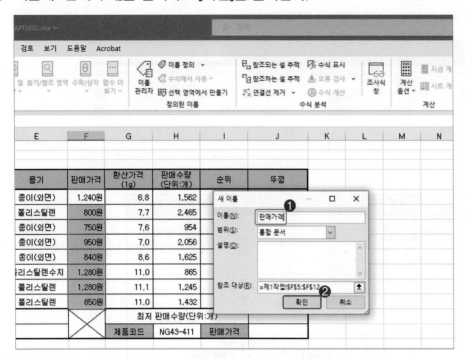

③ 「F5:F12」 영역을 블록 설정했을 때 [이름 상자]에 『판매가격』이 표시되는 것을 확인한다.

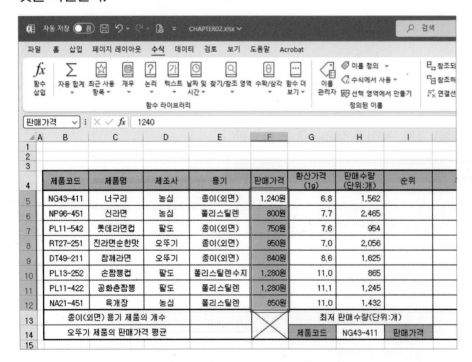

🅕 기적의 TIP

[이름 관리자](🅒)에서 정의된 이름을 관리할 수 있다.

① 「B5:J12」영역을 블록 설정한다.

→ [홈] 탭 - [스타일] 그룹 - [조건부 서식](▦)을 클릭하고 [새 규칙](▦)
을 클릭한다.

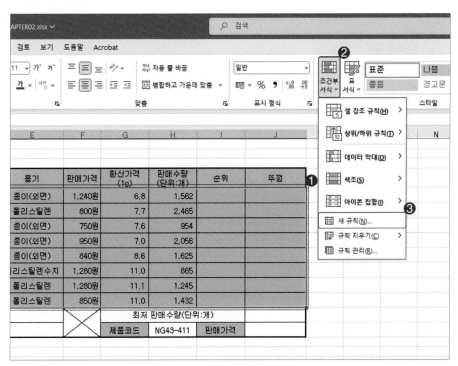

② [새 서식 규칙] 대화상자에서 '▶ 수식을 사용하여 서식을 지정할 셀 결정'
을 클릭한다.

→ 『=$F5>=1000』을 입력하고 [서식]을 클릭한다.

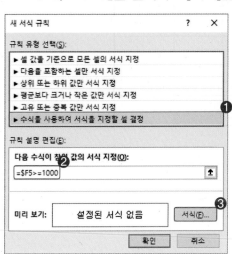

🅑 기적의 TIP

$ 기호가 붙은 주소는 수식
을 복사하거나 이동해도 변
하지 않는 절대 참조 형태
이다.
[A1] 상대 참조
[$A$1] 절대 참조
[A$1] 행 고정
[$A1] 열 고정

③ [셀 서식] 대화상자에서 글꼴 스타일을 '굵게', 색을 '파랑'으로 설정하고 [확인]을 클릭한다.

→ 다시 [새 서식 규칙] 대화상자로 돌아오면 [확인]을 클릭한다.

④ F열 판매가격이 1,000원 이상인 행에 서식이 적용된다.

제품코드	제품명	제조사	용기	판매가격	환산가격 (1g)	판매수량 (단위:개)	순위	뚜껑
NG43-411	너구리	농심	종이(외면)	1,240원	6.8	1,562		
NP96-451	신라면	농심	폴리스틸렌	800원	7.7	2,465		
PL11-542	롯데라면컵	팔도	종이(외면)	750원	7.6	954		
RT27-251	진라면순한맛	오뚜기	종이(외면)	950원	7.0	2,056		
DT49-211	참깨라면	오뚜기	종이(외면)	840원	8.6	1,625		
PL13-252	손짬뽕컵	팔도	폴리스틸렌수지	1,280원	11.0	865		
PL11-422	공화춘짬뽕	팔도	폴리스틸렌	1,280원	11.1	1,245		
NA21-451	육개장	농심	폴리스틸렌	850원	11.0	1,432		
종이(외면) 용기 제품의 개수						최저 판매수량(단위:개)		
오뚜기 제품의 판매가격 평균						제품코드	NG43-411	판매가격

[제1작업]
도형 및 제목 작성

▶ 합격 강의

문제파일 | PART 01 시험 유형 따라하기\CHAPTER03.xlsx
정답파일 | PART 01 시험 유형 따라하기\CHAPTER03_정답.xlsx

문제보기

출력형태

					담당	팀장	대표
				컵라면 가격 및 판매수량	결재		
제품코드	제품명	제조사	용기	판매가격	환산가격(1g)	판매수량(단위:개)	순위	뚜껑
NG43-411	너구리	농심	종이(외면)	1,240원	6.8	1,562		
NP96-451	신라면	농심	폴리스틸렌	800원	7.7	2,465		
PL11-542	롯데라면컵	팔도	종이(외면)	750원	7.6	954		
RT27-251	진라면순한맛	오뚜기	종이(외면)	950원	7.0	2,056		
DT49-211	참깨라면	오뚜기	종이(외면)	840원	8.6	1,625		
PL13-252	손짬뽕컵	팔도	폴리스틸렌수지	1,280원	11.0	865		
PL11-422	공화춘짬뽕	팔도	폴리스틸렌	1,280원	11.1	1,245		
NA21-451	육개장	농심	폴리스틸렌	850원	11.0	1,432		
종이(외면) 용기 제품의 개수					최저 판매수량(단위:개)		
오뚜기 제품의 판매가격 평균					제품코드	NG43-411	판매가격

조건

- 제목 ⇒ 도형(사각형: 잘린 위쪽 모서리)과 그림자(오프셋 오른쪽)를 이용하여 작성하고 "컵라면 가격 및 판매수량"을 입력한 후 다음 서식을 적용하시오 (글꼴 – 굴림, 24pt, 검정, 굵게, 채우기 – 노랑).
- 임의의 셀에 결재란을 작성하여 그림으로 복사 기능을 이용하여 붙이기 하시오(단, 원본 삭제).

① 출력형태를 참고하여 도형이 들어갈 1~3행 높이를 적당히 조절한다.

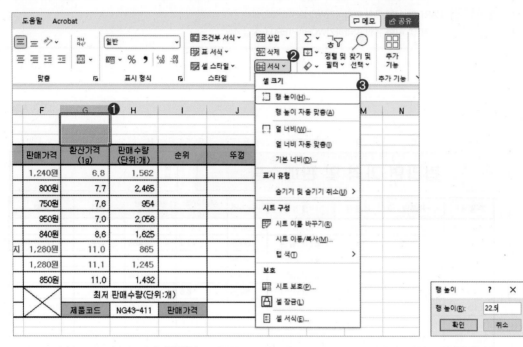

② [삽입] 탭 – [일러스트레이션] 그룹 – [도형](🔷)을 클릭하고 [사각형: 잘린 위쪽 모서리]를 클릭한다.

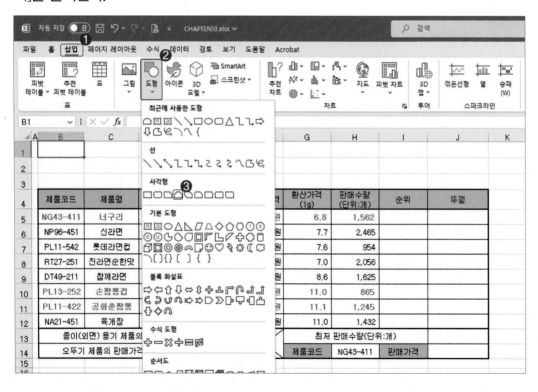

③ 마우스 포인터 모양이 +가 된 상태에서 「B1」 셀부터 「G3」 셀까지 드래그하여 도형을
그린다.

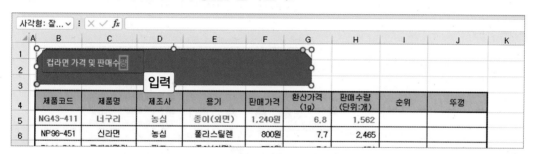

④ 노란색 조절점을 움직여 도형의 모양을 조절한다.

A	B	C	D	E	F	G	H	I	J	K
1										
2										
3										
4	제품코드	제품명	제조사	용기	판매가격	환산가격(1g)	판매수량(단위:개)	순위	뚜껑	
5	NG43-411	너구리	농심	종이(외면)	1,240원	6.8	1,562			
6	NP96-451	신라면	농심	폴리스틸렌	800원	7.7	2,465			

⑤ 도형에 『컵라면 가격 및 판매수량』을 입력한다.

A	B	C	D	E	F	G	H	I	J	K
1	컵라면 가격 및 판매수량									
2										
3										
4	제품코드	제품명	제조사	용기	판매가격	환산가격(1g)	판매수량(단위:개)	순위	뚜껑	
5	NG43-411	너구리	농심	종이(외면)	1,240원	6.8	1,562			
6	NP96-451	신라면	농심	폴리스틸렌	800원	7.7	2,465			

⑥ 도형의 배경색 부분을 클릭한다.
→ [홈] 탭 – [글꼴] 그룹에서 글꼴 '굴림', 크기 '24', [굵게], [채우기 색](🖌) '노랑', [글
꼴 색](🗛) '검정'을 설정한다.

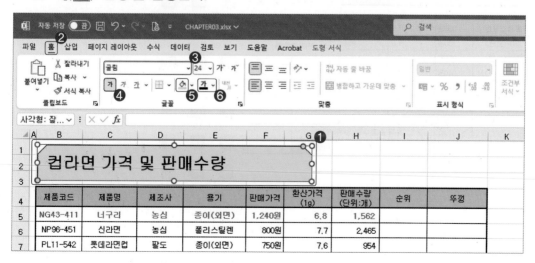

⑦ [맞춤] 그룹에서 가로와 세로 모두 [가운데 맞춤](☰, ☰)을 클릭한다.

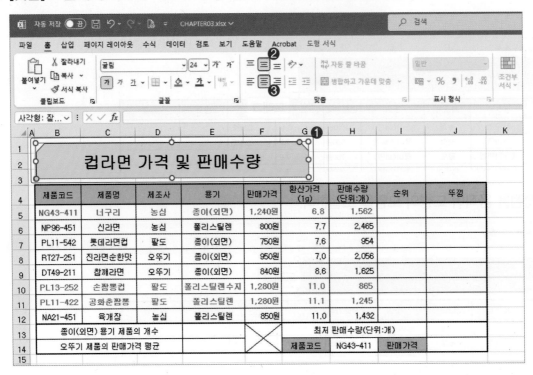

⑧ [도형 서식] 탭 – [도형 스타일] 그룹 – [도형 효과](◨)를 클릭하고 [그림자] – [오프셋: 오른쪽]을 클릭한다.

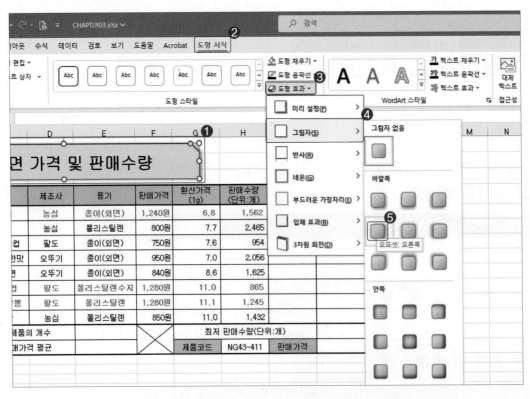

① 『결재』가 입력될 두 개의 셀을 블록 설정한다.

→ [홈] 탭 – [맞춤] 그룹 – [병합하고 가운데 맞춤](🔲)을 클릭한다.

🅑 기적의 TIP

결재란은 앞에 작성한 내용과 행이나 열이 겹치지 않는 셀에서 작성한다. 여기서는 「L16」 셀에서 작성한다.

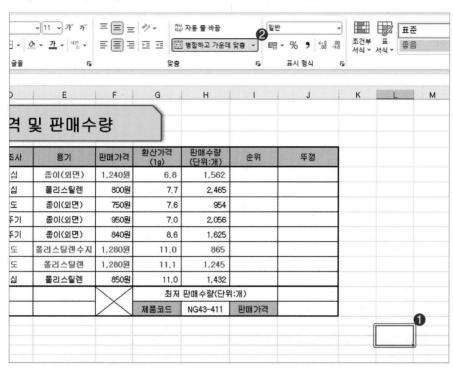

② 『결재』를 입력한다.

→ [홈] 탭 – [맞춤] 그룹 – [방향](🔡)을 클릭하고 [세로 쓰기](🔡)를 클릭한다.

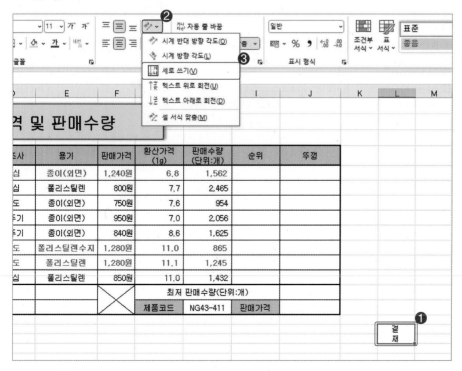

③ 텍스트를 모두 입력하고 행 높이와 열 너비를 조절한다.
→ [홈] 탭 – [맞춤] 그룹 – [가운데 맞춤](☰)을 클릭한다.

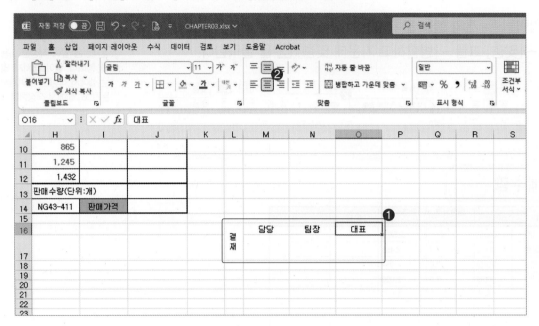

④ 결재란 영역을 모두 블록 설정한다.
→ [홈] 탭 – [글꼴] 그룹 – [테두리]에서 [모든 테두리](田)를 클릭한다.

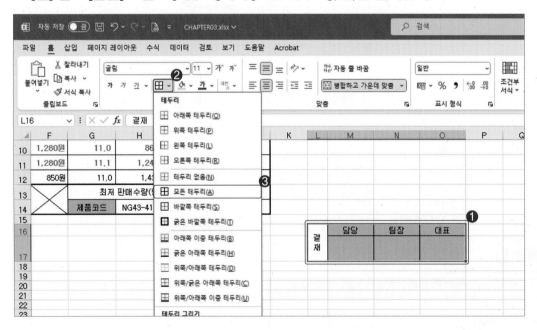

⑤ 결재란 영역이 블록 설정된 상태에서 [홈] 탭 – [클립보드] 그룹 – [복사](🗐)에서 [그림으로 복사]를 클릭한다.
→ [그림 복사] 대화상자에서 [확인]을 클릭한다.

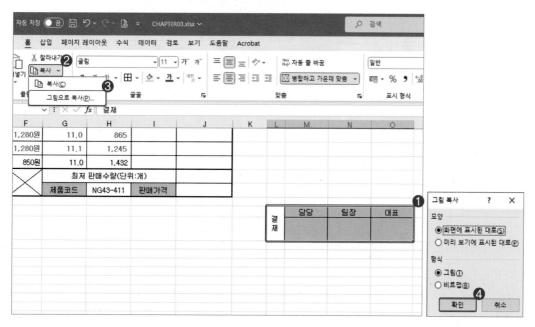

⑥ [홈] 탭 – [클립보드] 그룹 – [붙여넣기](🗐)를 클릭한다.
→ 그림의 위치를 마우스 드래그하여 조절한다. 방향키(→ ← ↑ ↓)로 미세한 조절이 가능하다.

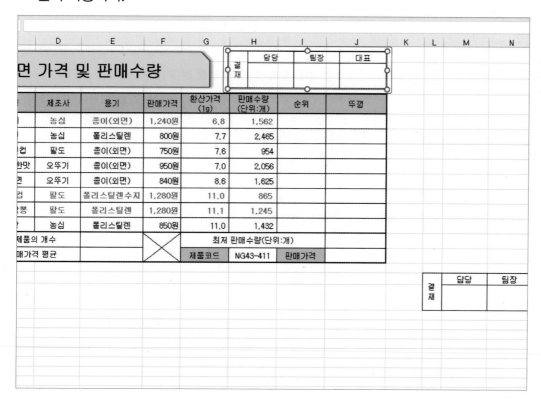

⑦ 기존 작업한 결재란 영역을 블록 설정한다.

→ [홈] 탭 – [셀] 그룹 – [삭제]()를 클릭한다.

🅱 기적의 TIP

삭제 메뉴 실행 결과

1	2	3	4
5	6	7	8
9	10	11	12
13	14	15	16

삭제 : 블록 설정한 셀만 삭제되어 아래의 셀들이 위로 올라온다.

1	2	3	4
5	14	15	8
9			12
13			16

시트 행 삭제 : 블록 설정한 셀의 행 전체가 삭제된다.

1	2	3	4
13	14	15	16

시트 열 삭제 : 블록 설정한 셀의 열 전체가 삭제된다.

1	4	
5	8	
9	12	
13	16	

셀 삭제 : [삭제] 대화상자가 나타난다.

다음은 '평생학습센터 온라인 수강신청 현황'에 대한 자료이다. 자료를 입력하고 조건에 맞도록 작업하시오.

출력형태										

평생학습센터 온라인 수강신청 현황

확인	담당	팀장	센터장

수강코드	강좌명	분류	교육대상	개강날짜	신청인원	수강료 (단위:원)	교육장소	신청인원 순위
CS-210	소통스피치	인문교양	성인	2023-04-03	101	60,000		
SL-101	체형교정 발레	생활스포츠	청소년	2023-03-06	56	75,000		
ST-211	스토리텔링 한국사	인문교양	직장인	2023-03-13	97	40,000		
CE-310	어린이 영어회화	외국어	청소년	2023-04-10	87	55,000		
YL-112	요가	생활스포츠	성인	2023-03-04	124	45,000		
ME-312	미드로 배우는 영어	외국어	직장인	2023-03-10	78	65,000		
PL-122	필라테스	생활스포츠	성인	2023-03-06	135	45,000		
SU-231	자신감 UP	인문교양	청소년	2023-04-03	43	45,000		
필라테스 수강료(단위:원)					최저 수강료(단위:원)			
인문교양 최대 신청인원					강좌명	소통스피치	개강날짜	

조건	

- 제목 ⇒ 도형(사각형: 잘린 대각선 방향 모서리)과 그림자(오프셋: 오른쪽)를 이용하여 작성하고 "평생학습센터 온라인 수강신청 현황"을 입력한 후 다음 서식을 적용하시오 (글꼴 – 굴림, 24pt, 검정, 굵게, 채우기 – 노랑).
- 임의의 셀에 결재란을 작성하여 그림으로 복사 기능을 이용하여 붙이기 하시오(단, 원본 삭제).
- 「B4:J4, G14, I14」 영역은 '주황'으로 채우기 하시오.
- 유효성 검사를 이용하여 「H14」 셀에 강좌명(「C5:C12」 영역)이 선택 표시되도록 하시오.
- 셀 서식 ⇒ 「G5:G12」 영역에 셀 서식을 이용하여 숫자 뒤에 '명'을 표시하시오(예 : 30명).
- 「H5:H12」 영역에 대해 '수강료'로 이름정의를 하시오.
- 조건부 서식의 수식을 이용하여 신청인원이 '100' 이상인 행 전체에 다음의 서식을 적용하시오 (글꼴 : 파랑, 굵게).

다음은 '우리제주로 숙소 예약 현황'에 대한 자료이다. 자료를 입력하고 조건에 맞도록 작업하시오.

출력형태

예약번호	종류	숙소명	입실일	1박요금(원)	예약인원	숙박일수	숙박비(원)	위치
		우리제주로 숙소 예약 현황						
						결재	사원 / 과장 / 부장	
HA1-01	호텔	엠스테이	2023-08-03	120,000	4	2		
RE3-01	리조트	스완지노	2023-07-25	135,000	2	3		
HA2-02	호텔	더비치	2023-07-20	98,000	3	3		
PE4-01	펜션	화이트캐슬	2023-08-10	115,000	5	4		
RE1-02	리조트	베스트뷰	2023-08-01	125,000	3	2		
RE4-03	리조트	그린에코	2023-09-01	88,000	4	3		
HA2-03	호텔	크라운유니	2023-07-27	105,000	2	4		
PE4-03	펜션	푸른바다	2023-09-10	75,000	6	2		
호텔 1박요금(원) 평균					가장 빠른 입실일			
숙박일수 4 이상인 예약건수					숙소명	엠스테이	예약인원	

조건

- 제목 ⇒ 도형(사다리꼴)과 그림자(오프셋: 오른쪽)를 이용하여 작성하고 "우리제주로 숙소 예약 현황"을 입력한 후 다음 서식을 적용하시오 (글꼴 – 굴림, 24pt, 검정, 굵게, 채우기 – 노랑).

- 임의의 셀에 결재란을 작성하여 그림으로 복사 기능을 이용하여 붙이기 하시오(단, 원본 삭제).

- 「B4:J4, G14, I14」 영역은 '주황'으로 채우기 하시오.

- 유효성 검사를 이용하여 「H14」 셀에 숙소명(「D5:D12」 영역)이 선택 표시되도록 하시오.

- 셀 서식 ⇒ 「G5:G12」 영역에 셀 서식을 이용하여 숫자 뒤에 '명'을 표시하시오(예 : 4명).

- 「E5:E12」 영역에 대해 '입실일'로 이름정의를 하시오.

- 조건부 서식의 수식을 이용하여 예약인원이 '3' 이하인 행 전체에 다음의 서식을 적용하시오 (글꼴 : 파랑, 굵게).

[제1작업]
함수-1(날짜, 문자 반환, 조건)

▶ 합격 강의

난 이 도 상 (중) 하
반복학습 ① ② ③

문제파일 PART 01 시험 유형 따라하기₩CHAPTER04.xlsx
정답파일 PART 01 시험 유형 따라하기₩CHAPTER04_정답.xlsx

문제보기 문제 파일을 불러온 후 다음의 조건과 같이 작업하시오.

출력형태 ───── 실제 시험에서는 직접 작성한 제1작업 시트를 기준으로 작업한다.

예약코드	예약일	예약요일	예약월	접수처	행사기간(일)	체험비용(원)	지원금
A0525	(1)	(2)	(3)	(4)	10	60,000	(5)
B0401	(1)	(2)	(3)	(4)	9	60,000	(5)
A0707	(1)	(2)	(3)	(4)	12	40,000	(5)
C1225	(1)	(2)	(3)	(4)	10	40,000	(5)
C0815	(1)	(2)	(3)	(4)	13	60,000	(5)
B0131	(1)	(2)	(3)	(4)	14	70,000	(5)
A0224	(1)	(2)	(3)	(4)	8	30,000	(5)
B0305	(1)	(2)	(3)	(4)	10	50,000	(5)

조건

(1)~(5) 셀은 반드시 주어진 함수를 이용하여 값을 구하시오.

(1) 예약일 ⇒ 예약코드의 두 번째부터 두 글자를 '월'로, 네 번째부터 두 글자를 '일'로 하는 2024년의 날짜를 구하시오(DATE, MID 함수)(예 : A0525 → 2024-05-25).

(2) 예약요일 ⇒ 예약일의 요일을 구하시오(CHOOSE, WEEKDAY 함수)(예 : 월요일).

(3) 예약월 ⇒ 예약일의 월을 추출하여 '월'을 붙이시오(MONTH 함수, & 연산자)(예 : 5월).

(4) 접수처 ⇒ 예약코드의 첫 번째 글자가 A이면 '본부', B이면 '직영', 그 외에는 '대리점'으로 구하시오(IF, LEFT 함수).

(5) 지원금 ⇒ 행사기간(일)이 '10' 이상이면서 체험비용(원)이 '50,000' 이상이면 체험비용의 10%, 그 외에는 체험비용의 5%를 구하시오(IF, AND 함수).

① 「C5:C12」 영역을 블록 설정한다.

→ [수식] 탭 – [함수 삽입](fx)을 클릭한다.

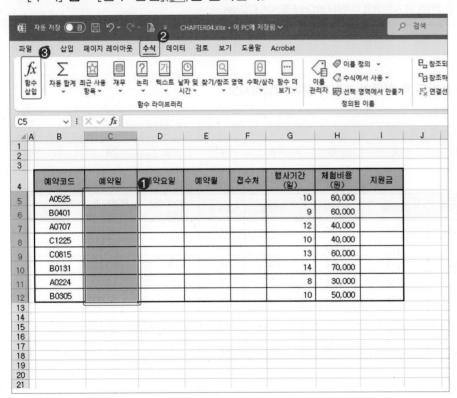

기적의 TIP

함수 입력은 함수 마법사를 이용하거나 직접 수식 입력 줄에 입력하여 작성할 수 있다.

해결 TIP

제1작업의 함수를 작성하지 못하면 실격인가요?
해당 함수에 대한 부분점수만 감점되며, 함수는 제2작업, 제3작업, 제4작업에 영향을 미치지 않는다.

② [함수 마법사] 대화상자에서 함수 검색에 『DATE』를 입력하고 [검색]을 클릭한다.

→ 함수 선택에서 'DATE'를 클릭하고 [확인]을 클릭한다.

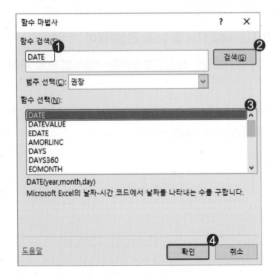

③ DATE의 [함수 인수] 대화상자에서 Year 『2024』, Month 『MID(B5,2,2)』, Day 『MID(B5,4,2)』를 입력한다.

→ Ctrl 을 누른 채 [확인]을 클릭한다.

🄵⑬ 기적의 TIP

블록이 설정되어 있어도 Ctrl 을 누르지 않으면 한 개의 셀에만 입력이 된다.

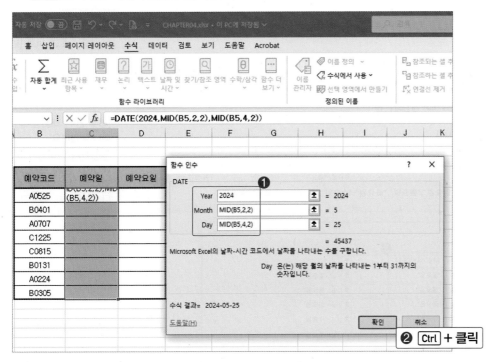

💡 해결 TIP

셀에 값이 #####로 표시 되는 경우
표시될 데이터보다 열 너비 가 좁은 경우이므로 열 너 비를 넓혀 준다.

💬 함수 설명

=DATE(2024,MID(B5,2,2),MID(B5,4,2))
　　　④　　　①　　　②　　　　③

① 연도
② 월 : 「B5」 셀의 2번째 자리부터 2자리 추출
③ 일 : 「B5」 셀의 4번째 자리부터 2자리 추출
④ 추출한 숫자를 연도, 월, 일로 입력하여 날짜로 반환

DATE(Year, Month, Day) 함수

Year : 1900~9999 사이의 범위이면 그 값이 연도로 반환
　　　　0~1899 사이의 범위이면 1900을 더해서 반환
Month : 월을 나타내는 정수
Day : 일을 나타내는 정수

MID(Text, Start_num, Num_chars) 함수

Text : 추출할 문자가 들어 있는 텍스트
Start_num : 추출할 문자의 시작 위치
Num_chars : 추출할 문자의 수

① 「D5:D12」 영역을 블록 설정한다.
→ 『=CHOOSE』를 입력하고 Ctrl + A 를 누른다.

② CHOOSE의 [함수 인수] 대화상자에서 Index_num 『WEEKDAY(C5,1)』,
Value1부터 『일요일 Tab 월요일 Tab 화요일 Tab 수요일 Tab 목요
일 Tab 금요일 Tab 토요일』을 입력한다.
→ Ctrl +[확인]을 클릭한다.

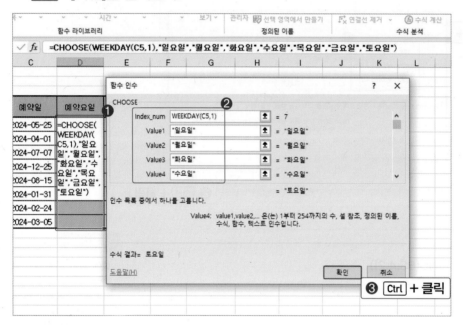

💬 함수 설명

=CHOOSE(WEEKDAY(C5,1), "일요일", "월요일", "화요일", … , "토요일")
　　　　　　　①　　　　　　　　　　　　　　②

① 「C5」 셀의 요일을 1~7의 숫자로 반환
② 반환된 숫자가 1이면 "일요일", 2이면 "월요일", …, 7이면 "토요일"을 반환

CHOOSE(index_num, value1, [value2], …) 함수

index_num : 1이면 value1, 2이면 value2가 반환

WEEKDAY(serial_number, [return_type]) 함수

serial_number : 찾을 날짜를 나타내는 일련번호
return_type : 1 또는 생략 시 요일을 1(일요일)에서 7(토요일) 사이의 숫자로 반환
　　　　　　　2이면 1(월요일)에서 7(일요일)

① 「E5:E12」영역을 블록 설정한다.
→『=MONTH』를 입력하고 Ctrl + A 를 누른다.

② MONTH의 [함수 인수] 대화상자에서 Serial_number 『C5』를 입력한다.
→ Ctrl +[확인]을 클릭한다.

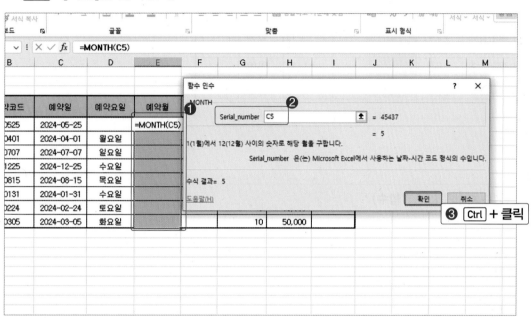

💬 함수 설명

날짜 관련 함수

MONTH(Serial_number) 함수
⇒ 월을 반환한다.

YEAR(Serial_number) 함수
⇒ 연도를 반환한다.

DAY(Serial_number) 함수
⇒ 일을 반환한다.

TODAY() 함수
⇒ 현재 날짜를 반환한다.

③ 「E5:E12」영역이 블록 설정된 상태에서, 수식 입력줄에 『&"월"』을 이어서 입력한다.
 → Ctrl + Enter 를 누른다.

접수처 (IF, LEFT 함수)

① 「F5:F12」영역을 블록 설정한다.
 → 『=IF』를 입력하고 Ctrl + A 를 누른다.

② IF의 [함수 인수] 대화상자에서 Logical_test 『LEFT(B5,1)="A"』, Value_if_true 『본부』를 입력한다.

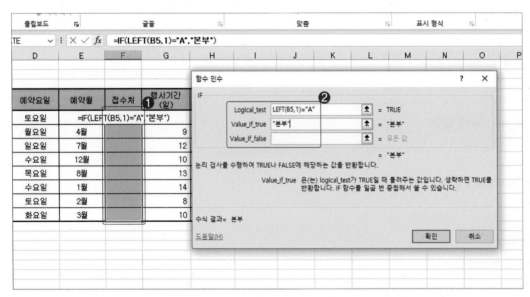

③ 이어서 Value_if_false 『IF(LEFT(B5,1)="B", "직영", "대리점")』을 입력한다.

→ Ctrl +[확인]을 클릭한다.

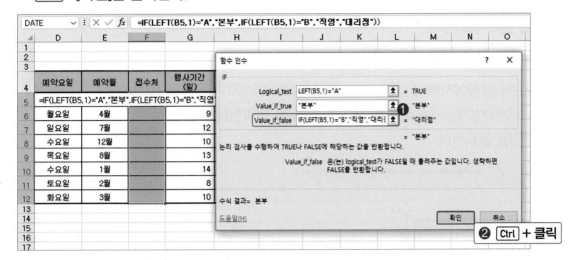

💬 함수 설명

=IF(LEFT(B5,1)="A", "본부", IF(LEFT(B5,1)="B", "직영", "대리점"))
  　① 　　　　② 　　　　　③ 　　　　　④ 　　 ⑤

① 「B5」 셀의 첫 번째 글자가 A인지 확인
② A가 맞으면 "본부"를 반환
③ 아니면 다시 「B5」 셀의 첫 번째 글자가 B인지 확인
④ B가 맞으면 "직영"을 반환
⑤ 아니면 "대리점"을 반환

IF(Logical_test, Value_if_true, Value_if_false) 함수

Logical_test : 조건식
Value_if_true : 조건식이 참일 때 반환되는 것
Value_if_false : 조건식이 거짓일 때 반환되는 것

💬 함수 설명

문자 추출 관련 함수

LEFT(Text, [Num_chars]) 함수

Text : 추출할 문자가 들어 있는 텍스트
Num_chars : 추출할 문자 수
⇒ 문자열의 첫번째 문자부터 지정한 수만큼 추출하여 반환한다.

RIGHT(Text, [Num_chars]) 함수

⇒ 문자열의 마지막 문자부터 지정한 수만큼 추출하여 반환한다.

MID(Text, Start_num, Num_chars) 함수

⇒ 문자열의 지정한 위치부터 지정한 수만큼 추출하여 반환한다.

① 「I5:I12」 영역을 블록 설정한다.
→ 『=IF』를 입력하고 [Ctrl]+[A]를 누른다.

② IF의 [함수 인수] 대화상자에서 Logical_test 『AND(G5>=10, H5>=50000)』,
Value_if_true 『H5*10%』, Value_if_false 『H5*5%』를 입력한다.
→ [Ctrl]+[확인]을 클릭한다.

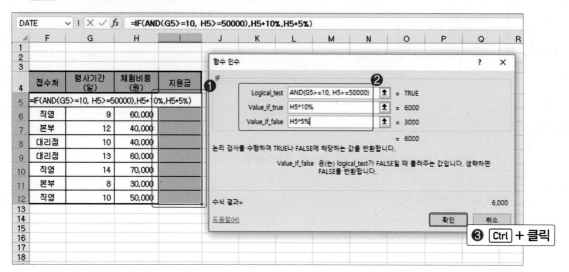

함수 설명

=IF(AND(G5>=10, H5>=50000), H5*10%, H5*5%)
                                               ①   ②   ③

① 「G5」 셀 값이 10 이상이고 「H5」 셀 값이 50000 이상인지 확인
② 두 조건이 모두 True이면, 「H5」 셀 값에 10%를 곱한 값을 반환
③ 조건 하나라도 False이면, 「H5」 셀 값에 5%를 곱한 값을 반환

함수 설명

AND와 OR

AND(Logical) 함수
⇒ 모든 조건이 True이면 True를 반환한다.

OR(Logical) 함수
⇒ 조건 중 True가 있으면 True를 반환한다.

[제1작업]
함수-2(합계, 순위, 자릿수)

▶ 합격 강의

문제파일 PART 01 시험 유형 따라하기\CHAPTER05.xlsx
정답파일 PART 01 시험 유형 따라하기\CHAPTER05_정답.xlsx

문제보기

문제 파일을 불러온 후 다음의 조건과 같이 작업하시오.

출력형태

실제 시험에서는 직접 작성한 제1작업 시트를 기준으로 작업한다.

강사	과목	수강료	수강인원	수강인원 차트	순위	수강후기 (5점 만점)	후기 차트
박지현	한국사	49,500	32	(1)	(2)	3.7	(3)
강해린	수학	60,000	25	(1)	(2)	4.5	(3)
정지훈	물리학	41,100	17	(1)	(2)	3.3	(3)
로버트	영어	50,000	52	(1)	(2)	4.1	(3)
홍지윤	한국사	60,000	32	(1)	(2)	2.7	(3)
민윤기	물리학	89,900	40	(1)	(2)	3.8	(3)
이혜인	수학	80,000	23	(1)	(2)	1.9	(3)
박재상	수학	70,000	19	(1)	(2)	2.8	(3)
개설과목 총 수강료		(4)			최대 수강인원	(6)	
수학과목의 수강료 평균		(5)			두 번째로 많은 수강인원	(7)	

「D5:D12」 영역이 "수강료"로 이름 정의되어 있다.

조건

(1)~(7) 셀은 반드시 주어진 함수를 이용하여 값을 구하시오.

(1) 수강인원 차트 ⇒ 수강인원 십의 단위 수치만큼 '★'을 표시하시오(CHOOSE, INT 함수)
　　　　(예 : 32 → ★★★).

(2) 순위 ⇒ 수강인원의 내림차순 순위를 구하시오(RANK.EQ 함수).

(3) 후기 차트 ⇒ 점수(5점 만점)를 반올림하여 정수로 구한 값의 수만큼 '★'을 표시하시오
　　　　(REPT, ROUND 함수)(예 : 3.7 → ★★★★).

(4) 개설과목 총 수강료 ⇒ 정의된 이름(수강료)을 이용하여 「수강료×수강인원」으로 구하되 반올
　　　　림하여 천 단위까지 구하시오(ROUND, SUMPRODUCT 함수)
　　　　(예 : 12,345,670 → 12,346,000).

(5) 수학과목의 수강료 평균 ⇒ (SUMIF, COUNTIF 함수)

(6) 최대 수강인원 ⇒ (MAX 함수)

(7) 두 번째로 많은 수강인원 ⇒ (LARGE 함수)

① 「F5:F12」 영역을 블록 설정한다.

→ 『=CHOOSE』를 입력하고 [Ctrl]+[A]를 누른다.

② CHOOSE의 [함수 인수] 대화상자에서 index_num 『INT(E5/10)』, Value1 『★』, Value2 『★★』, Value3 『★★★』, Value4 『★★★★』, Value5 『★★★★★』를 입력한다.

→ [Ctrl]+[확인]을 클릭한다.

> **기적의 TIP**
>
> ★와 같은 특수문자는 자음 'ㅁ'을 입력하고 [한자]를 눌러 입력하거나, [삽입] 탭–[기호]를 클릭하여 입력할 수 있다.

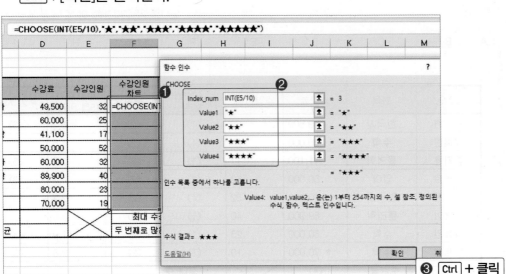

③ [Ctrl] + 클릭

💬 **함수 설명**

=CHOOSE(INT(E5/10), "★","★★","★★★","★★★★","★★★★★")
　　　　　　①　　　　　②

① 「E5」 셀의 값을 10으로 나눈 몫의 정수만 반환
② 반환된 숫자가 1이면 "★", 2이면 "★★", …, 5이면 "★★★★★"를 반환

> **CHOOSE(Index_num, Value1, [Value2], …) 함수**
>
> Index_num : 1이면 Value1, 2이면 Value2가 반환

💬 **함수 설명**

정수 추출 관련 함수

> **INT(Number) 함수**
>
> ⇒ 가까운 정수로 내린다.
>
> **TRUNC(Number) 함수**
>
> ⇒ 소수점 이하를 버린다. INT와는 음수를 사용하는 경우에만 결과가 다르다.
>   예 TRUNC(−4.3)은 −4를 반환하고 INT(−4.3)은 −5를 반환한다.

① 「G5:G12」 영역을 블록 설정한다.

→ 『=RANK.EQ』를 입력하고 Ctrl + A 를 누른다.

② RANK.EQ의 [함수 인수] 대화상자에서 Number 『E5』, Ref 『E5:E12』를 입력한 후 F4 를 눌러 절대주소를 만든다.

→ Ctrl +[확인]을 클릭한다.

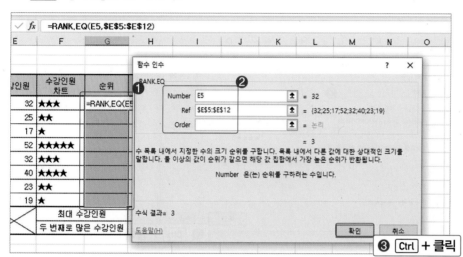

해결 TIP

함수 사용 시 절대참조, 상대참조 어떤 것을 사용해야 하나요?

경우에 따라 반드시 절대참조를 사용하여야만 결과값이 정확하게 나오는 경우 절대참조를 해야 하지만, 결과값의 셀이 한 셀에 고정되어 있을 경우나 어떤 참조방법을 사용해도 결과값에 변경이 없을 경우 둘 중 어느 것을 사용하여도 된다.

함수 설명

=RANK.EQ(E5, $E$5:$E$12)
         ①   ②

① 「E5」 셀의 순위를
② 「E5:E12」 영역에서 구함

RANK.EQ(Number, Ref, [Order]) 함수

Number : 순위를 구하려는 셀

Ref : 목록의 범위

Order : 순위 결정 방법, 0이거나 생략하면 내림차순, 0이 아니면 오름차순

기적의 TIP

절대주소 사용

	미사용	사용
5	(E5, E5:E12)	(E5, $E$5:$E$12)
6	(E6, E6:E13)	(E6, $E$5:$E$12)
7	(E7, E7:E14)	(E7, $E$5:$E$12)
8	(E8, E8:E15)	(E8, $E$5:$E$12)

절대주소를 사용하지 않으면 Ctrl +[확인]으로 한 번에 입력하거나 마우스 드래그 할 때, 범위가 고정되지 않고 움직일 수 있다.

① 「I5:I12」 영역을 블록 설정한다.
  → 『=REPT』를 입력하고 [Ctrl]+[A]를 누른다.

② REPT의 [함수 인수] 대화상자에서 Text 『★』, Number_times 『ROUND(H5,0)』를 입력한다.
  → [Ctrl]+[확인]을 클릭한다.

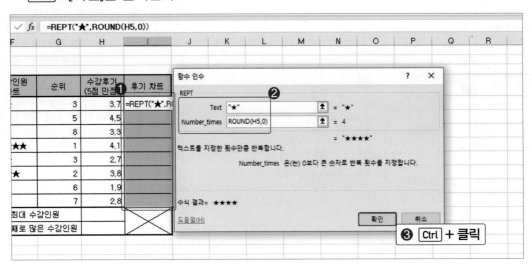

💬 함수 설명

<u>=REPT("★",</u> <u>ROUND(H5,0))</u>
     ②   ①

① 「H5」 셀의 값을 소수점 0자리까지 반올림(즉, 가장 가까운 정수로 반올림)해서
② 반환된 정수만큼 ★를 반환

REPT(Text, Number_times) 함수

Text : 반복할 텍스트
Number_times : 반복할 횟수

💬 함수 설명

반올림, 내림 함수

ROUND(Number, Num_digits) 함수

Number : 반올림할 숫자
Num_digits : 반올림하려는 자릿수

ROUNDDOWN(Number, Num_digits) 함수
⇒ 지정한 자릿수로 내림한다.

① 「D13」 셀에 『=ROUND』를 입력하고 Ctrl + A 를 누른다.

② ROUND의 [함수 인수] 대화상자에서 Number 『SUMPRODUCT(수강료,E5:E12)』,
Number_digits 『 – 3』을 입력한다.
→ [확인]을 클릭한다.

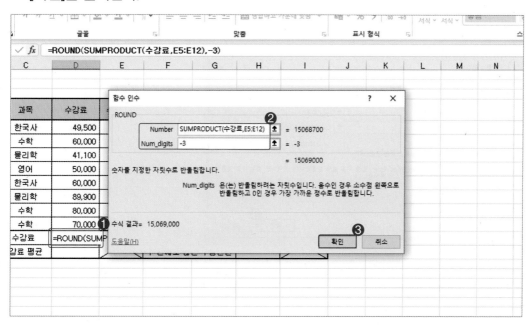

💬 함수 설명

=ROUND(SUMPRODUCT(수강료, E5:E12), –3)
　　　　　　　　　　①　　　　　　　②

① "수강료"로 이름 정의한 영역과 「E5:E12」 영역의 대응되는 값을 곱하여 합계를 계산
② 소수 위 세번째 자리에서 반올림

SUMPRODUCT(Array1, [Array2], ···) 함수
⇒ 주어진 범위 또는 배열의 총 합계를 반환한다.

① 「D14」 셀에 『=SUMIF』를 입력하고 [Ctrl]+[A]를 누른다.

② SUMIF의 [함수 인수] 대화상자에서 Range 『C5:C12』, Criteria 『수학』, Sum_range 『D5:D12』를 입력한다.
　　→ [확인]을 클릭한다.

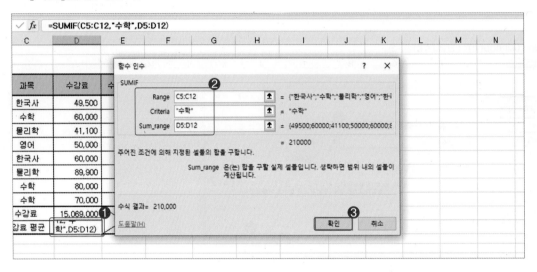

③ 「D14」 셀의 수식에 『/COUNTIF』를 이어서 입력하고 [Ctrl]+[A]를 누른다.

④ COUNTIF의 [함수 인수] 대화상자에서 Range 『C5:C12』, Criteria 『수학』을 입력한다.
　　→ [확인]을 클릭한다.

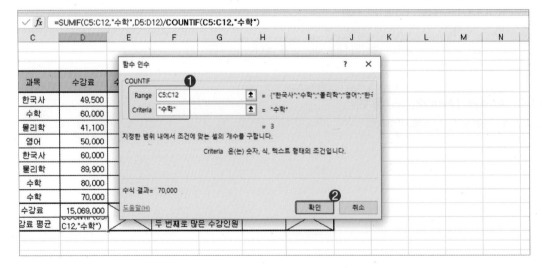

=SUMIF(C5:C12, "수학", D5:D12) / COUNTIF(C5:C12, "수학")
　　　　　　　①　　　　　　　　　　　　　②

① 「C5:C12」 영역에서 "수학"을 찾아 해당하는 「D5:D12」 영역의 합계를 계산
② "수학"의 개수를 구하여 나눗셈

SUMIF(Range, Criteria, Sum_range) 함수

Range : 조건을 적용할 셀 범위
Criteria : 조건
Sum_range : Range 인수에 지정되지 않은 범위를 추가

COUNTIF(Range, Criteria) 함수

Range : 찾으려는 위치
Criteria : 찾으려는 항목

SECTION 06 | 최대 수강인원 (MAX 함수)

① 「H13」 셀에 『=MAX(E5:E12)』를 입력한다.

	강사	과목	수강료	수강인원	수강인원 차트	순위	수강후기 (5점 만점)	후기 차트
5	박지현	한국사	49,500	32	★★★	3	3.7	★★★★
6	강해린	수학	60,000	25	★★	5	4.5	★★★★★
7	정지훈	물리학	41,100	17	★	8	3.3	★★★
8	로버트	영어	50,000	52	★★★★★	1	4.1	★★★★
9	홍지윤	한국사	60,000	32	★★★	3	2.7	★★★
10	민윤기	물리학	89,900	40	★★★★	2	3.8	★★★★
11	이혜인	수학	80,000	23	★★	6	1.9	★★
12	박재상	수학	70,000	19	★	7	2.8	★★★
13	개설과목 총 수강료		15,069,000	✕	최대 수강인원		=MAX(E5:E12)	
14	수학과목의 수강료 평균		70,000	✕	두 번째로 많은 수강인원		입력	

MAX와 MIN

MAX(Number1, [Number2], …) 함수
⇒ 가장 큰 값을 반환한다.

MIN(Number1, [Number2], …) 함수
⇒ 가장 작은 값을 반환한다.

① 「H14」셀에 『=LARGE』를 입력하고 Ctrl + A 를 누른다.

② LARGE의 [함수 인수] 대화상자에서 Array 『E5:E12』, K 『2』를 입력한다.
→ [확인]을 클릭한다.

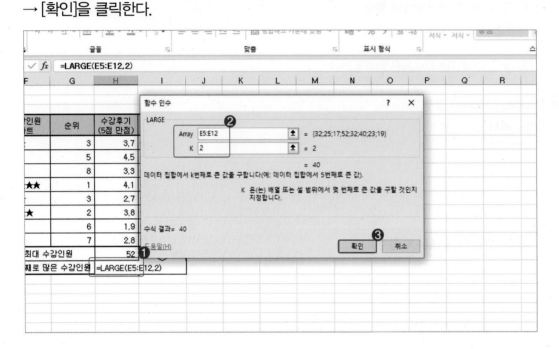

💬 함수 설명

LARGE와 SMALL

LARGE(Array, K) 함수

⇒ 주어진 집합에서 K번째로 큰 값을 반환한다.

SMALL(Array, K) 함수

⇒ 주어진 집합에서 K번째로 작은 값을 반환한다.

CHAPTER
06

난이도 상 (중) 하
반복학습 1 2 3

[제1작업]
함수-3(목록, 범위)

▶ 합격 강의

| 문제파일 | PART 01 시험 유형 따라하기\CHAPTER06.xlsx |
| 정답파일 | PART 01 시험 유형 따라하기\CHAPTER06_정답.xlsx |

문제보기

문제 파일을 불러온 후 다음의 조건과 같이 작업하시오.

(출력형태) ─── 실제 시험에서는 직접 작성한 제1작업 시트를 기준으로 작업한다.

	제품코드	제품명	시리즈	난이도	부품수	판매가	상품평
	76210	헐크버스터	마블	어려움	4,049	500,000	3.8
	43187	라푼젤의 탑	디즈니	쉬움	369	90,000	4.3
	75304	다스베이더 헬멧	스타워즈	쉬움	834	110,000	4.3
	43222	디즈니 캐슬	디즈니	어려움	4,837	420,000	4.9
	76218	샌텀 생토럼	마블	어려움	2,708	300,000	4.7
	76216	아이언맨 연구소	마블	쉬움	496	100,000	3.2
	21326	곰돌이 푸	디즈니	보통	1,265	130,000	4.0
	75308	R2-D2	스타워즈	보통	2,314	300,000	4.6
	마블 시리즈 판매가의 합계		(1)	어려움 난이도 제품 중 최소 부품수			(4)
	마블 시리즈 판매가의 평균		(2)	어려움 난이도 제품 수			(5)
	판매가의 전체 평균		(3)	곰돌이 푸의 판매가			(6)
				제품명	곰돌이 푸	판매가	(7)

조건

(1)~(7) 셀은 반드시 <u>주어진 함수와 입력 데이터를 이용</u>하여 값을 구하시오.

(1) 마블 시리즈 판매가의 합계 ⇒ (DSUM 함수)

(2) 마블 시리즈 판매가의 평균 ⇒ (DAVERAGE 함수)

(3) 판매가의 전체 평균 ⇒ (AVERAGE 함수)

(4) 어려움 난이도 제품 중 최소 부품수 ⇒ (DMIN 함수)

(5) 어려움 난이도 제품 수 ⇒ (DCOUNTA 함수)

(6) 곰돌이 푸의 판매가 ⇒ (INDEX, MATCH 함수)

(7) 판매가 ⇒ 제품명에 대한 판매가를 구하시오(VLOOKUP 함수).

① 「D13」 셀에 『=DSUM』을 입력하고 Ctrl + A 를 누른다.

② DSUM의 [함수 인수] 대화상자에서 Database 『B4:H12』, Field 『6』, Criteria 『D4:D5』
를 입력한다.
→ [확인]을 클릭한다.

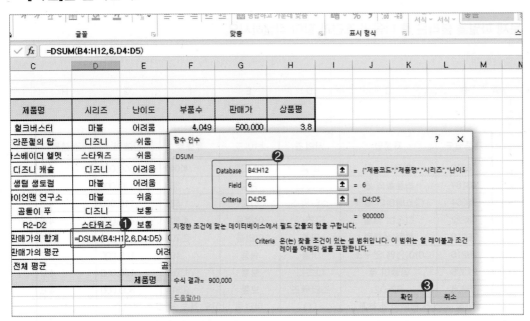

💬 함수 설명

=DSUM(B4:H12, 6, D4:D5)
               ①   ②

① 「B4:H12」 영역의 6번째 열인 "판매가"에서
② 시리즈가 "마블"인 것들의 합계를 계산

DSUM(Database, Field, Criteria) 함수

Database : 지정할 범위
Field : 함수에 사용되는 열 위치
Criteria : 조건이 있는 셀 범위

① 「D14」 셀에 『=DAVERAGE』를 입력하고 [Ctrl]+[A]를 누른다.   앞의 DSUM처럼 6을 입력해도 된다.

② DAVERAGE의 [함수 인수] 대화상자에서 Database 『B4:H12』, Field 『G4』, Criteria
『D4:D5』를 입력한다.
→ [확인]을 클릭한다.

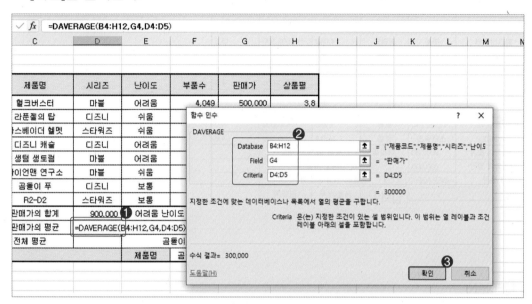

💬 함수 설명

=DAVERAGE(B4:H12, G4, D4:D5)
             ①   ②

① 「B4:H12」 영역의 "판매가"에서
② 시리즈가 "마블"인 것들의 평균을 계산

DAVERAGE(Database, Field, Criteria) 함수

Database : 지정할 범위

Field : 함수에 사용되는 열 위치

Criteria : 조건이 있는 셀 범위

① 「D15」셀에 『=AVERAGE(G5:G12)』를 입력한다.

제품코드	제품명	시리즈	난이도	부품수	판매가	상품평
76210	헐크버스터	마블	어려움	4,049	500,000	3.8
43187	라푼젤의 탑	디즈니	쉬움	369	90,000	4.3
75304	다스베이더 헬멧	스타워즈	쉬움	834	110,000	4.3
43222	디즈니 캐슬	디즈니	어려움	4,837	420,000	4.9
76218	샌텀 샌토럼	마블	어려움	2,708	300,000	4.7
76216	아이언맨 연구소	마블	쉬움	496	100,000	3.2
21326	곰돌이 푸	디즈니	보통	1,265	130,000	4.0
75308	R2-D2	스타워즈	보통	2,314	300,000	4.6
마블 시리즈 판매가의 합계		900,000	어려움 난이도 제품 중 최소 부품수			
마블 시리즈 판매가의 평균		300,000	어려움 난이도 제품 수			
판매가의 전체 평균		=AVERAGE(G5:G12)	곰돌이 푸의 판매가			
		입력	곰돌이 푸	판매가		

함수 설명

AVERAGE와 MEDIAN

AVERAGE(Number1, [Number2], …) 함수
⇒ 주어진 집합에서 평균을 반환한다.

MEDIAN(Number1, [Number2], …) 함수
⇒ 주어진 집합에서 중간 값(중간에 위치한 값)을 반환한다.

① 「H13」셀에『=DMIN』을 입력하고 Ctrl + A 를 누른다.

② DMIN의 [함수 인수] 대화상자에서 Database 『B4:H12』, Field 『5』, Criteria 『E4:E5』
를 입력한다.
→ [확인]을 클릭한다.

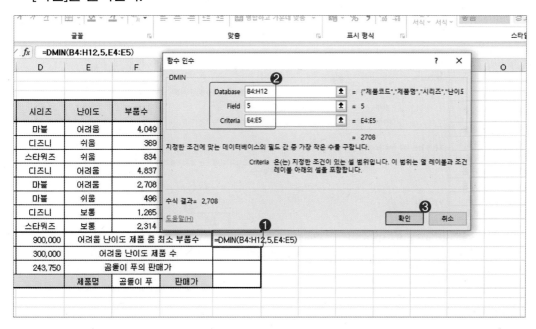

🗨 함수 설명

DMIN과 DMAX

DMIN(Database, Field, Criteria) 함수
⇒ 목록에서 조건에 맞는 가장 작은 값을 반환한다.

DMAX(Database, Field, Criteria) 함수
⇒ 목록에서 조건에 맞는 가장 큰 값을 반환한다.

① 「H14」셀에 『=DCOUNTA』를 입력하고 Ctrl + A 를 누른다.

② DCOUNTA의 [함수 인수] 대화상자에서 Database 『B4:H12』, Field 『5』, Criteria 『E4:E5』를 입력한다.
→ [확인]을 클릭한다.

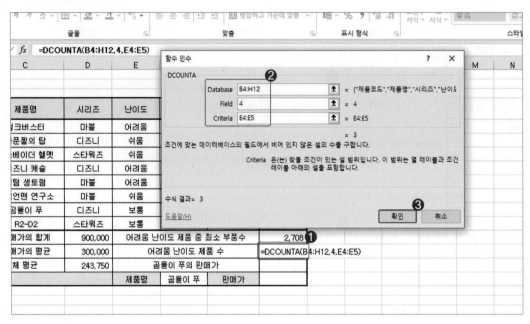

🗨 함수 설명

=DCOUNTA(B4:H12, 4, E4:E5)
          ①   ②

① 「B4:H12」영역의 4번째 열인 "난이도"에서
② 난이도가 "어려움"인 것들의 개수를 반환

DCOUNTA(Database, Field, Criteria) 함수

Database : 지정할 범위
Field : 함수에 사용되는 열 위치
Criteria : 조건이 있는 셀 범위

① 「H15」셀에 『=INDEX』를 입력하고 Ctrl + A 를 누른다.

② INDEX의 [인수 선택] 대화상자에서 array,row_num,column_num을 선택한다.
   → [확인]을 클릭한다.

💬 함수 설명

INDEX 함수의 인수 선택

INDEX 함수는 값을 반환하는 배열형(array)과 참조를 반환하는 참조형(reference)을 선택할 수 있다.
참조형은 범위를 여러 개 설정하는 경우에 사용하는 방식이다. 보통은 배열형을 주로 사용한다.

③ INDEX의 [함수 인수] 대화상자에서 Array 『B5:H12』, Row_num 『MATCH("곰돌이
   푸", C5:C12, 0)』, Column_num 『6』을 입력한다.
   → [확인]을 클릭한다.

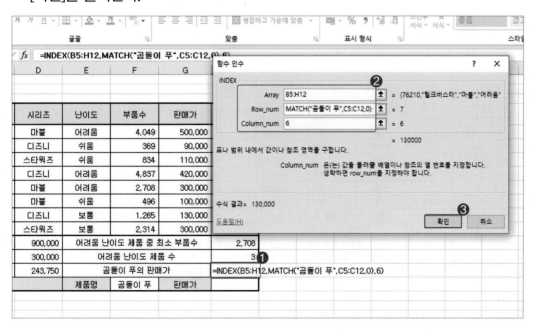

=INDEX(<u>B5:H12</u>, <u>MATCH("곰돌이 푸", C5:C12, 0)</u>, <u>6</u>)
        ①   ②   ③

① 「B5:H12」 영역에서
② "곰돌이 푸"가 「C5:C12」 범위에서 몇 번째 행에 있는지 반환하고
③ 6번째 열인 "판매가"에서 ②에서 구한 행의 데이터를 찾음

INDEX(Array, Row_num, [Column_num]) 함수

Array : 지정할 범위
Row_num : 값을 반환할 배열의 행
Column_num : 값을 반환할 배열의 열

MATCH(Lookup_value, Lookup_array, [Match_type]) 함수

Lookup_value : 찾으려는 값
Lookup_array : 검색할 범위
Match_type : 0이면 Lookup_value와 같은 값을 찾음

SECTION 07   판매가 (VLOOKUP 함수)

① 「H16」 셀에 『=VLOOKUP(F16, C5:H12, 5, 0)』을 입력한다.

제품코드	제품명	시리즈	난이도	부품수	판매가	상품평
76210	헐크버스터	마블	어려움	4,049	500,000	3.8
43187	라푼젤의 탑	디즈니	쉬움	369	90,000	4.3
75304	다스베이더 헬멧	스타워즈	쉬움	834	110,000	4.3
43222	디즈니 캐슬	디즈니	어려움	4,837	420,000	4.9
76218	샘텀 생토럼	마블	어려움	2,708	300,000	4.7
76216	아이언맨 연구소	마블	쉬움	496	100,000	3.2
21326	곰돌이 푸	디즈니	보통	1,265	130,000	4.0
75308	R2-D2	스타워즈	보통	2,314	300,000	4.6
마블 시리즈 판매가의 합계	900,000	어려움 난이도 제품 중 최소 부품수			2,708	
마블 시리즈 판매가의 평균	300,000	어려움 난이도 제품 수			3	
판매가의 전체 평균	243,750	곰돌이 푸의 판매가			130,000	
		제품명	곰돌이 푸	판매가	=VLOOKUP(F16,C5:H12,5,0)	

입력

=VLOOKUP(F16, C5:H12, 5, 0)
        ①   ②

① 「F16」셀의 값을 「C5:H12」영역에서 조회하고
② 해당하는 행의 5번째 열인 "판매가"의 값을 반환

VLOOKUP(Lookup_value, Table_array, Col_index_num, [Range_lookup]) 함수

Lookup_value : 조회하려는 값
Table_array : 조회할 값이 있는 범위
Col_index_num : 반환할 값이 있는 열
Range_lookup : 0(FALSE)이면 정확히 일치, 1(TRUE)이면 근사값 반환

② 「F16」셀 선택에 따라 「H16」셀이 바뀌는 것을 확인한다.

제품코드	제품명	시리즈	난이도	부품수	판매가	상품평
76210	헐크버스터	마블	어려움	4,049	500,000	3.8
43187	라푼젤의 탑	디즈니	쉬움	369	90,000	4.3
75304	다스베이더 헬멧	스타워즈	쉬움	834	110,000	4.3
43222	디즈니 캐슬	디즈니	어려움	4,837	420,000	4.9
76218	샌텀 생토럼	마블	어려움	2,708	300,000	4.7
76216	아이언맨 연구소	마블	쉬움	496	100,000	3.2
21326	곰돌이 푸	디즈니	보통	1,265	130,000	4.0
75308	R2-D2	스타워즈	보통	2,314	300,000	4.6
마블 시리즈 판매가의 합계		900,000	어려움 난이도 제품 중 최소 부품수			2,708
마블 시리즈 판매가의 평균		300,000	어려움 난이도 제품 수			3
판매가의 전체 평균		243,750	곰돌이 푸의 판매가			130,000
			제품명	디즈니 캐슬	판매가	420,000

헐크버스터
라푼젤의 탑
다스베이더 헬멧
디즈니 캐슬
샌텀 생토럼
아이언맨 연구소
곰돌이 푸
R2-D2

문제유형 ②-1   **문제파일** PART 01 시험 유형 따라하기₩유형2-1번_문제.xlsx   **정답파일** 유형2-1번_정답.xlsx

(1)~(6) 셀은 반드시 주어진 함수를 이용하여 값을 구하시오.

출력형태

	담당	팀장	센터장
확인			

평생학습센터 온라인 수강신청 현황

수강코드	강좌명	분류	교육대상	개강날짜	신청인원	수강료 (단위:원)	교육장소	신청인원 순위
CS-210	소통스피치	인문교양	성인	2023-04-03	101명	60,000	(1)	(2)
SL-101	체형교정 발레	생활스포츠	청소년	2023-03-06	56명	75,000	(1)	(2)
ST-211	스토리텔링 한국사	인문교양	직장인	2023-03-13	97명	40,000	(1)	(2)
CE-310	어린이 영어회화	외국어	청소년	2023-04-10	87명	55,000	(1)	(2)
YL-112	요가	생활스포츠	성인	2023-03-04	124명	45,000	(1)	(2)
ME-312	미드로 배우는 영어	외국어	직장인	2023-03-10	78명	65,000	(1)	(2)
PL-122	필라테스	생활스포츠	성인	2023-03-06	135명	45,000	(1)	(2)
SU-231	자신감 UP	인문교양	청소년	2023-04-03	43명	45,000	(1)	(2)
필라테스 수강료(단위:원)			(3)		최저 수강료(단위:원)			(5)
인문교양 최대 신청인원			(4)		강좌명	소통스피치	개강날짜	(6)

조건

(1) 교육장소 ⇒ 수강코드의 네 번째 글자가 1이면 '제2강의실', 2이면 '제3강의실', 3이면 '제4강의실'로 구하시오(IF, MID 함수).

(2) 신청인원 순위 ⇒ 신청인원의 내림차순 순위를 구하시오(RANK.EQ 함수).

(3) 필라테스 수강료(단위:원) ⇒ (INDEX, MATCH 함수)

(4) 인문교양 최대 신청인원 ⇒ 인문교양 강좌 중에서 최대 신청인원을 구한 후 결과값에 '명'을 붙이시오. 단, 조건은 입력데이터를 이용하시오 (DMAX 함수, & 연산자)(예 : 10명).

(5) 최저 수강료(단위:원) ⇒ 정의된 이름(수강료)을 이용하여 구하시오(SMALL 함수).

(6) 개강날짜 ⇒ 「H14」 셀에서 선택한 강좌명에 대한 개강날짜를 구하시오(VLOOKUP 함수).

(1)~(6) 셀은 반드시 주어진 함수를 이용하여 값을 구하시오.

출력형태

	사원	과장	부장
결재			

우리제주로 숙소 예약 현황

예약번호	종류	숙소명	입실일	1박요금(원)	예약인원	숙박일수	숙박비(원)	위치
HA1-01	호텔	엠스테이	2023-08-03	120,000	4명	2	(1)	(2)
RE3-01	리조트	스완지노	2023-07-25	135,000	2명	3	(1)	(2)
HA2-02	호텔	더비치	2023-07-20	98,000	3명	3	(1)	(2)
PE4-01	펜션	화이트캐슬	2023-08-10	115,000	5명	4	(1)	(2)
RE1-02	리조트	베스트뷰	2023-08-01	125,000	3명	2	(1)	(2)
RE4-03	리조트	그린에코	2023-09-01	88,000	4명	3	(1)	(2)
HA2-03	호텔	크라운유니	2023-07-27	105,000	2명	4	(1)	(2)
PE4-03	펜션	푸른바다	2023-09-10	75,000	6명	2	(1)	(2)
호텔 1박요금(원) 평균			(3)			가장 빠른 입실일		(5)
숙박일수 4 이상인 예약건수			(4)			숙소명	엠스테이	예약인원	(6)

조건

(1) 숙박비(원) ⇒ 「1박요금(원)×숙박일수×할인율」로 구하시오. 단, 할인율은 숙박일수가 3 이상이면 '0.8', 그 외에는 '0.9'로 계산하시오(IF 함수).

(2) 위치 ⇒ 예약번호 세 번째 값이 1이면 '서귀포', 2이면 '제주', 3이면 '동부권', 4이면 '서부권'으로 구하시오(CHOOSE, MID 함수).

(3) 호텔 1박요금(원) 평균 ⇒ 반올림하여 천원 단위까지 구하고, 조건은 입력데이터를 이용하시오(ROUND, DAVERAGE 함수)(예 : 123,567 → 124,000).

(4) 숙박일수 4 이상인 예약건수 ⇒ 결과값에 '건'을 붙이시오(COUNTIF 함수, & 연산자)(예 : 1건).

(5) 가장 빠른 입실일 ⇒ 정의된 이름(입실일)을 이용하여 날짜로 표시하시오(MIN 함수)(예 : 2023-08-03).

(6) 예약인원 ⇒ 「H14」 셀에서 선택한 숙소명에 대한 예약인원을 구하시오(VLOOKUP 함수).

사람들은 의욕이 끝까지 가질 않는다고
말한다. 뭐, 목욕도 마찬가지 아닌가?
그래서 매일 하는 거다.
목욕도, 동기부여도.

지그 지글러(Zig Ziglar)

제2작업
목표값 찾기 및 필터/
필터 및 서식

배점 **80점** | A등급 목표점수 **70점**

CHAPTER 07 목표값 찾기/고급 필터/표 서식

전시코드	전시명	전시구분	전시장소	전시 시작일	관람인원 (단위:명)	전시기간	
A2314	메소포타미아	상설	1전시실	2023-07-08	18,020	61일	← 목표값 찾기
B3242	분청사기	외부	시립박물관	2023-06-02	15,480	30일	
S4372	거장의 시선	특별	특별전시실	2023-05-10	45,820	25일	
B3247	외규장각 의궤	외부	역사박물관	2023-05-12	27,500	30일	
A2344	반가사유상	상설	2전시실	2023-07-05	28,000	92일	
A2313	목칠공예	상설	3전시실	2023-06-05	48,000	57일	
S2314	부처의 올	특별	특별전시실	2023-07-01	52,400	80일	
S4325	근대 문예인	특별	특별전시실	2023-07-10	36,780	20일	
관람인원 전체 평균						34,000	

전시코드	관람인원 (단위:명)	
B*		← 고급 필터, 선택하여 붙여넣기
>=50000		

전시코드	전시구분	관람인원 (단위:명)	전시기간	
B3242	외부	15,480	30일	← 표 서식 : 머리글 행, 줄무늬 행 적용
B3247	외부	27,500	30일	
S2314	특별	52,400	80일	

출제포인트

셀 복사 · 간단한 함수 이용 · 선택하여 붙여넣기 · 고급 필터 · 표 서식 · 목표값 찾기

출제기준

제1작업의 데이터를 이용하여 고급 필터 능력과 서식 작성 능력, 중복 데이터 제거 능력, 자동 필터 능력을 평가하는 문항입니다.

A등급 TIP

제2작업은 제1작업의 데이터를 기반으로 작성하며 다음과 같은 기능 조합 중 한 가지가 출제됩니다.

• 목표값 찾기 및 필터 : 목표값을 찾은 후 조건에 맞는 데이터 추출
• 필터 및 서식 : 조건에 맞는 데이터 추출 후 표 서식 적용

목표값 찾기/고급 필터/표 서식

▶ 합격 강의

문제파일	PART 01 시험 유형 따라하기\CHAPTER07.xlsx
정답파일	PART 01 시험 유형 따라하기\CHAPTER07_정답.xlsx

문제보기

"제1작업" 시트의 「B4:H12」 영역을 복사하여 **"제2작업"** 시트의 「B2」 셀부터 모두 붙여넣기를 한 후 다음의 조건과 같이 작업하시오.

(출력형태) —— 실제 시험에서는 출력형태 없이 조건만 주어진다.

A	B	C	D	E	F	G	H
1							
2	전시코드	전시명	전시구분	전시장소	전시 시작일	관람인원 (단위:명)	전시기간
3	A2314	메소포타미아	상설	1전시실	2023-07-08	18,020	61일
4	B3242	분청사기	외부	시립박물관	2023-06-02	15,480	30일
5	S4372	거장의 시선	특별	특별전시실	2023-05-10	45,820	25일
6	B3247	외규장각 의궤	외부	역사박물관	2023-05-12	27,500	30일
7	A2344	반가사유상	상설	2전시실	2023-07-05	28,000	92일
8	A2313	목칠공예	상설	3전시실	2023-06-05	48,000	57일
9	S2314	부처의 뜰	특별	특별전시실	2023-07-01	52,400	80일
10	S4325	근대 문예인	특별	특별전시실	2023-07-10	36,780	20일
11	관람인원 전체 평균						34,000
12							
13							
14	전시코드	관람인원 (단위:명)					
15	B*						
16		>=50000					
17							
18	전시코드▼	전시구분▼	관람인원 (단위:명)▼	전시기간▼			
19	B3242	외부	15,480	30일			
20	B3247	외부	27,500	30일			
21	S2314	특별	52,400	80일			

(조건)

(1) 목표값 찾기 – 「B11:G11」 셀을 병합하고, 가운데 맞춤한 후 **"관람인원 전체 평균"**을 입력하고, 「H11」 셀에 관람인원의 전체 평균을 구하시오. 단, 조건은 입력데이터를 이용하시오(AVERAGE 함수, 테두리).
　　　　　　　 – '관람인원 전체 평균'이 '34,000'이 되려면 메소포타미아의 관람인원(단위:명)이 얼마가 되어야 하는지 목표값을 구하시오.

(2) 고급 필터 – 전시코드가 'B'로 시작하거나, 관람인원(단위:명)이 '50,000' 이상인 자료의 전시코드, 전시구분, 관람인원(단위:명), 전시기간 데이터만 추출하시오.
　　　　　　 – 조건 범위 : 「B14」 셀부터 입력하시오.
　　　　　　 – 복사 위치 : 「B18」 셀부터 나타나도록 하시오.

(3) 표 서식 – 고급필터의 결과셀을 채우기 없음으로 설정한 후 '표 스타일 보통 7'의 서식을 적용하시오.
　　　　　 – 머리글 행, 줄무늬 행을 적용하시오.

① "제1작업" 시트의 「B4:H12」 영역을 블록 설정한다.

→ [홈] 탭 – [클립보드] 그룹 – [복사](🗐)를 클릭한다(Ctrl + C).

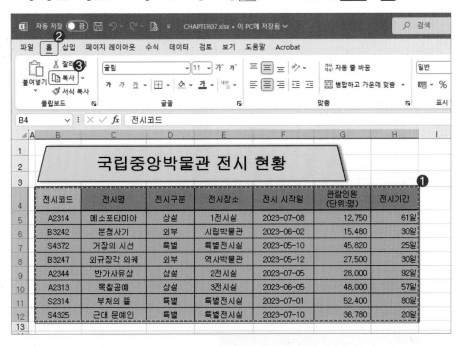

② "제2작업" 시트의 「B2」 셀에서 [붙여넣기](🗐)를 한다(Ctrl + V).

→ [붙여넣기 옵션] – [원본 열 너비 유지](🗐)를 클릭한다.

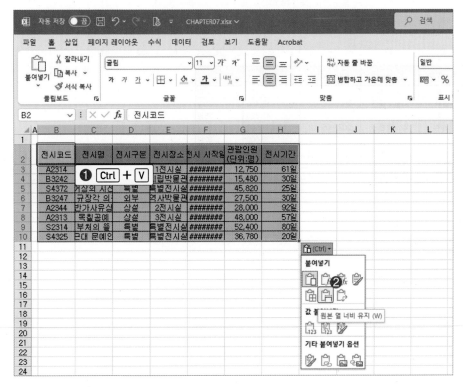

[F3] 기적의 TIP

행 높이도 적당히 조절해
준다.

🔎 해결 TIP

**제2작업~제3작업 데이터
도 제1작업에서 적용한 '굴
림', '11pt'로 해야 하나요?**
제1작업의 데이터를 복사해
서 쓰기 때문에 특별히 바
꿀 필요는 없다.

③ 「B11:G11」 영역을 블록 설정한다.

→ [홈] 탭 – [맞춤] 그룹 – [병합하고 가운데 맞춤](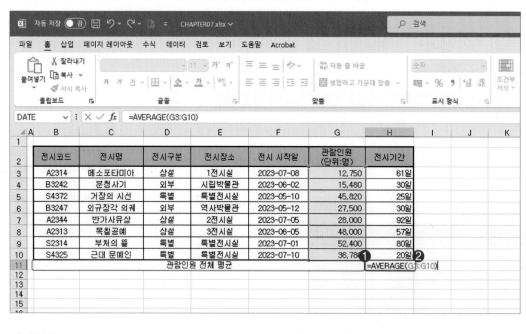)을 클릭한다.

④ 병합한 셀에 『관람인원 전체 평균』을 입력한다.

→ 「H11」 셀에 『=AVERAGE(G3:G10)』을 입력한다.

💬 함수 설명

=AVERAGE(G3:G10)
　　　　①

① 「G3:G10」 영역의 평균을 반환

⑤ 「B11:H11」 영역을 블록 설정한다.

→ [홈] 탭 – [글꼴] 그룹 – [테두리]에서 [모든 테두리](田)를 클릭한다.

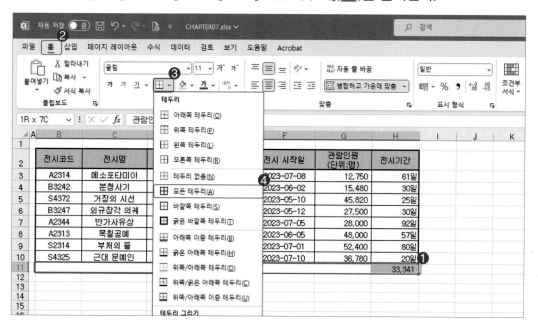

⑥ 「H11」 셀을 클릭한다.

→ [데이터] 탭 – [예측] 그룹 – [가상 분석](田)을 클릭하고 [목표값 찾기]를 클릭한다.

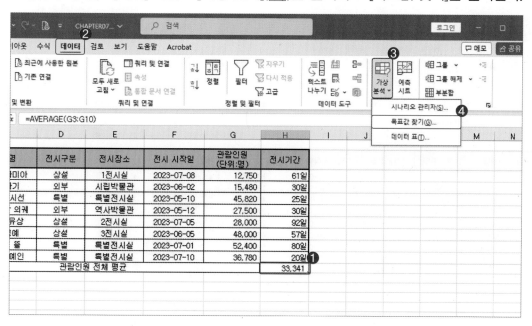

⑦ [목표값 찾기] 대화상자에서 수식 셀 『H11』, 찾는 값 『34000』, 값을 바꿀 셀 『$G$3』을
입력한다.

→ [확인]을 클릭한다.

⑧ [목표값 찾기 상태] 대화상자가 나타나며 「G3」 셀의 값이 변경되면 [확인]을 클릭한다.

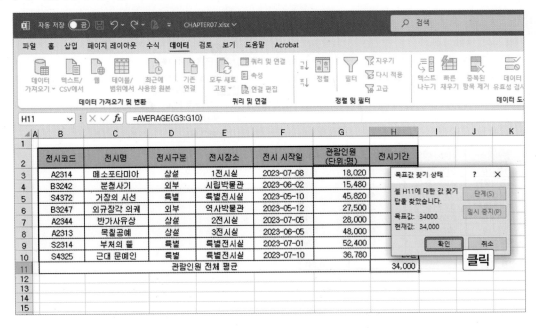

① [Ctrl]을 누른 채 「B2」 셀과 「G2」 셀을 클릭하여 복사([Ctrl]+[C]) 한다.
  → 조건의 위치인 「B14」 셀에 붙여넣기([Ctrl]+[V]) 한다.

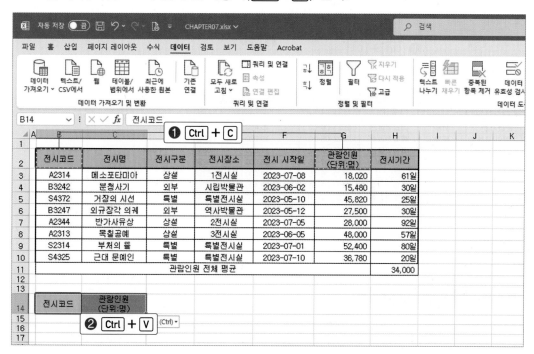

② 「B15」 셀에 『B*』, 「C16」 셀에 『>=50000』을 입력한다.

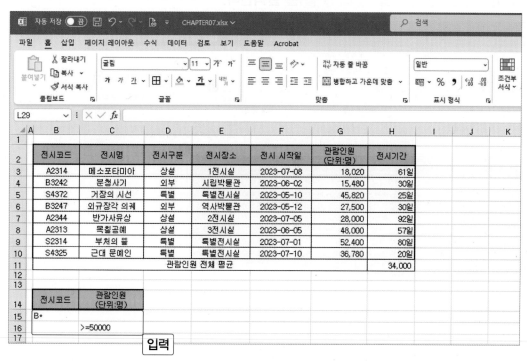

③ Ctrl 을 누른 채 「B2」, 「D2」, 「G2」, 「H2」 셀을 클릭하여 복사(Ctrl+C) 한다.

→ 복사 위치인 「B18」 셀에 붙여넣기(Ctrl+V) 한다.

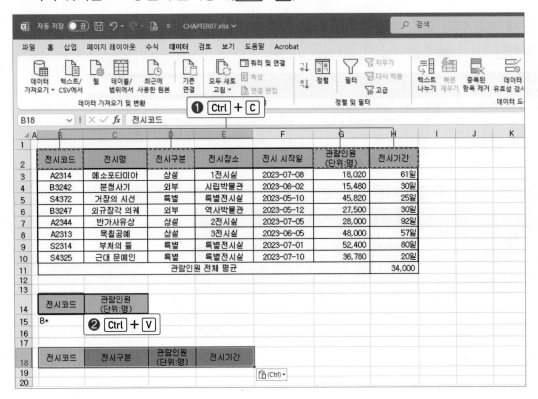

④ 「B2:H10」 영역을 블록 설정한다.

→ [데이터] 탭 – [정렬 및 필터] 그룹 – [고급](🏺)을 클릭한다.

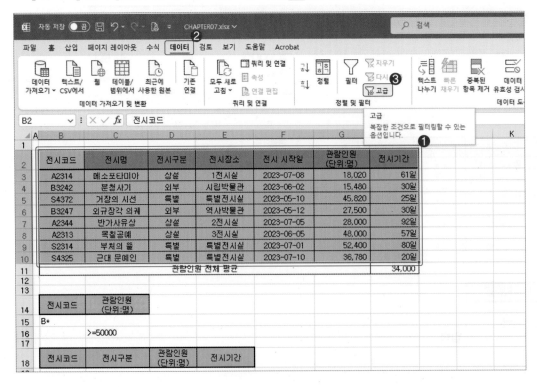

⑤ [고급 필터] 대화상자 – '결과'에서 [다른 장소에 복사]를 클릭한다.

→ 마우스 드래그로 조건 범위 『B14:C16』, 복사 위치 『B18:E18』을 지정하고 [확인]을
클릭한다.

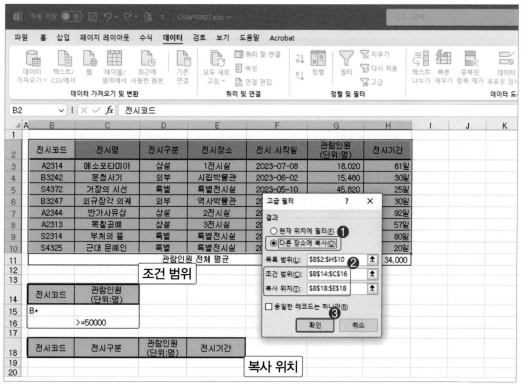

➕ 더 알기 TIP

고급 필터의 조건 범위

AND 조건 : 조건을 서로 같은 행에 입력	전시코드	관람인원
⇒ 전시코드가 B로 시작하면서 관람인원이 50,000 이상인 데이터를 추출한다.	B*	>=50000

OR 조건 : 조건을 서로 다른 행에 입력	전시코드	관람인원
⇒ 전시코드가 B로 시작하거나 관람인원이 50,000 이상인 데이터를 추출한다.	B*	
		>=50000

① 「B18:E21」 영역을 블록 설정한다.

→ [홈] 탭 – [글꼴] 그룹 – [채우기 색](⌊⌊⌋)을 클릭하고 '채우기 없음'을 클릭한다.

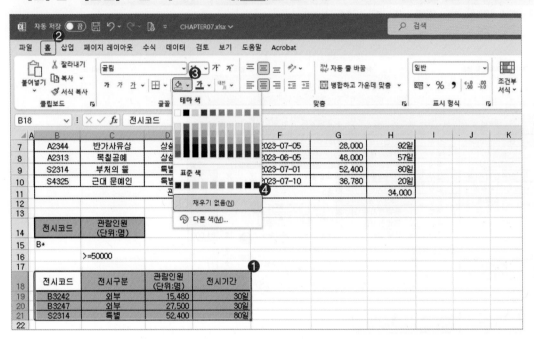

② 「B18:E21」 영역이 블록 설정된 상태에서 [홈] 탭 – [스타일] 그룹 – [표 서식](⌊⌊⌋)을 클릭한다.

→ [표 스타일 보통 7]을 클릭한다.

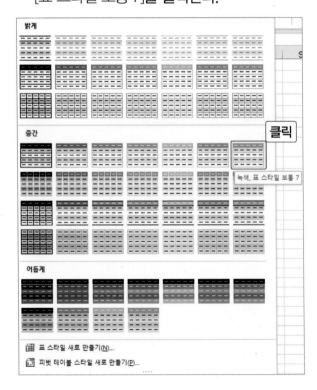

③ [표 만들기] 대화상자가 나타나면 [확인]을 클릭한다.

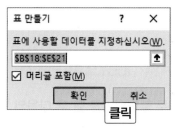

④ [테이블 디자인] 탭 – [표 스타일 옵션] 그룹에서 [머리글 행]과 [줄무늬 행]이 기본 적용된 것을 확인한다.

> **기적의 TIP**
>
> [필터 단추] 옵션은 해제하지 않아도 된다.

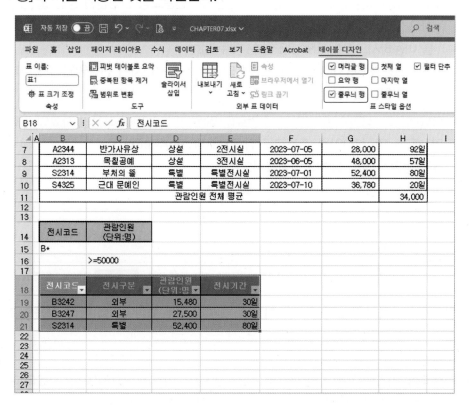

　　　문제파일 PART 01 시험 유형 따라하기₩유형3-1번_문제.xlsx　정답파일 유형3-1번_정답.xlsx

"제1작업" 시트의 「B4:H12」 영역을 복사하여 "제2작업" 시트의 「B2」 셀부터 모두 붙여넣기를 한 후 다음의 조건과 같이 작업하시오.

조건	(1) 목표값 찾기 – 「B11:G11」 셀을 병합하고 가운데 맞춤한 후 "인문교양 신청인원 평균"을 입력하고 「H11」 셀에 인문교양 신청인원 평균을 구하시오. 단, 조건은 입력데이터를 이용하시오(DAVERAGE 함수, 테두리). – '인문교양 신청인원 평균'이 '85'가 되려면 소통스피치의 신청인원이 얼마가 되어야 하는지 목표값을 구하시오. (2) 고급 필터 – 교육대상이 '성인'이 아니면서, 수강료(단위:원)가 '50,000' 이상인 자료의 강좌명, 개강날짜, 신청인원, 수강료(단위:원) 데이터만 추출하시오. – 조건 범위 : 「B14」 셀부터 입력하시오. – 복사 위치 : 「B18」 셀부터 나타나도록 하시오.

　　　문제파일 PART 01 시험 유형 따라하기₩유형3-2번_문제.xlsx　정답파일 유형3-2번_정답.xlsx

"제1작업" 시트의 「B4:H12」 영역을 복사하여 "제2작업" 시트의 「B2」 셀부터 모두 붙여넣기를 한 후 다음의 조건과 같이 작업하시오.

조건	(1) 고급 필터 – 종류가 '리조트'이거나 입실일이 '2023-09-01' 이후인(해당일 포함) 자료의 예약번호, 숙소명, 예약인원, 숙박일수 데이터만 추출하시오. – 조건 범위 : 「B13」 셀부터 입력하시오. – 복사 위치 : 「B18」 셀부터 나타나도록 하시오. (2) 표 서식 – 고급필터의 결과셀을 채우기 없음으로 설정한 후 '표 스타일 보통 6'의 서식을 적용하시오. – 머리글 행, 줄무늬 행을 적용하시오.

제3작업
정렬 및 부분합/
피벗 테이블

배점 **80점** | A등급 목표점수 **60점**

CHAPTER 08 정렬 및 부분합
셀의 복사와 정렬
부분합

CHAPTER 09 피벗 테이블
피벗 테이블 생성 및 배치
옵션 및 그룹화

출제포인트
셀의 복사와 정렬 · 개요(윤곽) 지우기 · 선택하여 붙여넣기 · 부분합 · 피벗 테이블

출제기준
필드별 분류 · 계산 능력과 특정 항목의 요약 · 분석 능력을 평가하는 문항입니다.

A등급 TIP
제3작업은 제1작업의 데이터를 기반으로 작성하며, '정렬 및 부분합', '피벗 테이블' 중 한 가지 유형이 출제됩니다. 난이도가 높은 문항이므로 여러 차례 반복하여 학습하는 것이 중요합니다.

• 정렬 및 부분합 : 특정 필드에 대한 합계, 평균 도출
• 피벗 테이블 : 필요한 필드를 추출하여 보기 쉬운 결과물 작성

▶ 합격 강의

문제파일 PART 01 시험 유형 따라하기\CHAPTER08.xlsx
정답파일 PART 01 시험 유형 따라하기\CHAPTER08_정답.xlsx

문제보기

"제1작업" 시트의 「B4:H12」 영역을 복사하여 "제3작업" 시트의 「B2」 셀부터 모두 붙여넣기를 한 후 다음의 조건과 같이 작업하시오.

출력형태

	전시코드	전시명	전시구분	전시장소	전시 시작일	관람인원 (단위:명)	전시기간
	S4372	거장의 시선	특별	특별전시실	2023-05-10	45,820	25일
	S2314	부처의 뜰	특별	특별전시실	2023-07-01	52,400	80일
	S4325	근대 문예인	특별	특별전시실	2023-07-10	36,780	20일
			특별 평균			45,000	
		3	특별 개수				
	A2314	메소포타미아	상설	1전시실	2023-07-08	12,750	61일
	A2344	반가사유상	상설	2전시실	2023-07-05	28,000	92일
	A2313	목칠공예	상설	3전시실	2023-06-05	48,000	57일
			상설 평균			29,583	
		3	상설 개수				
	B3242	분청사기	외부	시립박물관	2023-06-02	15,480	30일
	B3247	외규장각 의궤	외부	역사박물관	2023-05-12	27,500	30일
			외부 평균			21,490	
		2	외부 개수				
			전체 평균			33,341	
		8	전체 개수				

조건

(1) 부분합 – ≪출력형태≫처럼 정렬하고, 전시명의 개수와 관람인원(단위:명)의 평균을 구하시오.

(2) 개요 – 지우시오.

(3) 나머지 사항은 ≪출력형태≫에 맞게 작성하시오.

① "제1작업" 시트의 「B4:H12」 영역을 블록 설정한다.

→ [홈] 탭 – [클립보드] 그룹 – [복사](📋)를 클릭한다(Ctrl + C).

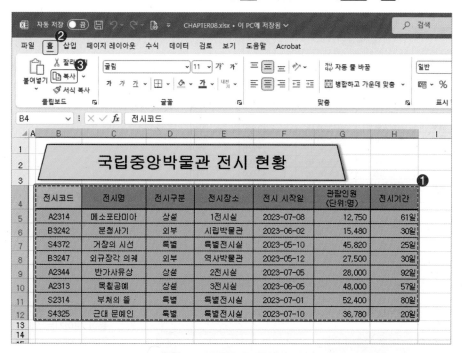

② "제3작업" 시트의 「B2」 셀에서 [붙여넣기](📋)를 한다(Ctrl + V).

→ [붙여넣기 옵션] – [원본 열 너비 유지](📋)를 클릭한다.

📗 기적의 TIP

행 높이도 적당히 조절해 준다.

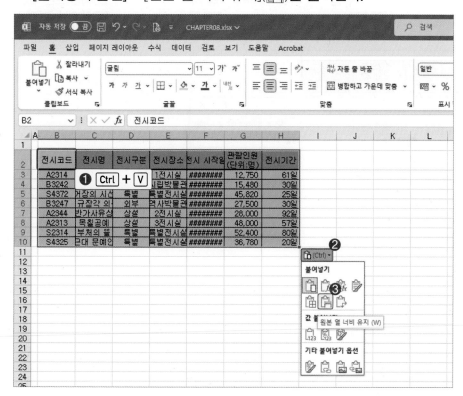

③ 「B2:H10」영역 안에 셀 포인터를 둔다.

→ [데이터] 탭 – [정렬 및 필터] 그룹 – [정렬](🔳)을 클릭한다.

④ [정렬] 대화상자에서 세로 막대형의 정렬 기준은 '전시구분'을 선택하고, 정렬에서 '사용자 지정 목록'을 클릭한다.

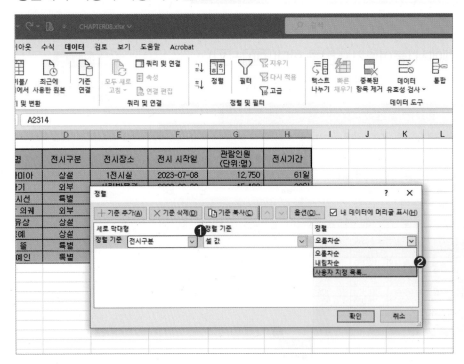

🅱 기적의 TIP

출력형태에서 평균, 개수 등이 보여지는 열이 정렬 기준이 된다.

🅱 기적의 TIP

오름차순 또는 내림차순 정렬이 아닐 경우에 '사용 자 지정 목록'을 선택한다.

⑤ [사용자 지정 목록] 대화상자가 나타나면 목록 항목 『특별 ⌈Enter⌋ 상설 ⌈Enter⌋ 외부』를 입력한다.

→ [추가]를 클릭하고 [확인]을 클릭한다.

→ [정렬] 대화상자에서 [확인]을 클릭한다.

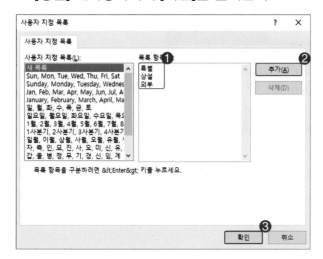

◢	A	B	C	D	E	F	G	H
1								
2		전시코드	전시명	전시구분	전시장소	전시 시작일	관람인원 (단위:명)	전시기간
3		S4372	거장의 시선	특별	특별전시실	2023-05-10	45,820	25일
4		S2314	부처의 뜰	특별	특별전시실	2023-07-01	52,400	80일
5		S4325	근대 문예인	특별	특별전시실	2023-07-10	36,780	20일
6		A2314	메소포타미아	상설	1전시실	2023-07-08	12,750	61일
7		A2344	반가사유상	상설	2전시실	2023-07-05	28,000	92일
8		A2313	목칠공예	상설	3전시실	2023-06-05	48,000	57일
9		B3242	분청사기	외부	시립박물관	2023-06-02	15,480	30일
10		B3247	외규장각 의궤	외부	역사박물관	2023-05-12	27,500	30일

① 「B2:H10」 영역 안에 셀 포인터를 둔다.

→ [데이터] 탭 – [개요] 그룹 – [부분합](▦)을 클릭한다.

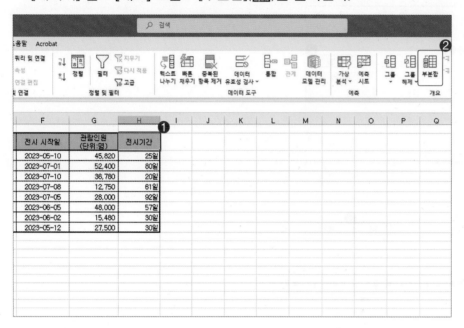

② [부분합] 대화상자에서 그룹화할 항목에 '전시구분', 사용할 함수에 '개수', 부분합 계산 항목에 '전시명'을 선택하고 [확인]을 클릭한다.

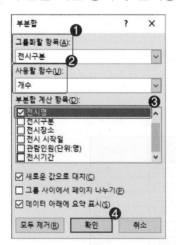

> **기적의 TIP**
>
> **부분합의 사용할 함수 순서**
> 출력형태에서 아래쪽에 표시된 것부터 순서대로 지정한다. 여기서는 개수를 먼저 하고 평균을 한다.

③ 다시, [데이터] 탭 – [개요] 그룹 – [부분합](▦)을 클릭한다.

④ [부분합] 대화상자에서 사용할 함수에 '평균', 부분합 계산 항목에 '관람인원(단위:명)'을 선택한다.

→ 새로운 값으로 대치를 체크 해제하고 [확인]을 클릭한다.

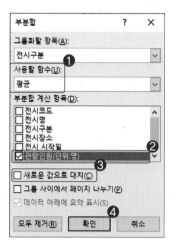

🅑 기적의 TIP

새로운 값으로 대치가 체크되어 있으면 기존 부분합에 덮어쓰므로 체크를 해제해야 한다.

⑤ [데이터] 탭 – [개요] 그룹 – [그룹 해제](🎛)에서 [개요 지우기]를 클릭한다.

		전시코드	전시명	전시구분	전시장소	전시 시작일	관람인원 (단위:명)	전시기간
	3	S4372	거장의 시선	특별	특별전시실	2023-05-10	45,820	25일
	4	S2314	부처의 울	특별	특별전시실	2023-07-01	52,400	80일
	5	S4325	근대 문예인	특별	특별전시실	2023-07-10	36,780	20일
	6			특별 평균			45,000	
	7		3	특별 개수				
	8	A2314	메소포타미아	상설	1전시실	2023-07-08	12,750	61일
	9	A2344	반가사유상	상설	2전시실	2023-07-05	28,000	92일
	10	A2313	목칠공예	상설	3전시실	2023-06-05	48,000	57일
	11			상설 평균			29,583	
	12		3	상설 개수				
	13	B3242	분청사기	외부	시립박물관	2023-06-02	15,480	30일
	14	B3247	외규장각 의궤	외부	역사박물관	2023-05-12	27,500	30일
	15			외부 평균			21,490	
	16		2	외부 개수				
	17			전체 평균			33,341	
	18		8	전체 개수				

"제1작업" 시트의 「B4:H12」 영역을 복사하여 "제3작업" 시트의 「B2」 셀부터 모두 붙여넣기를 한 후 다음의 조건과 같이 작업하시오.

조건	(1) 부분합 - ≪출력형태≫처럼 정렬하고, 강좌명의 개수와 신청인원의 평균을 구하시오. (2) 개요 - 지우시오. (3) 나머지 사항은 ≪출력형태≫에 맞게 작성하시오.

출력형태

	B	C	D	E	F	G	H
2	수강코드	강좌명	분류	교육대상	개강날짜	신청인원	수강료 (단위:원)
3	CS-210	소통스피치	인문교양	성인	2023-04-03	101명	60,000
4	ST-211	스토리텔링 한국사	인문교양	직장인	2023-03-13	97명	40,000
5	SU-231	자신감 UP	인문교양	청소년	2023-04-03	43명	45,000
6			인문교양 평균			80명	
7		3	인문교양 개수				
8	CE-310	어린이 영어회화	외국어	청소년	2023-04-10	87명	55,000
9	ME-312	미드로 배우는 영어	외국어	직장인	2023-03-10	78명	65,000
10			외국어 평균			83명	
11		2	외국어 개수				
12	SL-101	체형교정 발레	생활스포츠	청소년	2023-03-06	56명	75,000
13	YL-112	요가	생활스포츠	성인	2023-03-04	124명	45,000
14	PL-122	필라테스	생활스포츠	성인	2023-03-06	135명	45,000
15			생활스포츠 평균			105명	
16		3	생활스포츠 개수				
17			전체 평균			90명	
18		8	전체 개수				

09

[제3작업]
피벗 테이블

▶ 합격 강의

난 이 도 ⑧ 중 하
반복학습 ① ② ③

문제파일 PART 01 시험 유형 따라하기₩CHAPTER09.xlsx
정답파일 PART 01 시험 유형 따라하기₩CHAPTER09_정답.xlsx

문제보기

"제1작업" 시트를 이용하여 "제3작업" 시트에 조건에 따라 ≪출력형태≫와 같이 작업하시오.

└─ 제3작업은 "정렬 및 부분합"과 "피벗 테이블" 중에 출제된다.

출력형태

⊿ A	B	C	D	E	F	G	H
1							
2		전시구분 ▾					
3			외부		특별		상설
4	전시 시작일 ▾	개수 : 전시명	평균 : 관람인원(단위:명)	개수 : 전시명	평균 : 관람인원(단위:명)	개수 : 전시명	평균 : 관람인원(단위:명)
5	5월	1	27,500	1	45,820	**	**
6	6월	1	15,480	**	**	1	48,000
7	7월	**	**	2	44,590	2	20,375
8	총합계	2	21,490	3	45,000	3	29,583

조건

(1) 전시 시작일 및 전시구분별 전시명의 개수와 관람인원(단위:명)의 평균을 구하시오.

(2) 전시 시작일을 그룹화하고, 전시구분을 ≪출력형태≫와 같이 정렬하시오.

(3) 레이블이 있는 셀 병합 및 가운데 맞춤 적용 및 빈 셀은 '**'로 표시하시오.

(4) 행의 총합계는 지우고, 나머지 사항은 ≪출력형태≫에 맞게 작성하시오.

① "제1작업" 시트의 「B4:H12」 영역을 블록 설정한다.

→ [삽입] 탭 – [표] 그룹 – [피벗 테이블]( )을 클릭한다.

> **기적의 TIP**
>
> 피벗 테이블은 데이터를 계산, 요약 및 분석하는 도구로서, 데이터의 비교, 패턴 및 추세를 보는 데 사용한다.

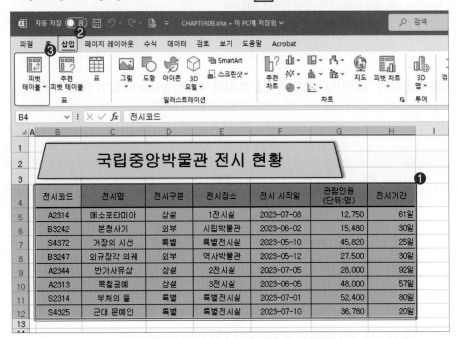

② [표 또는 범위의 피벗 테이블] 대화상자에서 '기존 워크시트'를 선택한다.

→ 위치는 마우스로 "제3작업" 시트의 「B2」 셀을 지정하고 [확인]을 클릭한다.

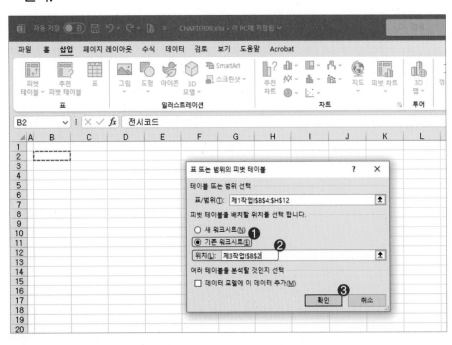

③ [피벗 테이블 필드] 탭에서 '전시 시작일'을 마우스 드래그하여 행에 배치한다.

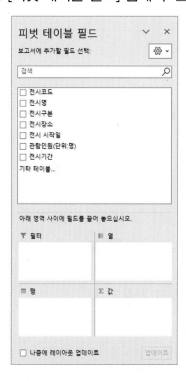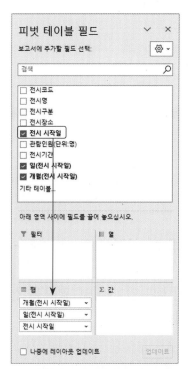

④ '전시구분'을 열에 배치한다.

→ '전시명'과 '관람인원(단위:명)'을 값에 배치한다.

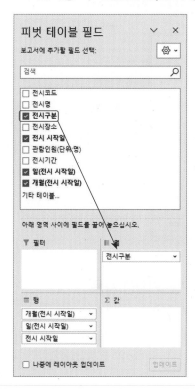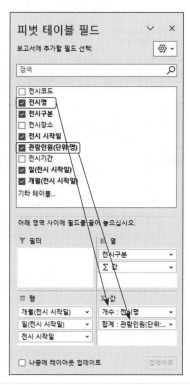

피벗 테이블 레이아웃

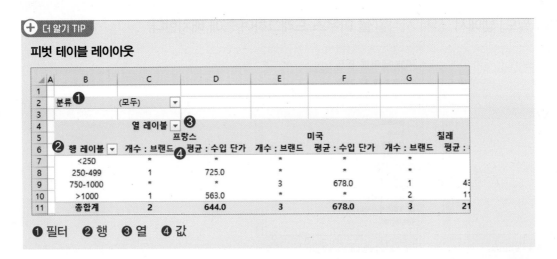

	B	C	D	E	F	G
1						
2	분류❶	(모두) ▼				
3						
4			열 레이블 ▼ ❸			
5			프랑스		미국	칠레
6	❷ 행 레이블 ▼	개수 : 브랜드 ❹	평균 : 수입 단가	개수 : 브랜드	평균 : 수입 단가	개수 : 브랜드 평균 :
7	<250	*	*	*	*	*
8	250-499	1	725.0	*	*	*
9	750-1000	*	*	3	678.0	1	43
10	>1000	1	563.0	*	*	2	11
11	총합계	2	644.0	3	678.0	3	21

❶ 필터 ❷ 행 ❸ 열 ❹ 값

⑤ 「D4」 셀을 클릭하고 [피벗 테이블 분석] 탭 – [활성 필드] 그룹 – [필드 설정](📇)을 클릭한다.

→ [값 필드 설정] 대화상자에서 선택한 필드의 데이터 '평균'을 선택하고 사용자 지정 이름에 『(단위:명)』을 이어서 작성한다.

→ [표시 형식]을 클릭한다.

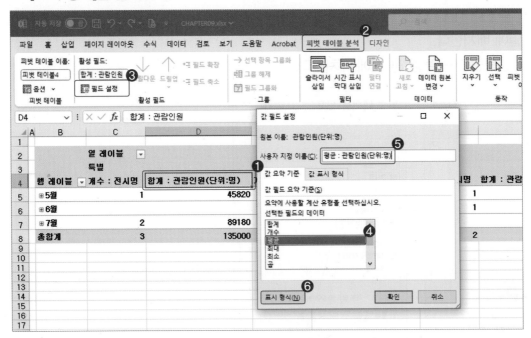

⑥ [셀 서식] 대화상자가 나타나면 범주 '숫자'를 선택하고 '1000 단위 구분 기호(,) 사용' 을 체크한 후 [확인]을 클릭한다.

→ 다시 [값 필드 설정] 대화상자로 돌아오면 [확인]을 클릭한다.

① [피벗 테이블 분석] 탭 – [피벗 테이블] 그룹 – [옵션](▦)을 클릭한다.

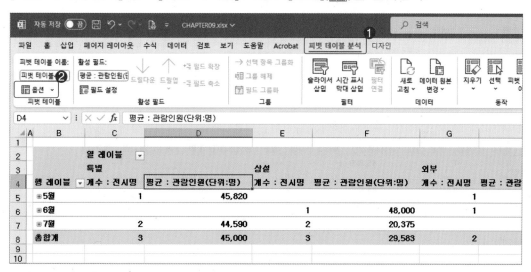

② [피벗 테이블 옵션] 대화상자에서 '레이블이 있는 셀 병합 및 가운데 맞춤'을 체크하고
빈 셀 표시 입력란에 『**』를 입력한다.

→ [요약 및 필터] 탭에서 '행 총합계 표시'를 체크 해제하고 [확인]을 클릭한다.

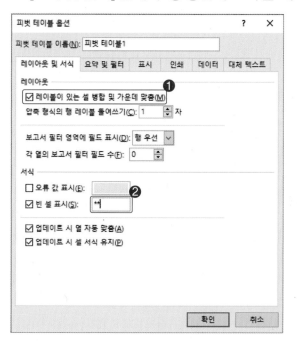

③ 전시 시작일을 그룹화하기 위해 「B5」 셀을 클릭하고 [선택 항목 그룹화](→)를 클릭한다.

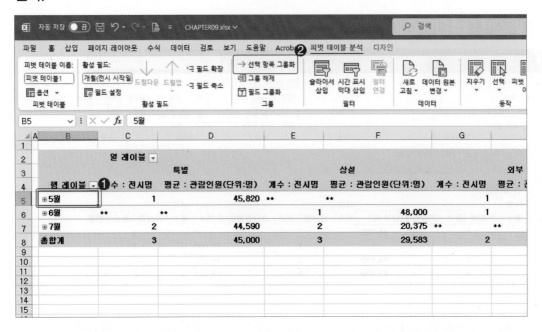

④ [그룹화] 대화상자에서 단위에 '일'과 '월'이 선택되어 있으므로 '월'만 설정하고 [확인]을 클릭한다.

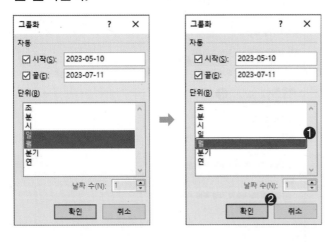

⑤ 「G5」셀을 클릭하고 가장자리에 마우스 포인터를 위치한다.

→ 마우스 포인터가 변경되면 C 열 앞으로 드래그하여 이동시킨다.

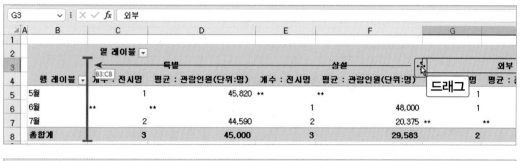

⑥ **로 표시된 셀들은 [홈] 탭 – [맞춤] 그룹 – [가운데 맞춤](☰)을 클릭한다.

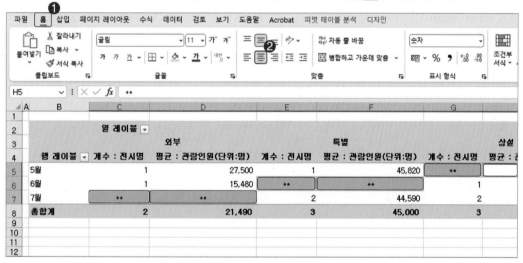

⑦ 「C2」셀에 『전시구분』, 「B4」셀에 『전시 시작일』을 직접 입력한다.

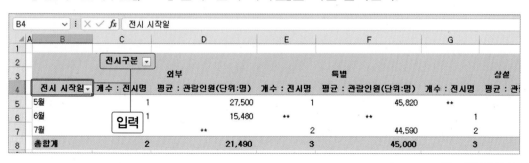

문제유형 **④-2**　　　　　　문제파일 PART 01 시험 유형 따라하기₩유형4-2번_문제.xlsx　　정답파일 유형4-2번_정답.xlsx

"제1작업" 시트를 이용하여 "제3작업" 시트에 조건에 따라 ≪출력형태≫와 같이 작업하시오.

조건	(1) 1박요금(원) 및 종류별 숙소명의 개수와 예약인원의 평균을 구하시오.
	(2) 1박요금(원)을 그룹화하고, 종류를 ≪출력형태≫와 같이 정렬하시오.
	(3) 레이블이 있는 셀 병합 및 가운데 맞춤 적용과 빈 셀은 '***'로 표시하시오.
	(4) 행의 총합계는 지우고, 나머지 사항은 ≪출력형태≫에 맞게 작성하시오.

출력형태

A	B	C	D	E	F	G	H
1							
2		종류 ↵					
3		호텔		펜션		리조트	
4	1박요금(원) ▾	개수 : 숙소명	평균 : 예약인원	개수 : 숙소명	평균 : 예약인원	개수 : 숙소명	평균 : 예약인원
5	70001-95000	***	***	1	6	1	4
6	95001-120000	3	3	1	5	***	***
7	120001-145000	***	***	***	***	2	3
8	총합계	3	3	2	6	3	3

제4작업
그래프

배점 **100점** | A등급 목표점수 **80점**

CHAPTER 10 차트

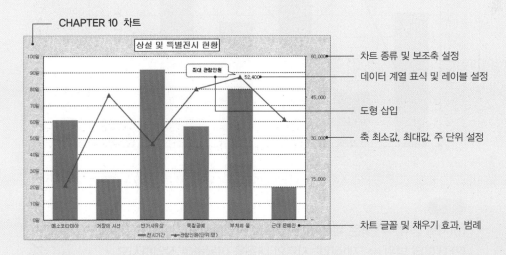

출제포인트
차트 종류와 데이터 범위 파악 · 글꼴과 채우기 · 범례의 위치 및 수정 · 축 최소값, 최대값, 주 단위 설정 · 데이터 계열 표식 및 레이블 설정 · 도형 삽입

출제기준
엑셀 내에서의 차트 작성능력을 평가하는 문항입니다.

A등급 TIP
제4작업 역시 제1작업의 데이터를 기반으로 합니다. 차트에 사용될 제1작업의 데이터는 출력형태를 보고 직접 판단해야 합니다. 출력형태와 조건을 충실하게 따르며 꼼꼼히 작업하고, 풀이를 마친 후 출력형태와 비교해 보며 검토하는 것도 잊지 마세요.

10 차트

▶ 합격 강의

난 이 도   상 ⟨중⟩ 하
반복학습 ① ② ③

| 문제파일 | PART 01 시험 유형 따라하기₩CHAPTER10.xlsx |
| 정답파일 | PART 01 시험 유형 따라하기₩CHAPTER10_정답.xlsx |

문제보기

"제1작업" 시트를 이용하여 조건에 따라 ≪출력형태≫와 같이 작업하시오.

출력형태

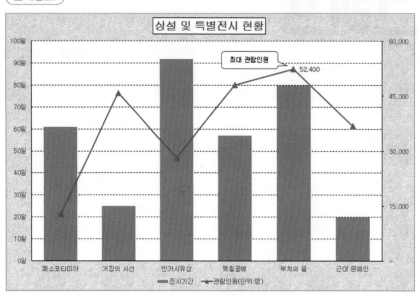

조건

(1) 차트 종류 ⇒ 〈묶은 세로 막대형〉으로 작업하시오.

(2) 데이터 범위 ⇒ "제1작업" 시트의 내용을 이용하여 작업하시오.

(3) 위치 ⇒ "새 시트"로 이동하고, "제4작업"으로 시트 이름을 바꾸시오.

(4) 차트 디자인 도구 ⇒ 레이아웃 3, 스타일 1을 선택하여 ≪출력형태≫에 맞게 작업하시오.

(5) 영역 서식 ⇒ 차트 : 글꼴(굴림, 11pt), 채우기 효과(질감 – 파랑 박엽지)

　　　　　　　　그림 : 채우기(흰색, 배경1)

(6) 제목 서식 ⇒ 차트 제목 : 글꼴(굴림, 굵게, 20pt), 채우기(흰색, 배경1), 테두리

(7) 서식 ⇒ 관람인원(단위:명) 계열의 차트 종류를 〈표식이 있는 꺾은선형〉으로 변경한 후 보조 축

　　　　　으로 지정하시오.

　　　　　계열 : ≪출력형태≫를 참조하여 표식(세모, 크기 10)과 레이블 값을 표시하시오.

　　　　　눈금선 : 선 스타일 – 파선

　　　　　축 : ≪출력형태≫를 참조하시오.

(8) 범례 ⇒ 범례명을 변경하고 ≪출력형태≫를 참조하시오.

(9) 도형 ⇒ '모서리가 둥근 사각형 설명선'을 삽입한 후 ≪출력형태≫와 같이 내용을 입력하시오.

(10) 나머지 사항은 ≪출력형태≫에 맞게 작성하시오.

① "제1작업" 시트의 「C4:C5」 영역을 블록 설정한다.

→ Ctrl 을 누른 채 「C7」, 「C9:C12」, 「G4:G5」, 「G7」, 「G9:G12」, 「H4:H5」, 「H7」, 「H9:H12」 영역을 블록 설정한다.

> 🎯 기적의 TIP
>
> 블록 설정은 출력형태에서 가로 축, 세로 축, 보조 축에 표시된 데이터를 지정하면 된다.

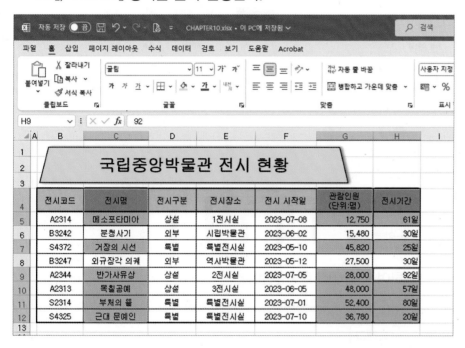

② [삽입] 탭 – [차트] 그룹 – [2차원 묶은 세로 막대형](📊)을 클릭한다.

> 💡 해결 TIP
>
> **어떤 종류의 차트가 주로 출제되나요?**
> 〈묶은 세로 막대형〉을 기본으로 〈표식이 있는 꺾은선형〉과 혼합을 이루는 형태가 주로 출제된다.

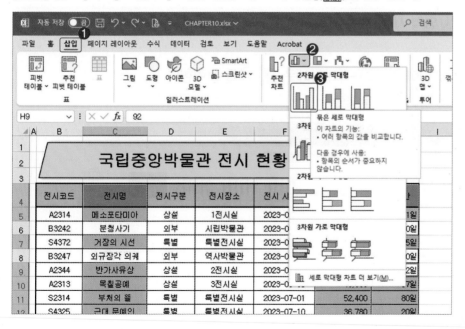

③ [차트 디자인] 탭 – [위치] 그룹 – [차트 이동]( )을 클릭한다.
  → [차트 이동] 대화상자에서 '새 시트'를 선택하고 『제4작업』을 입력한 후 [확인]을 클릭한다.

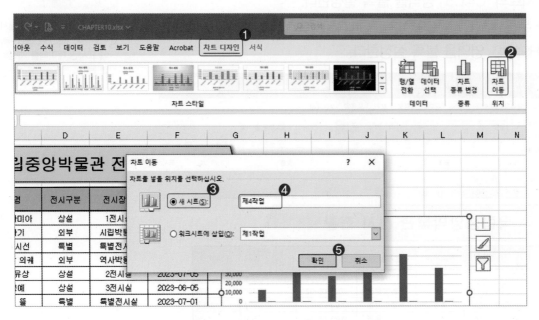

④ "제4작업" 시트를 마우스 드래그하여 제일 끝으로 이동한다.

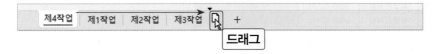

SECTION 02 차트 디자인, 영역 서식, 제목 서식

---

① [차트 디자인] 탭 – [빠른 레이아웃]( ) – [레이아웃 3]( )을 클릭한다.
  → [차트 스타일] 그룹 – [스타일 1]을 클릭한다.

② 차트 영역을 선택하고 [홈] 탭 – [글꼴] 그룹에서 글꼴 '굴림', 크기 '11'을 설정한다.

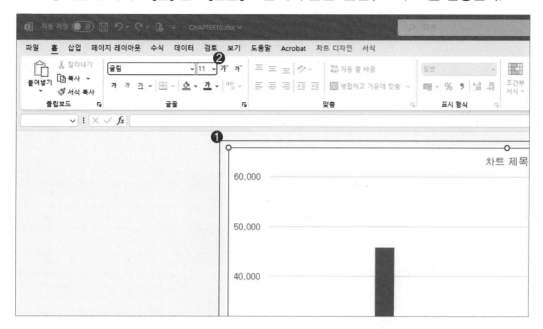

③ [서식] 탭 – [현재 선택 영역] 그룹 – [선택 영역 서식](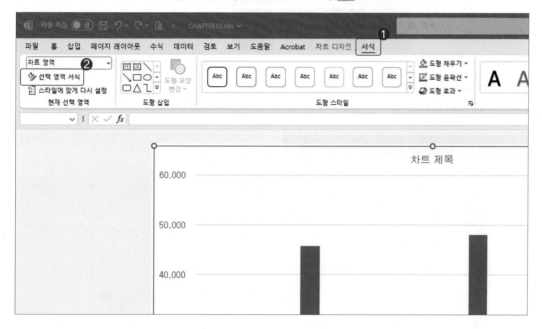)을 클릭한다.

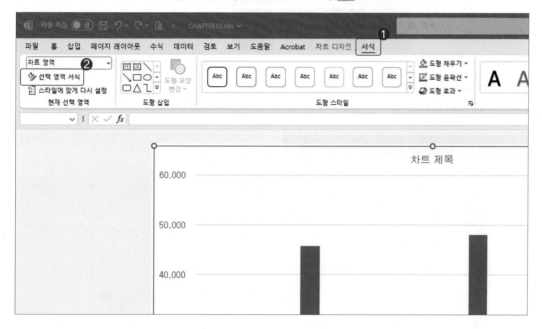

④ [차트 영역 서식] 사이드바에서 채우기 '그림 또는 질감 채우기'를 선택한다.
　→ [질감](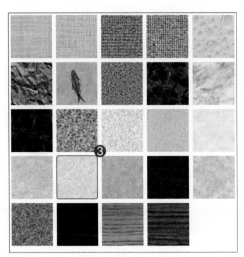) – [파랑 박엽지]를 설정한다.

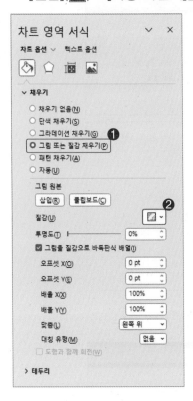

⑤ [서식] 탭 – [현재 선택 영역] 그룹에서 [그림 영역]을 선택한다.
　→ 채우기 '단색 채우기'를 선택하고 [색](🖌) – [흰색, 배경 1]을 설정한다.

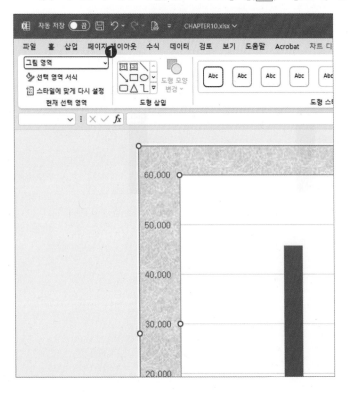

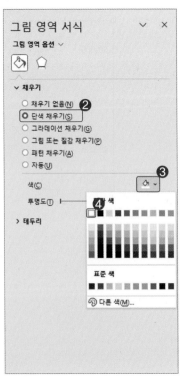

⑥ 차트 제목에 『상설 및 특별전시 현황』을 입력한다.
　→ 글꼴 '굴림', 크기 '20', [굵게] 설정한다.

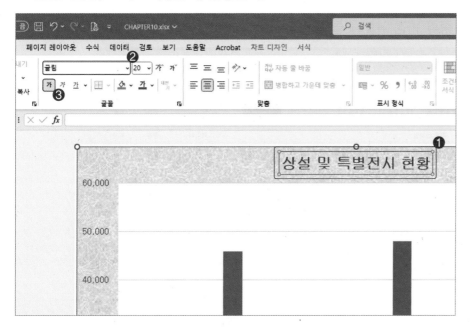

⑦ [서식] 탭 – [도형 스타일] 그룹 – [도형 채우기]( )를 클릭하고 '흰색, 배경 1'을 설정한다.
　→ [도형 윤곽선]( )을 클릭하고 '검정'을 설정한다.

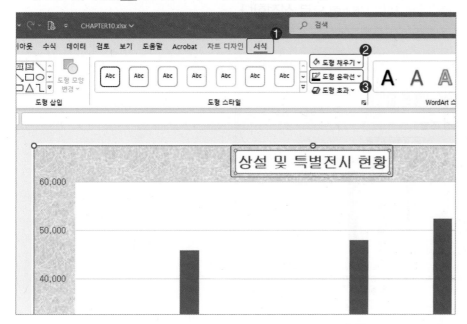

🅑 기적의 TIP

문제의 조건에서 테두리 색을 지정하지 않았으므로 검정과 같이 적당히 구분되는 색을 설정한다.

PART 01 ○ 119 ○ CHAPTER 10 [제4작업] 차트

① [차트 디자인] 탭 – [차트 종류 변경](📊)을 클릭한다.

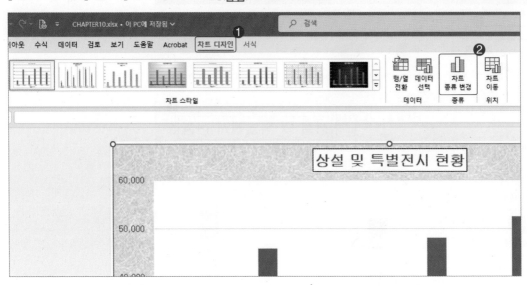

② [차트 종류 변경] 대화상자에서 '혼합'을 클릭한다.
 → 관람인원(단위:명)의 차트 종류를 '표식이 있는 꺾은선형'으로 설정하고 '보조 축'
  에 체크한다.
 → 전시기간의 차트 종류를 '묶은 세로 막대형'으로 설정한다.

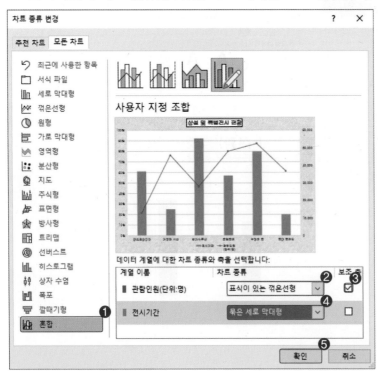

① 관람인원(단위:명) 계열을 선택한다.

→ 마우스 오른쪽 클릭하고 [데이터 계열 서식]을 클릭한다.

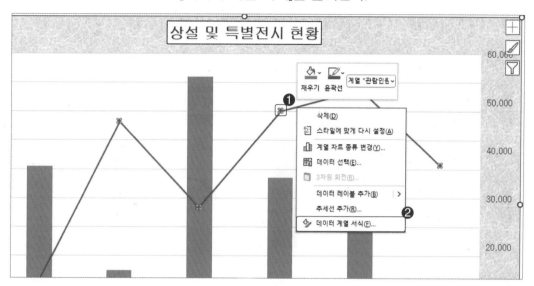

② [채우기 및 선](🎨) – 표식(📈) – 표식 옵션을 클릭한다.

→ 형식 '세모', 크기 '10'을 설정한다.

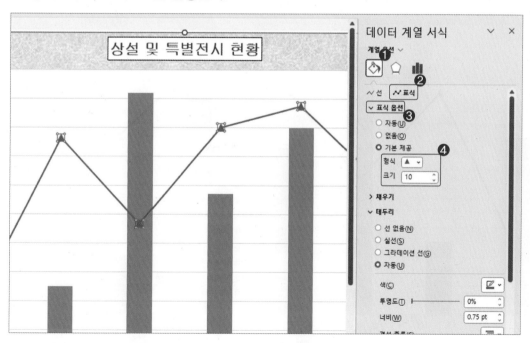

③ 관람인원(단위:명) 계열의 '부처의 뜰' 요소만 두 번 클릭하여 선택한다.
  → [차트 요소 추가](📊) – [데이터 레이블](📊) – [오른쪽](📈)을 클릭한다.

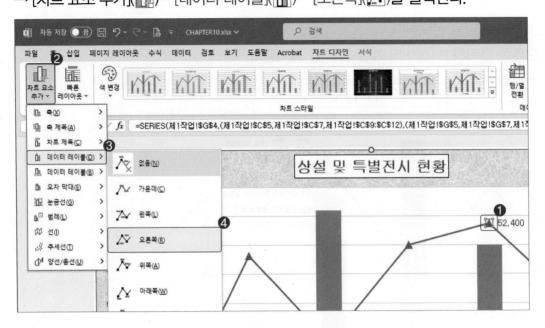

④ 전시기간 계열을 선택한다.
  → 마우스 오른쪽 클릭하고 [데이터 계열 서식]을 클릭한다.

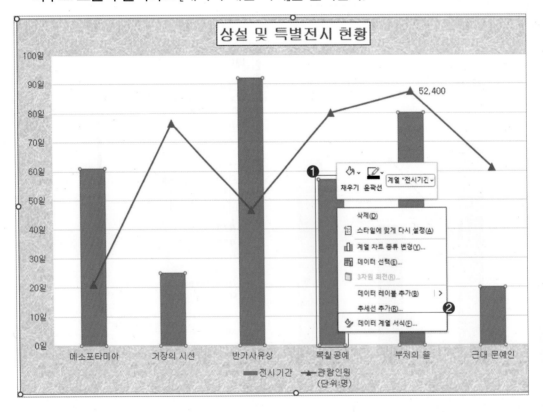

⑤ 간격 너비를 ≪출력형태≫를 참고하여 적당히 조절한다.

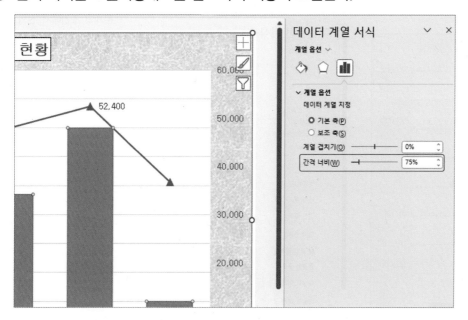

SECTION 05   서식 (눈금선)

① 눈금선을 선택하여 마우스 오른쪽 클릭하고 [눈금선 서식](🖌)을 클릭
한다.

🅑 기적의 TIP

눈금선을 더블클릭해도 눈
금선 서식이 열린다.

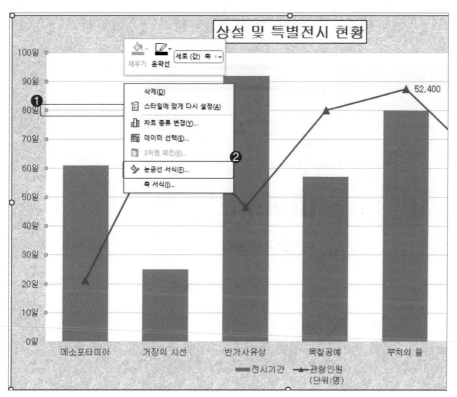

② [주 눈금선 서식] 사이드바에서 선 색 '검정', 대시 종류 '파선'을 설정한다.

🅕 기적의 TIP

문제의 조건에서 선의 색을 지정하지 않았으므로 검정과 같이 적당히 구분되는 색을 설정한다.

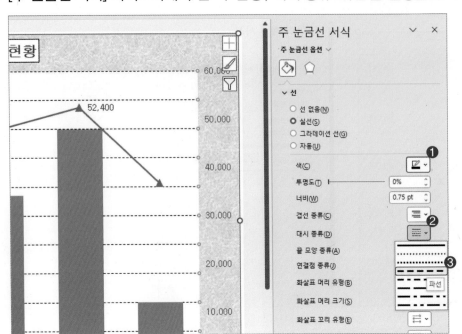

SECTION 06 | 서식 (축, 데이터 계열)

① 세로 (값) 축을 클릭한다.

→ [서식] 탭 – [도형 스타일] 그룹 – [도형 윤곽선](✏️)을 클릭하고 '검정'을 설정한다.

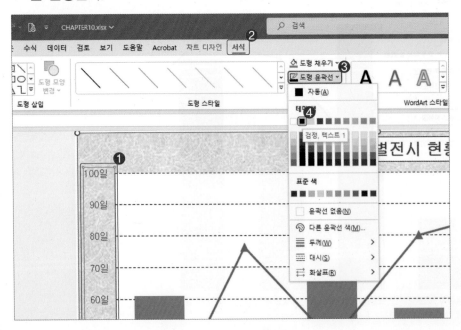

② 보조 세로 (값) 축과 가로 (항목) 축도 [도형 윤곽선](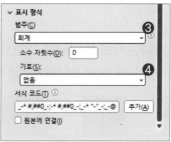)을 설정한다.

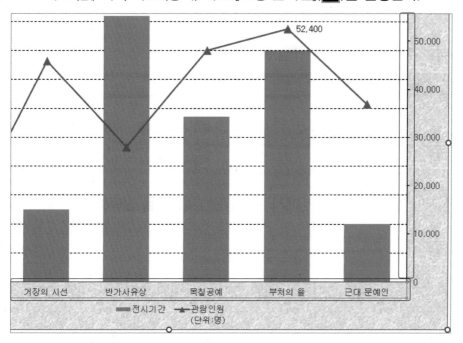

③ 보조 세로 (값) 축을 더블클릭하여 축 서식 사이드바를 연다.

→ 축 옵션 – 단위 '기본'에 『15000』을 입력한다.

→ 표시 형식 – 범주 '회계', 기호 '없음'을 설정한다.

🅕 기적의 TIP

차트 축 표시 형식에서 회계는 0이 −로 표시된다.

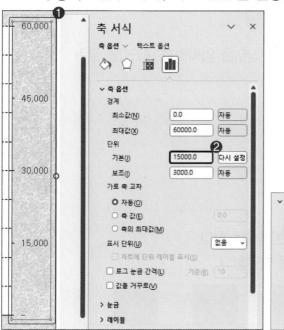

① [차트 디자인] 탭 – [데이터] 그룹 – [데이터 선택](⊞)을 클릭한다.

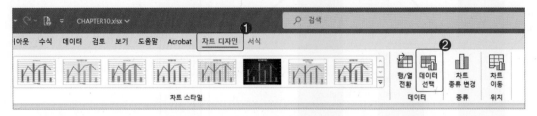

② [데이터 원본 선택] 대화상자에서 범례 항목(계열)에서 '관람인원(단위:명)'을 선택하고 [편집]을 클릭한다.

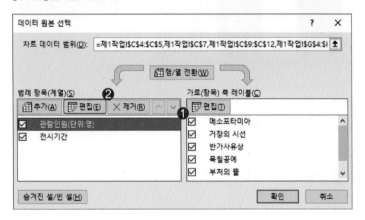

③ [계열 편집] 대화상자에서 계열 이름에 『관람인원(단위:명)』을 입력하고 [확인]을 클릭한다.

④ 다시 [데이터 원본 선택] 대화상자로 돌아오면 [확인]을 클릭한다.
→ 범례의 관람인원(단위:명)이 한 줄로 변경된 것을 확인한다.

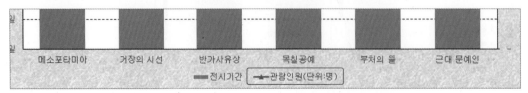

① [삽입] 탭 – [일러스트레이션] 그룹 – [도형](⬜)을 클릭하고 [말풍선: 모서리가 둥근 사각형]을 클릭한다.

② 도형을 그리고『최대 관람인원』을 입력한다.

→ [홈] 탭 – [글꼴] 그룹에서 글꼴 '굴림', 크기 '11', [채우기 색](🖌️) '흰색', [글꼴 색](🅰️) '검정'을 설정한다.

→ [맞춤] 그룹에서 가로와 세로 모두 [가운데 맞춤](≡, ≡)을 클릭한다.

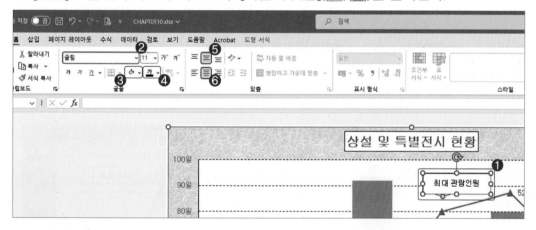

③ 노란색 조절점을 움직여 도형의 모양을 조절한다.

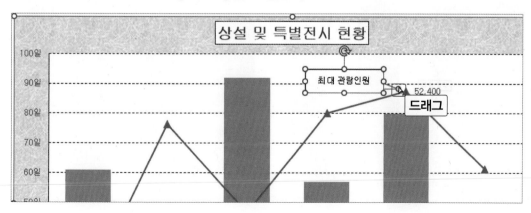

문제유형 ⑤-1 　　　문제파일 PART 01 시험 유형 따라하기\유형5-1번_문제.xlsx 　　정답파일 유형5-1번_정답.xlsx

"제1작업" 시트를 이용하여 조건에 따라 ≪출력형태≫와 같이 작업하시오.

조건	
	(1) 차트 종류 ⇒ 〈묶은 세로 막대형〉으로 작업하시오.
	(2) 데이터 범위 ⇒ "제1작업" 시트의 내용을 이용하여 작업하시오.
	(3) 위치 ⇒ "새 시트"로 이동하고, "제4작업"으로 시트 이름을 바꾸시오.
	(4) 차트 디자인 도구 ⇒ 레이아웃 3, 스타일 1을 선택하여 ≪출력형태≫에 맞게 작업하시오.
	(5) 영역 서식 ⇒ 차트 : 글꼴(굴림, 11pt), 채우기 효과(질감 – 분홍 박엽지)
	그림 : 채우기(흰색, 배경1)
	(6) 제목 서식 ⇒ 차트 제목 : 글꼴(굴림, 굵게, 20pt), 채우기(흰색, 배경1), 테두리
	(7) 서식 ⇒ 신청인원 계열의 차트 종류를 〈표식이 있는 꺾은선형〉으로 변경한 후 보조 축으로 지정
	하시오.
	계열 : ≪출력형태≫를 참조하여 표식(마름모, 크기 10)과 레이블 값을 표시하시오.
	눈금선 : 선 스타일 – 파선
	축 : ≪출력형태≫를 참조하시오.
	(8) 범례 ⇒ 범례명을 변경하고 ≪출력형태≫를 참조하시오.
	(9) 도형 ⇒ '말풍선: 모서리가 둥근 사각형'을 삽입한 후 ≪출력형태≫와 같이 내용을 입력하시오.
	(10) 나머지 사항은 ≪출력형태≫에 맞게 작성하시오.
출력형태	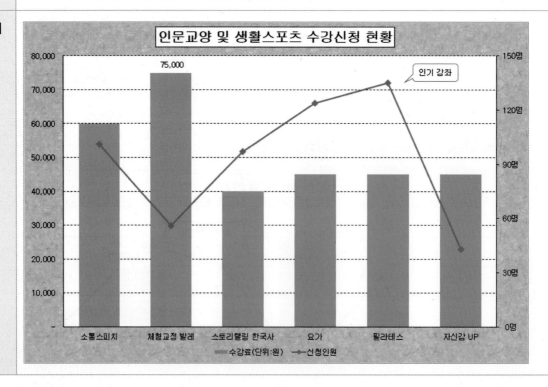

"제1작업" 시트를 이용하여 조건에 따라 ≪출력형태≫와 같이 작업하시오.

조건	
	(1) 차트 종류 ⇒ 〈묶은 세로 막대형〉으로 작업하시오.
	(2) 데이터 범위 ⇒ "제1작업" 시트의 내용을 이용하여 작업하시오.
	(3) 위치 ⇒ "새 시트"로 이동하고, "제4작업"으로 시트 이름을 바꾸시오.
	(4) 차트 디자인 도구 ⇒ 레이아웃 3, 스타일 1을 선택하여 ≪출력형태≫에 맞게 작업하시오.
	(5) 영역 서식 ⇒ 차트 : 글꼴(굴림, 11pt), 채우기 효과(질감 – 파랑 박엽지)
	그림 : 채우기(흰색, 배경1)
	(6) 제목 서식 ⇒ 차트 제목 : 글꼴(굴림, 굵게, 20pt), 채우기(흰색, 배경1), 테두리
	(7) 서식 ⇒ 예약인원 계열의 차트 종류를 〈표식이 있는 꺾은선형〉으로 변경한 후 보조 축으로 지정하시오.
	계열 : ≪출력형태≫를 참조하여 표식(세모, 크기 10)과 레이블 값을 표시하시오.
	눈금선 : 선 스타일 – 파선
	축 : ≪출력형태≫를 참조하시오.
	(8) 범례 ⇒ 범례명을 변경하고 ≪출력형태≫를 참조하시오.
	(9) 도형 ⇒ '말풍선: 모서리가 둥근 사각형'을 삽입한 후 ≪출력형태≫와 같이 내용을 입력하시오.
	(10) 나머지 사항은 ≪출력형태≫에 맞게 작성하시오.

출력형태	
	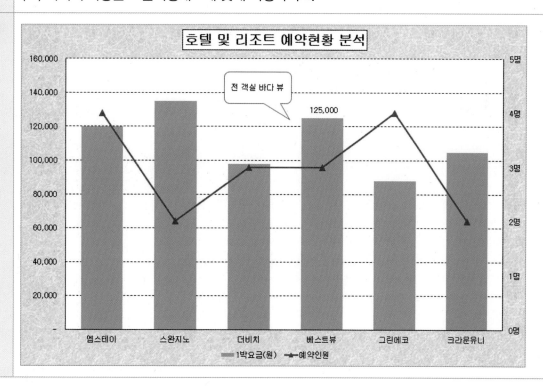

누군가 해내기 전까지는
모든 것이 '불가능한 것'이다.

브루스 웨인(Bruce Wayne), <배트맨> 中

PART
02

대표 기출 따라하기

대표 기출 따라하기 01회   132

대표 기출 따라하기 01회 해설   138

대표 기출 따라하기 02회   184

대표 기출 따라하기 02회 해설   190

과목	코드	문제유형	시험시간	수험번호	성명
한글엑셀	1122	A	60분		

수험자 유의사항

- 수험자는 문제지를 받는 즉시 문제지와 **수험표상의 시험과목(프로그램)이 동일한지 반드시 확인**하여야 합니다.
- 파일명은 본인의 "수험번호-성명"으로 입력하여 답안폴더(내 PC₩문서₩ITQ)에 하나의 파일로 저장해야 하며, 답안문서 파일명이 "수험번호-성명"과 일치하지 않거나, 답안파일을 전송하지 않아 미제출로 처리될 경우 실격 처리합니다(예: 12345678-홍길동.xlsx).
- 답안 작성을 마치면 파일을 저장하고, '답안 전송' 버튼을 선택하여 감독위원 PC로 답안을 전송하십시오. 수험생 정보와 저장한 파일명이 다를 경우 전송되지 않으므로 주의하시기 바랍니다.
- 답안 작성 중에도 **주기적으로 저장하고, '답안 전송'**하여야 문제 발생을 줄일 수 있습니다. 작업한 내용을 저장하지 않고 전송할 경우 이전에 저장된 내용이 전송되니 이점 유의하시기 바랍니다.
- 답안문서는 지정된 경로 외의 다른 보조기억장치에 저장하는 경우, 지정된 시험 시간 외에 작성된 파일을 활용할 경우, 기타 통신수단(이메일, 메신저, 네트워크 등)을 이용하여 타인에게 전달 또는 외부 반출하는 경우는 부정 처리합니다.
- 시험 중 부주의 또는 고의로 시스템을 파손한 경우는 수험자가 변상해야 하며, 〈수험자 유의사항〉에 기재된 방법대로 이행하지 않아 생기는 불이익은 수험생 당사자의 책임임을 알려 드립니다.
- 문제의 조건은 MS오피스 2021 버전으로 설정되어 있으며 MS오피스 2016은 【 】에 표기되어 있습니다. 이와 관련하여 작성한 답안의 출력형태가 문제지와 다를 수 있습니다.
- 시험을 완료한 수험자는 답안파일이 전송되었는지 확인한 후 감독위원의 지시에 따라 문제지를 제출하고 퇴실합니다.

답안 작성요령

- 온라인 답안 작성 절차
  수험자 등록 ⇒ 시험 시작 ⇒ 답안파일 저장 ⇒ 답안 전송 ⇒ 시험 종료
- 문제는 총 4단계, 즉 제1작업부터 제4작업까지 구성되어 있으며 반드시 제1작업부터 순서대로 작성하고 조건대로 작업하시오.
- 모든 작업시트의 A열은 열 너비 '1'로, 나머지 열은 적당하게 조절하시오.
- 모든 작업시트의 테두리는 ≪출력형태≫와 같이 작업하시오.
- 해당 작업란에서는 각각 제시된 조건에 따라 ≪출력형태≫와 같이 작업하시오.
- 답안 시트 이름은 "제1작업", "제2작업", "제3작업", "제4작업"이어야 하며 답안 시트 이외의 것은 감점 처리됩니다.
- 각 시트를 파일로 나누어 작업해서 저장할 경우 실격 처리됩니다.

다음은 '신규 등록 중고차 상세 정보'에 대한 자료이다. 자료를 입력하고 조건에 맞도록 작업하시오.

출력형태									

관리코드	모델명	연료	제조사	중고가(만원)	연비(km/L)	주행기록	연비 순위	직영점
HD1-002	쏘나타 뉴 라이즈	가솔린	현대	2,870	16.1	26,037	(1)	(2)
KA2-102	니로	하이브리드	기아	2,650	19.5	94,160	(1)	(2)
CB2-002	이쿼녹스	디젤	쉐보레	4,030	13.3	133,411	(1)	(2)
SY1-054	티볼리 아머	가솔린	쌍용	2,060	14.2	96,300	(1)	(2)
RN4-101	QM3	디젤	르노삼성	2,100	17.3	97,803	(1)	(2)
KA3-003	더 뉴 카니발	가솔린	기아	3,450	11.4	71,715	(1)	(2)
HD2-006	그랜드 스타렉스	디젤	현대	4,660	10.9	7,692	(1)	(2)
HD4-001	그랜저	하이브리드	현대	3,950	16.2	117,884	(1)	(2)
하이브리드 차량 연비(km/L 평균)			(3)			두 번째로 높은 중고가(만원)		(5)
가솔린 차량의 주행기록 합계			(4)			관리코드	HD1-002 연비(km/L)	(6)

확인 / 담당 / 팀장 / 센터장

조건	• 모든 데이터의 서식에는 글꼴(굴림, 11pt), 정렬은 숫자 및 회계 서식은 오른쪽 정렬, 나머지 서식은 가운데 정렬로 작성하며 예외적인 것은 ≪출력형태≫를 참조하시오. • 제목 ⇒ 도형(평행 사변형)과 그림자(오프셋 오른쪽)를 이용하여 작성하고 "신규 등록 중고차 상세 정보"를 입력한 후 다음 서식을 적용하시오 　　(글꼴 – 굴림, 24pt, 검정, 굵게, 채우기 – 노랑). • 임의의 셀에 결재란을 작성하여 그림으로 복사 기능을 이용하여 붙이기 하시오(단, 원본 삭제). •「B4:J4, G14, I14」영역은 '주황'으로 채우기 하시오. • 유효성 검사를 이용하여「H14」셀에 관리코드(「B5:B12」영역)가 선택 표시되도록 하시오. • 셀 서식 ⇒「H5:H12」영역에 셀 서식을 이용하여 숫자 뒤에 'km'를 표시하시오(예 : 26,037km). •「F5:F12」영역에 대해 '중고가'로 이름정의를 하시오.

(1)~(6) 셀은 반드시 주어진 함수를 이용하여 값을 구하시오(결과값을 직접 입력하면 해당 셀은 0점 처리됨).

(1) 연비 순위 ⇒ 연비(km/L)의 내림차순 순위를 구한 결과에 '위'를 붙이시오(RANK.EQ 함수, & 연산자)(예 : 1위).

(2) 직영점 ⇒ 관리코드의 세 번째 글자가 1이면 '서울', 2이면 '경기/인천', 그 외에는 '기타'로 구하시오
　　　(IF, MID 함수).

(3) 하이브리드 차량 연비(km/L 평균) ⇒ 셀 서식을 이용하여 소수 첫째 자리까지 표시하시오
　　　　　　(SUMIF, COUNTIF 함수)(예 : 15.467 → 15.5).

(4) 가솔린 차량의 주행기록 합계 ⇒ 연료가 가솔린인 차량의 주행기록 합계를 구하시오. 단, 조건은 입력데이터를
　　　　　　이용하시오(DSUM 함수).

(5) 두 번째로 높은 중고가(만원) ⇒ 정의된 이름(중고가)을 이용하여 구하시오(LARGE 함수).

(6) 연비(km/L) ⇒「H14」셀에서 선택한 관리코드에 대한 연비(km/L)를 구하시오(VLOOKUP 함수).

(7) 조건부 서식의 수식을 이용하여 연비(km/L)가 '16' 이상인 행 전체에 다음의 서식을 적용하시오
　　(글꼴 : 파랑, 굵게).

"제1작업" 시트의 「B4:H12」 영역을 복사하여 "제2작업" 시트의 「B2」 셀부터 모두 붙여넣기를 한 후 다음의 조건과 같이 작업하시오.

조건	
	(1) 목표값 찾기 – 「B11:G11」 셀을 병합하여 "현대 자동차의 연비(km/L) 평균"을 입력한 후 「H11」 셀에 현대 자동차의 연비(km/L) 평균을 구하시오. 단, 조건은 입력데이터를 이용하시오(DAVERAGE 함수, 테두리, 가운데 맞춤).
	– '현대 자동차의 연비(km/L) 평균'이 '15'가 되려면 쏘나타 뉴 라이즈의 연비(km/L)가 얼마가 되어야 하는지 목표값을 구하시오.
	(2) 고급 필터 – 관리코드가 'K'로 시작하거나 주행기록이 '100,000' 이상인 자료의 모델명, 연료, 중고가(만원), 연비(km/L) 데이터만 추출하시오.
	– 조건 범위 : 「B14」 셀부터 입력하시오.
	– 복사 위치 : 「B18」 셀부터 나타나도록 하시오.

"제1작업" 시트의 「B4:H12」 영역을 복사하여 "제3작업" 시트의 「B2」 셀부터 모두 붙여넣기를 한 후 다음의 조건과 같이 작업하시오.

조건	
	(1) 부분합 – ≪출력형태≫처럼 정렬하고, 제조사의 개수와 중고가(만원)의 평균을 구하시오.
	(2) 개요【윤곽】 – 지우시오.
	(3) 나머지 사항은 ≪출력형태≫에 맞게 작성하시오.

출력형태

	A	B	C	D	E	F 중고가 (만원)	G 연비 (km/L)	H 주행기록
2		관리코드	모델명	연료	제조사			
3		KA2-102	니로	하이브리드	기아	2,650	19.5	94,160km
4		HD4-001	그랜저	하이브리드	현대	3,950	16.2	117,884km
5				하이브리드 평균		3,300		
6				하이브리드 개수	2			
7		CB2-002	이쿼녹스	디젤	쉐보레	4,030	13.3	133,411km
8		RN4-101	QM3	디젤	르노삼성	2,100	17.3	97,803km
9		HD2-006	그랜드 스타렉스	디젤	현대	4,660	10.9	7,692km
10				디젤 평균		3,597		
11				디젤 개수	3			
12		HD1-002	쏘나타 뉴 라이즈	가솔린	현대	2,870	16.1	26,037km
13		SY1-054	티볼리 아머	가솔린	쌍용	2,060	14.2	96,300km
14		KA3-003	더 뉴 카니발	가솔린	기아	3,450	11.4	71,715km
15				가솔린 평균		2,793		
16				가솔린 개수	3			
17				전체 평균		3,221		
18				전체 개수	8			

"제1작업" 시트를 이용하여 조건에 따라 ≪출력형태≫와 같이 작업하시오.

조건	(1) 차트 종류 ⇒ 〈묶은 세로 막대형〉으로 작업하시오.
	(2) 데이터 범위 ⇒ "제1작업" 시트의 내용을 이용하여 작업하시오.
	(3) 위치 ⇒ "새 시트"로 이동하고, "제4작업"으로 시트 이름을 바꾸시오.
	(4) 차트 디자인 도구 ⇒ 레이아웃 3, 스타일 1을 선택하여 ≪출력형태≫에 맞게 작업하시오.
	(5) 영역 서식 ⇒ 차트 : 글꼴(굴림, 11pt), 채우기 효과(질감 – 분홍 박엽지)
	그림 : 채우기(흰색, 배경1)
	(6) 제목 서식 ⇒ 차트 제목 : 글꼴(굴림, 굵게, 20pt), 채우기(흰색, 배경1), 테두리
	(7) 서식 ⇒ 연비(km/L) 계열의 차트 종류를 〈표식이 있는 꺾은선형〉으로 변경한 후 보조 축으로 지정하시오.
	계열 : ≪출력형태≫를 참조하여 표식(마름모, 크기 10)과 레이블 값을 표시하시오.
	눈금선 : 선 스타일 – 파선
	축 : ≪출력형태≫를 참조하시오.
	(8) 범례 ⇒ 범례명을 변경하고 ≪출력형태≫를 참조하시오.
	(9) 도형 ⇒ '모서리가 둥근 사각형 설명선'을 삽입한 후 ≪출력형태≫와 같이 내용을 입력하시오.
	(10) 나머지 사항은 ≪출력형태≫에 맞게 작성하시오.
출력형태	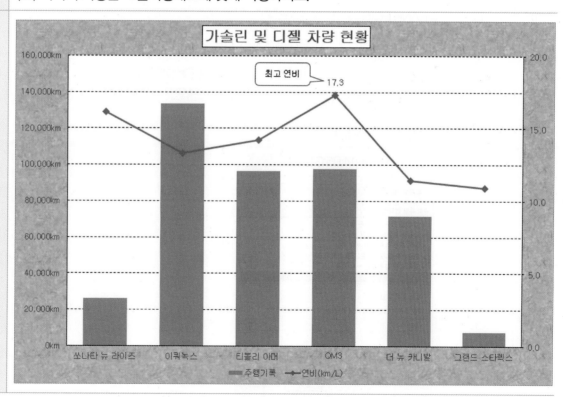

주의 시트명 순서가 차례대로 "제1작업", "제2작업", "제3작업", "제4작업"이 되도록 할 것

정답파일 PART 02 대표 기출 따라하기\대표기출01회_정답.xlsx

제 1 작업 표 서식 작성 및 값 계산   **240**점

신규 등록 중고차 상세 정보

	담당	팀장	센터장
확인			

관리코드	모델명	연료	제조사	중고가 (만원)	연비 (km/L)	주행기록	연비 순위	직영점
HD1-002	쏘나타 뉴 라이즈	가솔린	현대	2,870	16.1	26,037km	4위	서울
KA2-102	니로	하이브리드	기아	2,650	19.5	94,160km	1위	경기/인천
CB2-002	이퀴녹스	디젤	쉐보레	4,030	13.3	133,411km	6위	경기/인천
SY1-054	티볼리 아머	가솔린	쌍용	2,060	14.2	96,300km	5위	서울
RN4-101	QM3	디젤	르노삼성	2,100	17.3	97,803km	2위	기타
KA3-003	더 뉴 카니발	가솔린	기아	3,450	11.4	71,715km	7위	기타
HD2-006	그랜드 스타렉스	디젤	현대	4,660	10.9	7,692km	8위	경기/인천
HD4-001	그랜저	하이브리드	현대	3,950	16.2	117,884km	3위	기타
하이브리드 차량 연비(km/L 평균)				17.9		두 번째로 높은 중고가(만원)		4,030
가솔린 차량의 주행기록 합계				194,052		관리코드	HD1-002	연비(km/L)
								16.1

번호	기준셀	수식
(1)	I5	=RANK.EQ(G5,$G$5:$G$12)&"위"
(2)	J5	=IF(MID(B5,3,1)="1","서울", IF(MID(B5,3,1)="2","경기/인천","기타"))
(3)	E13	=SUMIF(D5:D12,"하이브리드",G5:G12)/COUNTIF(D5:D12,"하이브리드")
(4)	E14	=DSUM(B4:H12,7,D4:D5)
(5)	J13	=LARGE(중고가,2)
(6)	J14	=VLOOKUP(H14,B5:G12,6,0)
(7)	B5:J12	*(아래 서식 규칙 편집 대화상자 참조)*

서식 규칙 편집   ? ✕

규칙 유형 선택(S):
▶ 셀 값을 기준으로 모든 셀의 서식 지정
▶ 다음을 포함하는 셀만 서식 지정
▶ 상위 또는 하위 값만 서식 지정
▶ 평균보다 크거나 작은 값만 서식 지정
▶ 고유 또는 중복 값만 서식 지정
▶ 수식을 사용하여 서식을 지정할 셀 결정

규칙 설명 편집(E):
다음 수식이 참인 값의 서식 지정(O):
=$G5>=16   ⬆

미리 보기: 가나다AaBbCc   서식(F)...

확인   취소

관리코드	모델명	연료	제조사	중고가 (만원)	연비 (km/L)	주행기록
HD1-002	쏘나타 뉴 라이즈	가솔린	현대	2,870	17.9	26,037km
KA2-102	니로	하이브리드	기아	2,650	19.5	94,160km
CB2-002	이쿼녹스	디젤	쉐보레	4,030	13.3	133,411km
SY1-054	티볼리 아머	가솔린	쌍용	2,060	14.2	96,300km
RN4-101	QM3	디젤	르노삼성	2,100	17.3	97,803km
KA3-003	더 뉴 카니발	가솔린	기아	3,450	11.4	71,715km
HD2-006	그랜드 스타렉스	디젤	현대	4,660	10.9	7,692km
HD4-001	그랜저	하이브리드	현대	3,950	16.2	117,884km
현대 자동차의 연비(km/L) 평균						15

관리코드	주행기록
K*	
	>=100000

모델명	연료	중고가 (만원)	연비 (km/L)
니로	하이브리드	2,650	19.5
이쿼녹스	디젤	4,030	13.3
더 뉴 카니발	가솔린	3,450	11.4
그랜저	하이브리드	3,950	16.2

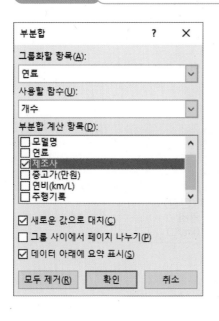
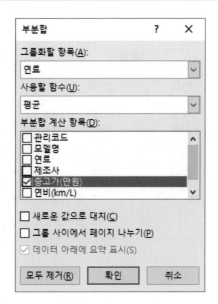

≪출력형태≫를 참고

정답파일 PART 02 대표 기출 따라하기\대표기출01회_정답.xlsx

제 1 작업 | 표 서식 작성 및 값 계산 | 240 점

제1작업은 표를 작성하고 조건에 따른 서식 변환 및 함수 사용 능력을 평가한다.
제1작업 데이터를 기반으로 다른 작업들이 이어지므로 정확히 작성하도록 한다.

SECTION 01 | 데이터 입력, 테두리, 정렬

① 본 도서 [PART 01 – CHAPTER 01]의 답안 작성요령을 참고하여 글꼴 '굴림', 크기 '11'로 하고, 작업시트를 설정한다.

→ "수험번호–성명.xlsx"으로 저장한다.

② "제1작업" 시트에 ≪출력형태≫의 내용을 입력한다.

관리코드	모델명	연료	제조사	중고가 (만원)	연비 (km/L)	주행기록	연비 순위	직영점
HD1-002	쏘나타 뉴	가솔린	현대	2870	16.1	26037		
KA2-102	니로	하이브리드	기아	2650	19.5	94160		
CB2-002	이쿼녹스	디젤	쉐보레	4030	13.3	133411		
SY1-054	티볼리 아[	가솔린	쌍용	2060	14.2	96300		
RN4-101	QM3	디젤	르노삼성	2100	17.3	97803		
KA3-003	더 뉴 카니	가솔린	기아	3450	11.4	71715		
HD2-006	그랜드 스[	디젤	현대	4660	10.9	7692		
HD4-001	그랜저	하이브리드	현대	3950	16.2	117884		
하이브리드 차량 연비(km/L 평균)					두 번째로 높은 중고가(만원)			
가솔린 차량의 주행기록 합계					관리코드		연비 (km/L)	

③ 「B13:D13」 영역을 마우스 드래그하여 블록 설정한다.

→ ⌈Ctrl⌋을 누른 채 「B14:D14」, 「F13:F14」, 「G13:I13」 영역을 각각 블록 설정한다.

→ [홈] 탭 – [맞춤] 그룹 – [병합하고 가운데 맞춤](🔳)을 클릭한다.

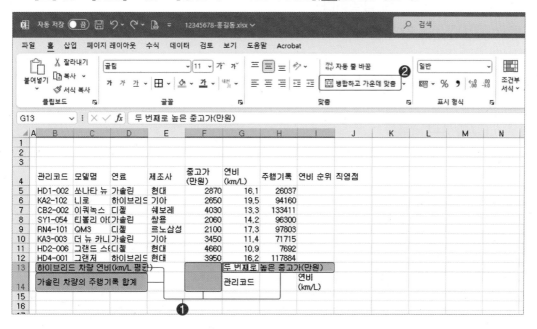

④ 「B4:J4」 영역을 블록 설정한다.

→ ⌈Ctrl⌋을 누른 채 「B5:J12」, 「B13:J14」 영역을 각각 블록 설정한다.

→ [홈] 탭 – [글꼴] 그룹 – [테두리]에서 [모든 테두리](⊞), [굵은 바깥쪽 테두리](🔲)를 클릭한다.

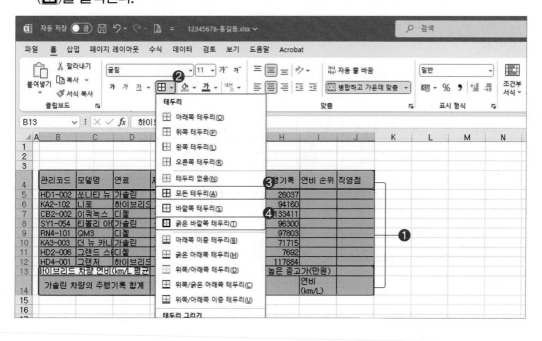

⑤ 「F13:F14」 영역을 클릭한다.
→ [테두리]에서 [다른 테두리](⊞)를 클릭하면 [셀 서식] 대화상자가 나타난다.

⑥ 선 스타일에서 [가는 실선](══)을 클릭한다.
→ 두 개의 [대각선](◪)(◩)을 각각 클릭하고 [확인]을 클릭한다.

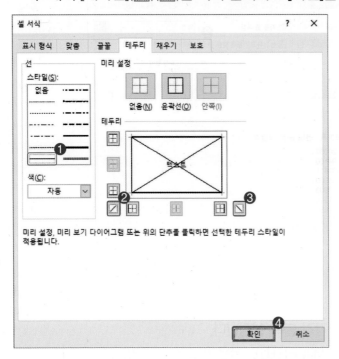

⑦ 행과 열의 머리글 경계선(╪)(╬)을 마우스 드래그하여 행 높이와 열 너비를 조절한다.
→ 숫자 영역은 [홈] 탭 – [맞춤] 그룹 – [오른쪽 맞춤](▤), 나머지는 [가운데 맞춤]
(▤)을 설정한다.

	A	B	C	D	E	F	G	H	I	J
1										
2										
3										
4		관리코드	모델명	연료	제조사	중고가 (만원)	연비 (km/L)	주행기록	연비 순위	직영점
5		HD1-002	쏘나타 뉴 라이즈	가솔린	현대	2870	16.1	26037		
6		KA2-102	니로	하이브리드	기아	2650	19.5	94160		
7		CB2-002	이쿼녹스	디젤	쉐보레	4030	13.3	133411		
8		SY1-054	티볼리 아머	가솔린	쌍용	2060	14.2	96300		
9		RN4-101	QM3	디젤	르노삼성	2100	17.3	97803		
10		KA3-003	더 뉴 카니발	가솔린	기아	3450	11.4	71715		
11		HD2-006	그랜드 스타렉스	디젤	현대	4660	10.9	7692		
12		HD4-001	그랜저	하이브리드	현대	3950	16.2	117884		
13		하이브리드 차량 연비(km/L 평균)			╳		두 번째로 높은 중고가(만원)			
14		가솔린 차량의 주행기록 합계					관리코드		연비 (km/L)	

⑧ 「B4:J4」, 「G14」, 「I14」 셀에 [홈] 탭 – [글꼴] 그룹 – [채우기 색]( )에서 '주황'을 설
정한다.

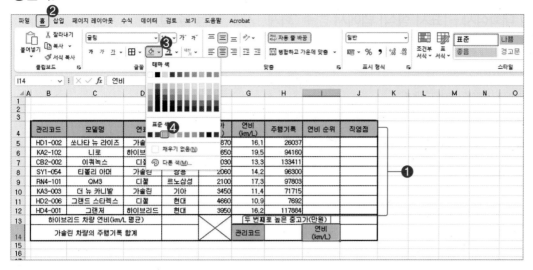

SECTION 02 셀 서식

① '주행기록'에 대한 셀 서식을 지정하기 위해 「H5:H12」 영역을 블록 설정한다.
   → 마우스 오른쪽 클릭하여 [셀 서식]( )을 클릭한다.

② [셀 서식] 대화상자 – [표시 형식] 탭의 범주에서 '사용자 지정'을 클릭한다.
   → #,##0을 선택하고 『"km"』을 추가로 입력한 후 [확인]을 클릭한다.

③ '중고가'가 입력된 「F5:F12」 영역을 블록 설정한다.

→ 마우스 오른쪽 클릭하여 [셀 서식]()을 클릭한다.

→ [셀 서식] 대화상자 – [표시 형식] 탭에서 범주 '회계', 기호 '없음'을 설정한다.

④ '연비'가 입력된 「G5:G12」 영역을 블록 설정한다.

→ 마우스 오른쪽 클릭하여 [셀 서식]()을 클릭한다.

→ [셀 서식] 대화상자 – [표시 형식] 탭에서 범주 '사용자 지정', 형식 『#,##0.0_ – 』을 설정한다.

🅑 기적의 TIP

_–는 한 칸의 공백을 표시한다.

① 출력형태를 참고하여 도형이 들어갈 1~3행 높이를 적당히 조절한다.

② [삽입] 탭 – [일러스트레이션] 그룹 – [도형](🔘)을 클릭하고 [기본 도형] – [평행 사변형]을 클릭한다.

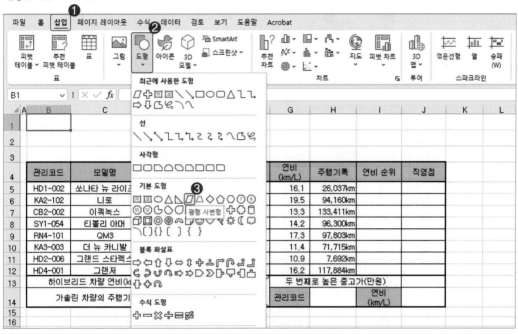

③ 마우스 포인터 모양이 +가 된 상태에서 「B1」 셀부터 「G3」 셀까지 드래그하여 도형을 그린다.

④ 도형에 『신규 등록 중고차 상세 정보』를 입력한다.

⑤ 도형의 배경색 부분을 클릭한다.

→ [홈] 탭 – [글꼴] 그룹에서 글꼴 '굴림', 크기 '24', [굵게], [채우기 색](🖍️) '노랑', [글꼴 색](🎨) '검정'을 설정한다.

→ [맞춤] 그룹에서 가로와 세로 모두 [가운데 맞춤](≡ , ≡)을 클릭한다.

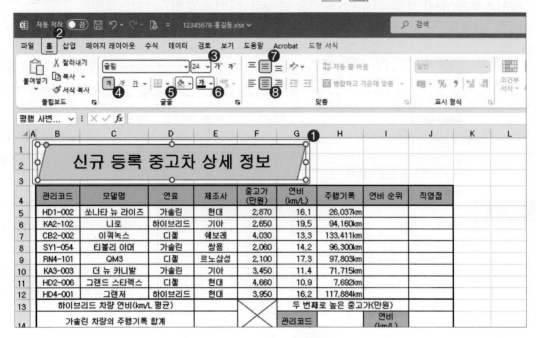

⑥ [도형 서식] 탭 – [도형 스타일] 그룹 – [도형 효과](🔲)를 클릭하고 [그림자] – [오프셋: 오른쪽]을 클릭한다.

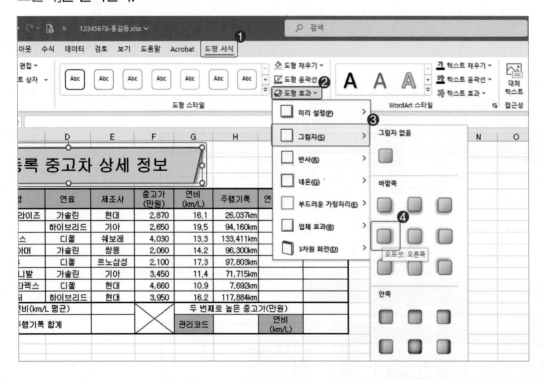

① 결재란은 앞에 작성한 내용과 행이나 열이 겹치지 않는 셀에서 작성한다. 여기서는 「L16」 셀에서 작성한다.

② 『확인』이 입력될 두 개의 셀을 블록 설정한다.
→ [홈] 탭 – [맞춤] 그룹 – [병합하고 가운데 맞춤](圖)을 클릭한다.

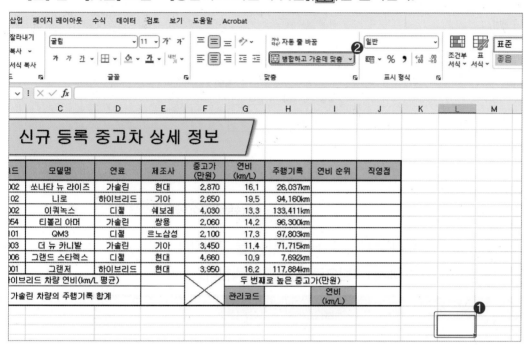

③ 『확인』을 입력한다.
→ [홈] 탭 – [맞춤] 그룹 – [방향](圖)을 클릭하고 [세로 쓰기](圖)를 클릭한다.

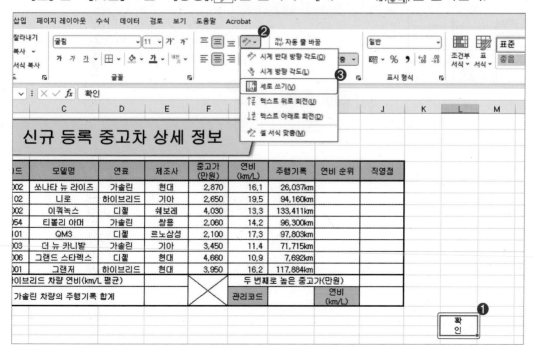

④ 텍스트를 모두 입력하고 행 높이와 열 너비를 조절한다.

→ [홈] 탭 – [맞춤] 그룹 – [가운데 맞춤](≡)을 클릭한다.

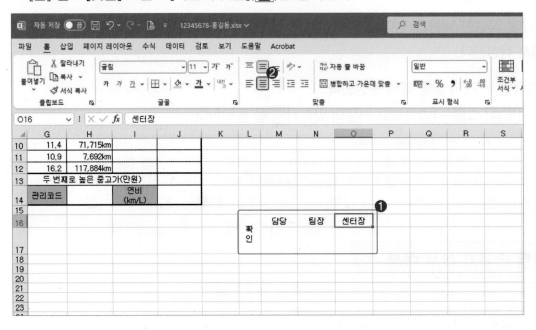

⑤ 결재란 영역을 모두 블록 설정한다.

→ [홈] 탭 – [글꼴] 그룹 – [테두리]에서 [모든 테두리](⊞)를 클릭한다.

→ [클립보드] 그룹 – [복사](⧉)에서 [그림으로 복사]를 클릭한다.

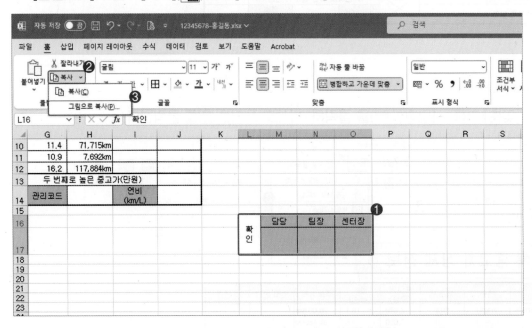

⑥ [그림 복사] 대화상자에서 [확인]을 클릭한다.

→ [홈] 탭 – [클립보드] 그룹 – [붙여넣기]( )를 클릭한다.

→ 그림의 위치를 마우스 드래그하여 조절한다.

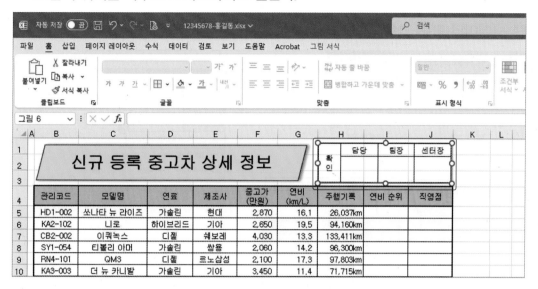

⑦ 기존 작업한 결재란 영역을 블록 설정한다.

→ [홈] 탭 – [셀] 그룹 – [삭제]( )를 클릭한다.

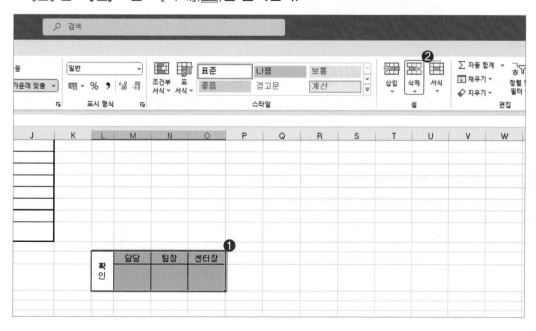

① 「H14」 셀을 클릭한다.

→ [데이터] 탭 – [데이터 도구] 그룹 – [데이터 유효성 검사](⊟⊘)를 클릭한다.

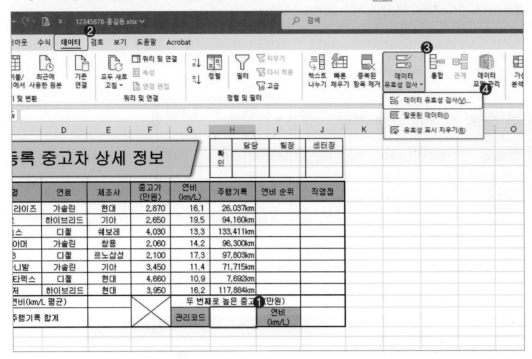

② [데이터 유효성] 대화상자에서 제한 대상을 '목록'으로 설정한다.

→ 원본 입력란을 클릭하고 「B5:B12」 영역을 마우스 드래그한 후 [확인]을 클릭한다.

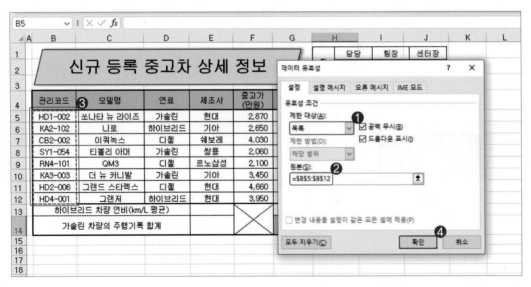

③ 「H14」셀에 드롭다운 버튼이 생성된 것을 확인한다.

→ [홈] 탭 – [맞춤] 그룹 – [가운데 맞춤](≡)을 클릭한다.

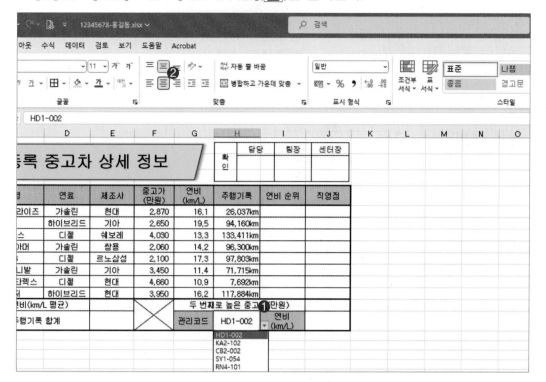

① 「F5:F12」영역을 블록 설정한다.

→ [수식] 탭 – [정의된 이름] 그룹 – [이름 정의](✎)를 클릭한다.

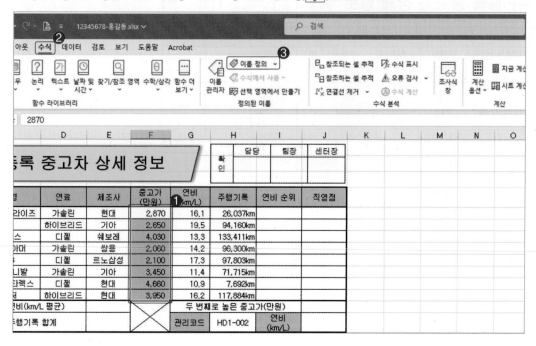

② 이름에『중고가』를 입력하고 [확인]을 클릭한다.

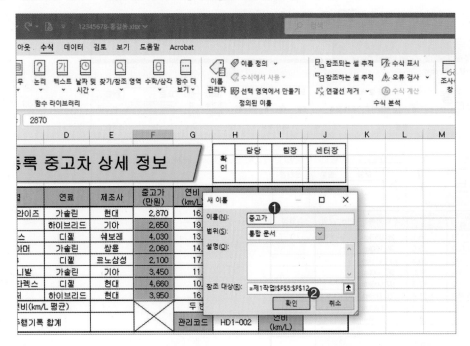

③ 「F5:F12」 영역을 블록 설정했을 때 [이름 상자]에 『중고가』가 표시되는 것을 확인한다.

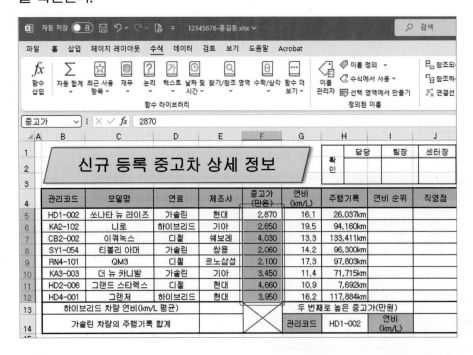

🅑 기적의 TIP

정의할 영역을 블록 설정한 후 [이름 상자]에 이름을 직접 입력해도 된다.

① 연비 순위 「I5:I12」 영역을 블록 설정한다.

→ 『=RANK.EQ』를 입력하고 Ctrl + A 를 누른다.

② RANK.EQ의 [함수 인수] 대화상자에서 Number 『G5』, Ref 『$G$5:$G$12』
를 입력한다.

→ Ctrl +[확인]을 클릭한다.

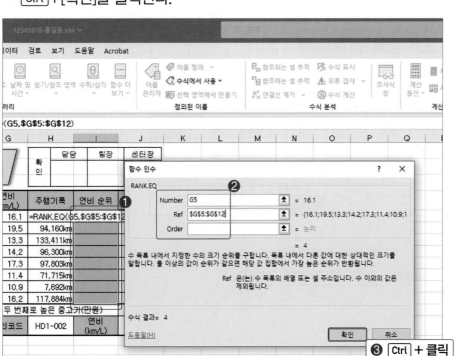

💬 함수 설명

=RANK.EQ(G5,$G$5:$G$12)
    ①   ②

① 「G5」 셀의 순위를
② 「G5:G12」 영역에서 구함

RANK.EQ(Number, Ref, [Order]) 함수

Number : 순위를 구하려는 셀
Ref : 목록의 범위
Order : 순위 결정 방법, 0이거나 생략하면 내림차순, 0이 아니면 오름차순

---

③ 「I5:I12」 영역이 블록 설정된 상태에서, 수식 입력줄에 『&"위"』를 이어서 입
력한다.

→ Ctrl + Enter 를 클릭한다.

🄑 기적의 TIP

셀 주소를 입력 후 F4 를 누
르면 절대주소로 바뀐다.

④ 직영점 「J5:J12」 영역을 블록 설정한다.

→『=IF(MID(B5,3,1)="1", "서울", IF(MID(B5,3,1)="2", "경기/인천", "기타"))』를 입력하고 Ctrl + Enter 를 누른다.

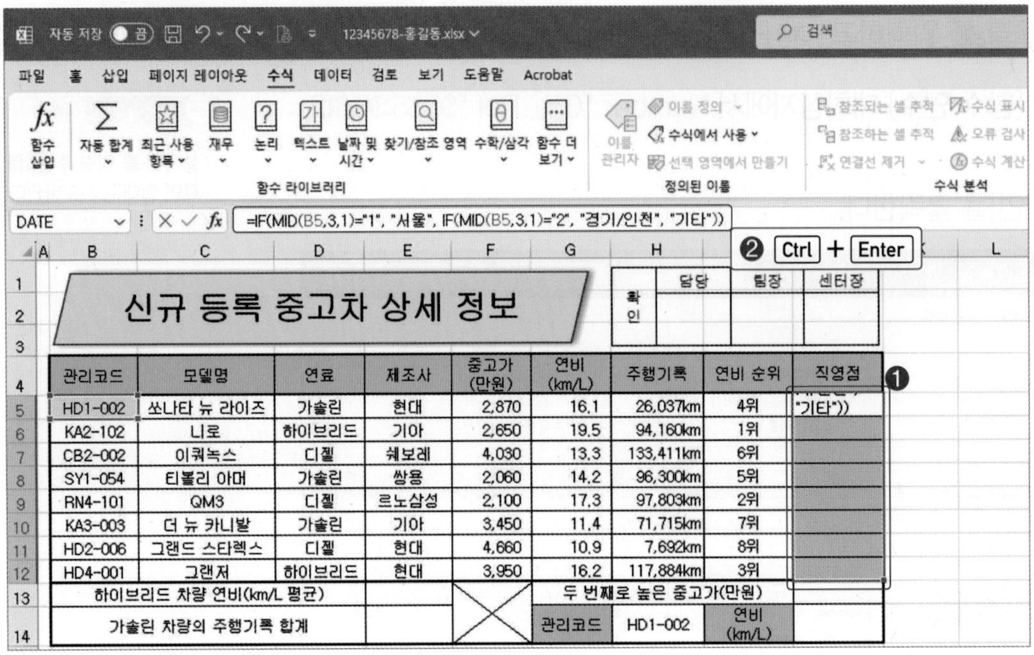

함수 설명

=IF(MID(B5,3,1)="1", "서울", IF(MID(B5,3,1)="2", "경기/인천", "기타"))
　　　　①　　　　　②　　　　　　③　　　　　　④　　　⑤

① 「B5」 셀의 세 번째 글자가 1인지 확인
② 1이 맞으면 "서울"을 반환
③ 아니면 다시 「B5」 셀의 세 번째 글자가 2인지 확인
④ 2가 맞으면 "경기/인천"을 반환
⑤ 아니면 "기타"를 반환

IF(Logical_test, Value_if_true, Value_if_false) 함수

Logical_test : 조건식
Value_if_true : 조건식이 참일 때 반환되는 것
Value_if_false : 조건식이 거짓일 때 반환되는 것

MID(Text, Start_num, Num_chars) 함수

Text : 추출할 문자가 들어 있는 텍스트
Start_num : 추출할 문자의 시작 위치
Num_chars : 추출할 문자의 수

⑤ 하이브리드 차량 연비 평균을 구하기 위해 「E13」 셀에 『=SUMIF』를 입력하고 Ctrl + A 를 누른다.

⑥ SUMIF의 [함수 인수] 대화상자에서 Range 『D5:D12』, Criteria 『하이브리드』, Sum_range 『G5:G12』를 입력한다.
→ [확인]을 클릭한다.

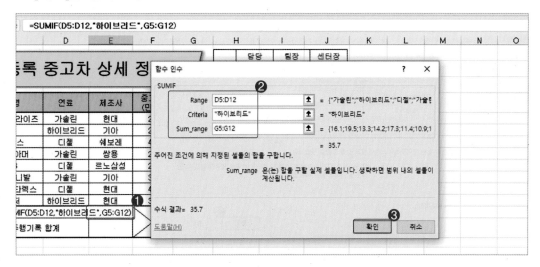

⑦ 「E13」 셀의 수식에 하이브리드의 개수를 구하여 나눗셈하는 『/COUNTIF(D5:D12, "하이브리드")』를 이어서 입력한다.

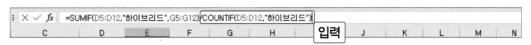

💬 함수 설명

=SUMIF(D5:D12,"하이브리드",G5:G12) / COUNTIF(D5:D12,"하이브리드")
　　　　　　　①　　　　　　　　　　　　　　　　②
① 「D5:D12」 영역에서 "하이브리드"를 찾아 해당하는 「G5:G12」 영역의 합계를 계산
② "하이브리드"의 개수를 구하여 나눗셈

SUMIF(Range, Criteria, Sum_range) 함수
Range : 조건을 적용할 셀 범위
Criteria : 조건
Sum_range : Range 인수에 지정되지 않은 범위를 추가

COUNTIF(Range, Criteria) 함수
⇒ 조건에 맞는 셀의 개수를 반환한다.

⑧ 「E13」 셀에 마우스 오른쪽 클릭하여 [셀 서식](⊞)을 클릭한다.
→ [셀 서식] 대화상자에서 범주 '숫자'를 선택하고 소수 자릿수 '1'로 설정한 후 [확인] 을 클릭한다.

⑨ 가솔린 차량의 주행기록 합계를 구하기 위해 「E14」 셀에 『=DSUM』를 입력하고 Ctrl + A 를 누른다.

⑩ DSUM의 [함수 인수] 대화상자에서 Database 『B4:H12』, Field 『7』, Criteria 『D4:D5』를 입력한다.
　→ [확인]을 클릭한다.

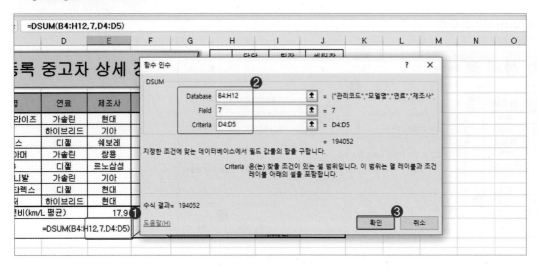

🗨 함수 설명

=DSUM(B4:H12, 7, D4:D5)
　　　　　　①　　②
① 「B4:H12」 영역의 7번째 열인 "주행기록"에서
② 연료가 "가솔린"인 것들의 합계를 계산

DSUM(Database, Field, Criteria) 함수

Database : 지정할 범위
Field : 함수에 사용되는 열 위치
Criteria : 조건이 있는 셀 범위

---

⑪ 「E14」 셀에 마우스 오른쪽 클릭하여 [셀 서식](🖼)을 클릭한다.
　→ [셀 서식] 대화상자에서 범주 '숫자'를 선택하고 1000 단위 구분 기호(,) 사용에 체크한 후 [확인]을 클릭한다.

⑫ 두 번째로 높은 중고가를 구하기 위해 「J13」 셀에 『=LARGE(중고가, 2)』를 입력한다.

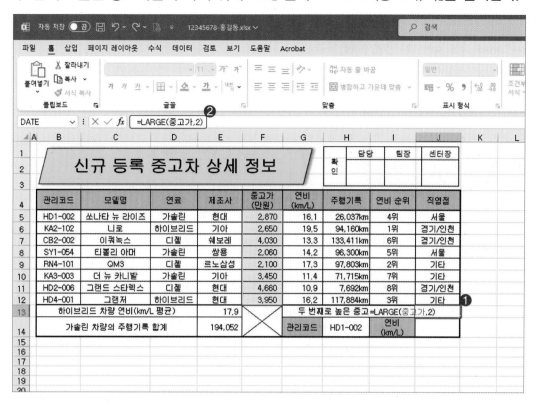

😀 함수 설명

=LARGE(중고가, 2)
           ①   ②

① 중고가로 이름 정의한 데이터 중에서
② 2번째로 큰 값을 반환

LARGE(Array, K) 함수

Array : 데이터 범위
K : 가장 큰 값을 기준으로 한 상대 순위

---

⑬ 「J13」 셀에 마우스 오른쪽 클릭하여 [셀 서식](📋)을 클릭한다.
→ [셀 서식] 대화상자에서 범주 '회계', 기호 '없음'을 설정한다.

⑭ 「J14」 셀에 『=VLOOKUP(H14,B5:G12,6,0)』을 입력한다.

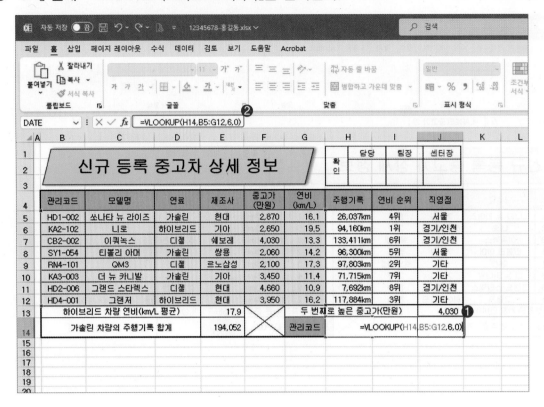

함수 설명

=VLOOKUP(H14,B5:G12,6,0)
     ①   ②

① 「H14」 셀의 값을 「B5:G12」 영역에서 조회하고
② 해당하는 행의 6번째 열인 "연비"의 값을 반환

VLOOKUP(Lookup_value, Table_array, Col_index_num, [Range_lookup]) 함수

Lookup_value : 조회하려는 값
Table_array : 조회할 값이 있는 범위
Col_index_num : 반환할 값이 있는 열
Range_lookup : 0(FALSE)이면 정확히 일치, 1(TRUE)이면 근사값 반환

① 「B5:J12」 영역을 블록 설정한다.

→ [홈] 탭 – [스타일] 그룹 – [조건부 서식](⊞)을 클릭하고 [새 규칙](⊞)을 클릭한다.

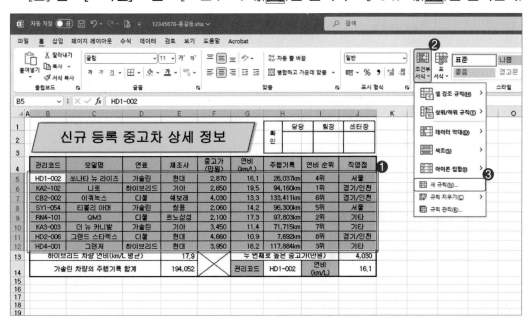

② [새 서식 규칙] 대화상자에서 '▶ 수식을 사용하여 서식을 지정할 셀 결정'을 클릭한다.

→ 『=$G5>=16』을 입력하고 [서식]을 클릭한다.

③ [셀 서식] 대화상자에서 글꼴 스타일을 '굵게', 색을 '파랑'으로 설정하고 [확인]을 클릭
한다.
→ 다시 [새 서식 규칙] 대화상자로 돌아오면 [확인]을 클릭한다.

④ G열 연비가 16 이상인 행에 서식이 적용된다.

A	B	C	D	E	F	G	H	I	J
1		신규 등록 중고차 상세 정보					확인	담당	팀장	센터장
2										
3										
4	관리코드	모델명	연료	제조사	중고가 (만원)	연비 (km/L)	주행기록	연비 순위	직영점
5	HD1-002	쏘나타 뉴 라이즈	가솔린	현대	2,870	16.1	26,037km	4위	서울
6	KA2-102	니로	하이브리드	기아	2,650	19.5	94,160km	1위	경기/인천
7	CB2-002	이쿼녹스	디젤	쉐보레	4,030	13.3	133,411km	6위	경기/인천
8	SY1-054	티볼리 아머	가솔린	쌍용	2,060	14.2	96,300km	5위	서울
9	RN4-101	QM3	디젤	르노삼성	2,100	17.3	97,803km	2위	기타
10	KA3-003	더 뉴 카니발	가솔린	기아	3,450	11.4	71,715km	7위	기타
11	HD2-006	그랜드 스타렉스	디젤	현대	4,660	10.9	7,692km	8위	경기/인천
12	HD4-001	그랜저	하이브리드	현대	3,950	16.2	117,884km	3위	기타
13	하이브리드 차량 연비(km/L 평균)				17.9		두 번째로 높은 중고가(만원)			4,030
14	가솔린 차량의 주행기록 합계				194,052		관리코드	HD1-002	연비 (km/L)	16.1

목표값 찾기 및 필터   **80**점

제2작업은 제1작업에서 작성한 데이터를 이용하여 목표값을 찾거나 조건 지정으로 필터링하는 형태의 문제가 출제된다.

SECTION 01   목표값 찾기

① "제1작업" 시트의 「B4:H12」 영역을 블록 설정한다.

→ [홈] 탭 - [클립보드] 그룹 - [복사]([📋])를 클릭한다([Ctrl]+[C]).

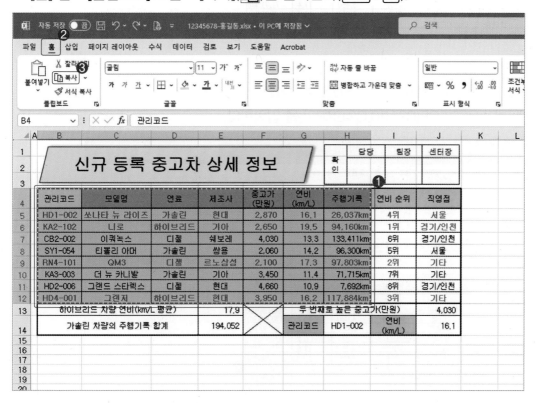

② "제2작업" 시트의 「B2」 셀에서 [붙여넣기]([📋])를 한다([Ctrl]+[V]).

→ [붙여넣기 옵션] - [원본 열 너비 유지]([📋])를 클릭한다.

③ 「B11:G11」 영역을 블록 설정한다.

→ [홈] 탭 – [맞춤] 그룹 – [병합하고 가운데 맞춤]( )을 클릭한다.

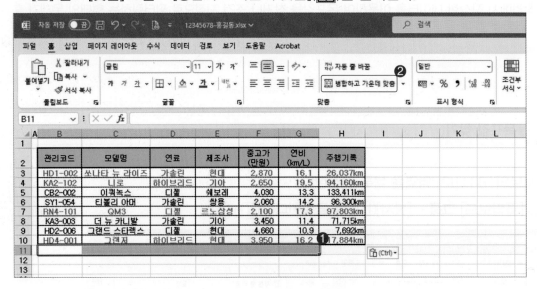

④ 병합한 셀에 『현대 자동차의 연비(km/L) 평균』을 입력한다.

→ 「H11」 셀에 『=DAVERAGE(B2:H10,G2,E2:E3)』을 입력한다.

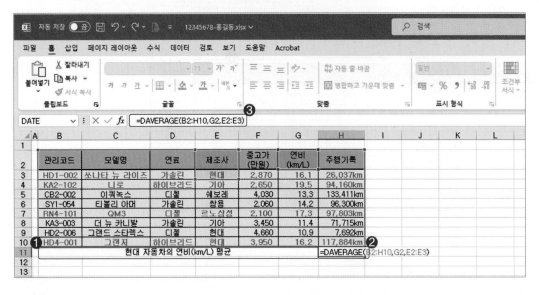

💬 함수 설명

=DAVERAGE(B2:H10,G2,E2:E3)
              ①   ②

① 「B2:H10」 영역의 「G2」 셀 열인 연비에서
② 제조사가 "현대"인 것들의 평균을 계산

DAVERAGE(Database, Field, Criteria) 함수

Database : 지정할 범위
Field : 함수에 사용되는 열 위치
Criteria : 조건이 있는 셀 범위

⑤ 「B11:H11」 영역을 블록 설정한다.

→ [홈] 탭 – [글꼴] 그룹 – [테두리]에서 [모든 테두리](⊞)를 클릭한다.

→ [맞춤] 그룹 – [가운데 맞춤](≡)을 클릭한다.

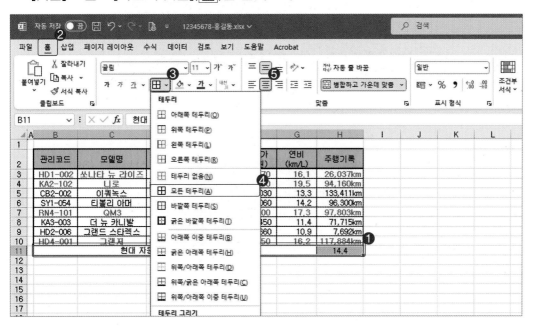

⑥ 「H11」 셀을 클릭한다.

→ [데이터] 탭 – [예측] 그룹 – [가상 분석](⊞)을 클릭하고 [목표값 찾기]를 클릭한다.

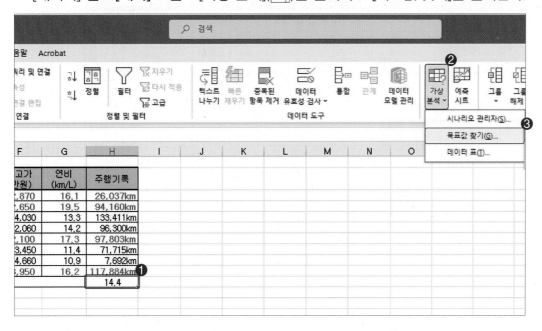

⑦ [목표값 찾기] 대화상자에서 수식 셀 『H11』, 찾는 값 『15』, 값을 바꿀 셀 『$G$3』을 입력
한다.
→ [확인]을 클릭한다.

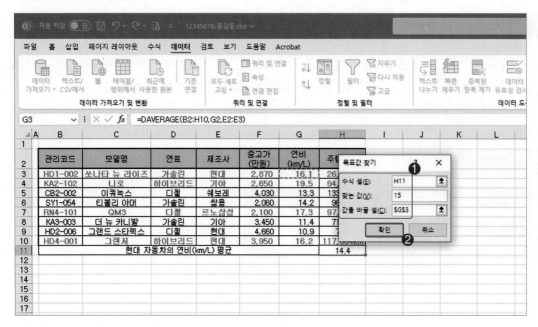

⑧ [목표값 찾기 상태] 대화상자가 나타나며 「G3」 셀의 값이 변경되면 [확인]을 클릭한다.

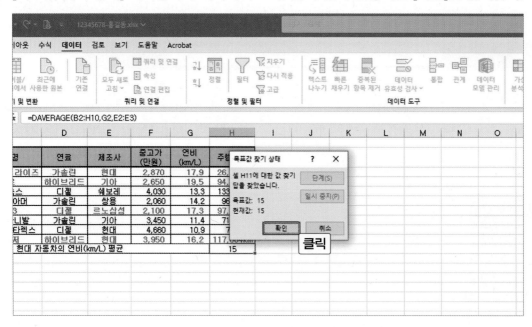

① `Ctrl`을 누른 채 「B2」 셀과 「H2」 셀을 클릭하여 복사(`Ctrl`+`C`) 한다.
→ 조건의 위치인 「B14」 셀에 붙여넣기(`Ctrl`+`V`) 한다.

| B14 | ▼ | : | × ✓ | fx | 관리코드 |

	A	B	C	D	E	F	G	H	I
1									
2		관리코드	모델명	연료	제조사	중고가 (만원)	연비 (km/L)	주행기록	
3		HD1-002	쏘나타 뉴 라이즈	가솔린	현대	2,870	17.9	26,037km	
4		KA2-102	니로	하이브리드	기아	2,650	19.5	94,160km	
5		CB2-002	이퀴녹스	디젤	쉐보레	4,030	13.3	133,411km	
6		SY1-054	티볼리 아머	가솔린	쌍용	2,060	14.2	96,300km	
7		RN4-101	QM3	디젤	르노삼성	2,100	17.3	97,803km	
8		KA3-003	더 뉴 카니발	가솔린	기아	3,450	11.4	71,715km	
9		HD2-006	그랜드 스타렉스	디젤	현대	4,660	10.9	7,692km	
10		HD4-001	그랜저	하이브리드	현대	3,950	16.2	117,884km	
11			현대 자동차의 연비(km/L) 평균					15	
12									
13									
14		관리코드	주행기록						
15									

❶ `Ctrl`+`C`
❷ `Ctrl`+`V`

② 「B15」 셀에 『K*』, 「C16」 셀에 『>=100000』을 입력한다.

| C16 | ▼ | : | × ✓ | fx | >=100000 |

	A	B	C	D	E	F	G	H	I
1									
2		관리코드	모델명	연료	제조사	중고가 (만원)	연비 (km/L)	주행기록	
3		HD1-002	쏘나타 뉴 라이즈	가솔린	현대	2,870	17.9	26,037km	
4		KA2-102	니로	하이브리드	기아	2,650	19.5	94,160km	
5		CB2-002	이퀴녹스	디젤	쉐보레	4,030	13.3	133,411km	
6		SY1-054	티볼리 아머	가솔린	쌍용	2,060	14.2	96,300km	
7		RN4-101	QM3	디젤	르노삼성	2,100	17.3	97,803km	
8		KA3-003	더 뉴 카니발	가솔린	기아	3,450	11.4	71,715km	
9		HD2-006	그랜드 스타렉스	디젤	현대	4,660	10.9	7,692km	
10		HD4-001	그랜저	하이브리드	현대	3,950	16.2	117,884km	
11			현대 자동차의 연비(km/L) 평균					15	
12									
13									
14		관리코드	주행기록						
15		K*							
16			>=100000						

입력

③ Ctrl 을 누른 채 「C2」, 「D2」, 「F2」, 「G2」 셀을 클릭하여 복사(Ctrl + C) 한다.

→ 복사 위치인 「B18」 셀에 붙여넣기(Ctrl + V) 한다.

④ 「B2:H10」 영역을 블록 설정한다.

→ [데이터] 탭 – [정렬 및 필터] 그룹 – [고급]( )을 클릭한다.

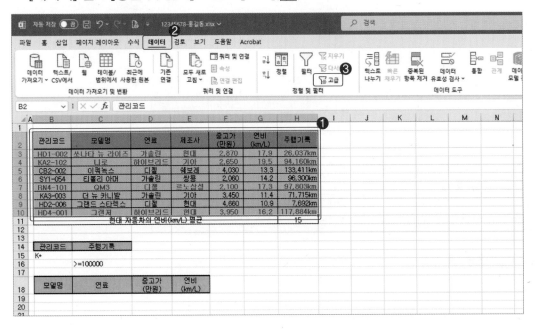

⑤ [고급 필터] 대화상자 – '결과'에서 [다른 장소에 복사]를 클릭한다.
   → 마우스 드래그로 조건 범위 「B14:C16」, 복사 위치 「B18:E18」을 지정하고 [확인]을
     클릭한다.

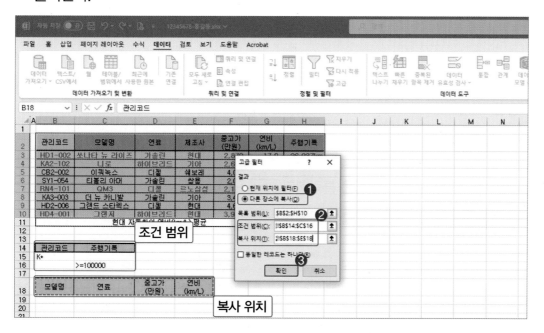

관리코드	모델명	연료	제조사	중고가 (만원)	연비 (km/L)	주행기록
HD1-002	쏘나타 뉴 라이즈	가솔린	현대	2,870	17.9	26,037km
KA2-102	니로	하이브리드	기아	2,650	19.5	94,160km
CB2-002	이쿼녹스	디젤	쉐보레	4,030	13.3	133,411km
SY1-054	티볼리 아머	가솔린	쌍용	2,060	14.2	96,300km
RN4-101	QM3	디젤	르노삼성	2,100	17.3	97,803km
KA3-003	더 뉴 카니발	가솔린	기아	3,450	11.4	71,715km
HD2-006	그랜드 스타렉스	디젤	현대	4,660	10.9	7,692km
HD4-001	그랜저	하이브리드	현대	3,950	16.2	117,884km
현대 자동차의 연비(km/L) 평균						15

관리코드	주행기록
K*	
	>=100000

모델명	연료	중고가 (만원)	연비 (km/L)
니로	하이브리드	2,650	19.5
이쿼녹스	디젤	4,030	13.3
더 뉴 카니발	가솔린	3,450	11.4
그랜저	하이브리드	3,950	16.2

제3작업에서는 제1작업에서 작성한 데이터를 이용하여 특정 필드에 대한 합계, 평균 등을 구하고 정렬하는 문제가 출제된다.

SECTION 01 　정렬

① "제1작업" 시트의 「B4:H12」 영역을 블록 설정한다.

→ [홈] 탭 – [클립보드] 그룹 – [복사]( )를 클릭한다(Ctrl + C).

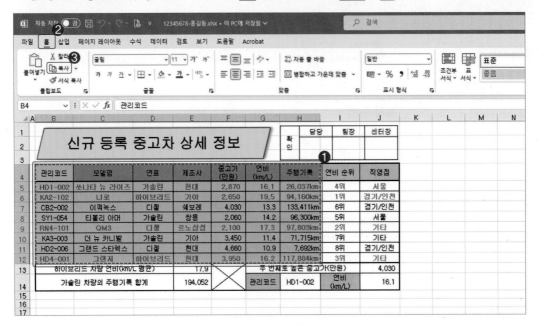

② "제3작업" 시트의 「B2」 셀에서 [붙여넣기]( )를 한다(Ctrl + V).

→ [붙여넣기 옵션] – [원본 열 너비 유지]( )를 클릭한다.

③ 연료 「D2」 셀을 클릭한다.

→ [데이터] 탭 – [정렬 및 필터] 그룹 – [텍스트 내림차순 정렬](흭↓)을 클릭한다.

ⓑ 기적의 TIP

출력형태에서 평균, 개수 등이 보여지는 열이 정렬 기준이 된다.

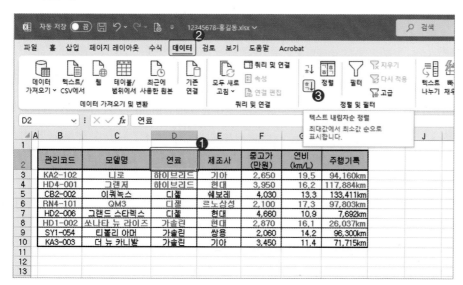

SECTION 02 부분합

① 「B2:H10」 영역에 셀 포인터를 둔다.

→ [데이터] 탭 – [개요] 그룹 – [부분합](▦)을 클릭한다.

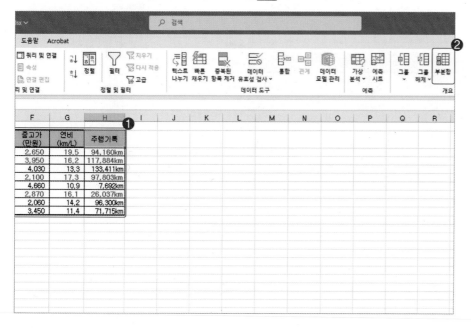

② [부분합] 대화상자에서 그룹화할 항목에 '연료', 사용할 함수에 '개수', 부분합 계산 항목에 '제조사'를 선택하고 [확인]을 클릭한다.

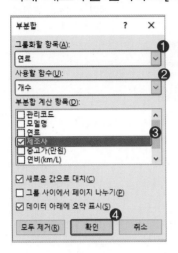

③ 다시, [데이터] 탭 – [개요] 그룹 – [부분합](▦)을 클릭한다.

④ [부분합] 대화상자에서 사용할 함수에 '평균', 부분합 계산 항목에 '중고가(만원)'을 선택한다.
→ 새로운 값으로 대치를 체크 해제하고 [확인]을 클릭한다.

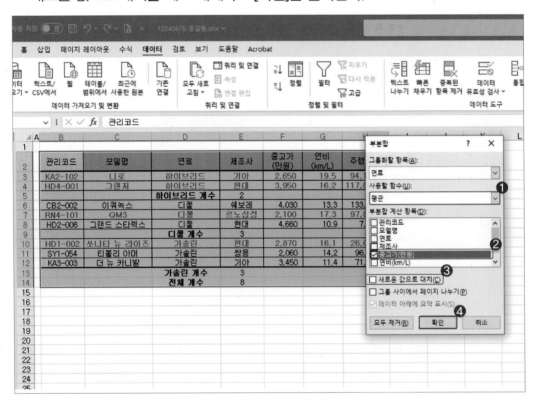

⑤ [데이터] 탭 – [개요] 그룹 – [그룹 해제](🔲)에서 [개요 지우기]를 클릭한다.

⑥ 열 너비 등을 조절한다.

관리코드	모델명	연료	제조사	중고가 (만원)	연비 (km/L)	주행기록
KA2-102	니로	하이브리드	기아	2,650	19.5	94,160km
HD4-001	그랜저	하이브리드	현대	3,950	16.2	117,884km
		하이브리드 평균		3,300		
		하이브리드 개수	2			
CB2-002	이쿼녹스	디젤	쉐보레	4,030	13.3	133,411km
RN4-101	QM3	디젤	르노삼성	2,100	17.3	97,803km
HD2-006	그랜드 스타렉스	디젤	현대	4,660	10.9	7,692km
		디젤 평균		3,597		
		디젤 개수	3			
HD1-002	쏘나타 뉴 라이즈	가솔린	현대	2,870	16.1	26,037km
SY1-054	티볼리 아머	가솔린	쌍용	2,060	14.2	96,300km
KA3-003	더 뉴 카니발	가솔린	기아	3,450	11.4	71,715km
		가솔린 평균		2,793		
		가솔린 개수	3			
		전체 평균		3,221		
		전체 개수	8			

제4작업은 제1작업에서 작성한 데이터를 이용하여 차트로 표현하는 능력을 평가한다.
차트의 종류, 서식, 옵션, 범례 등을 다루는 형태가 출제된다.

SECTION 01 차트 작성

① "제1작업" 시트의 「C4:C5」 영역을 블록 설정한다.
→ Ctrl 을 누른 채 「C7:C11」, 「G4:G5」, 「G7:G11」, 「H4:H5」, 「H7:H11」 영역을 블록 설
정한다.

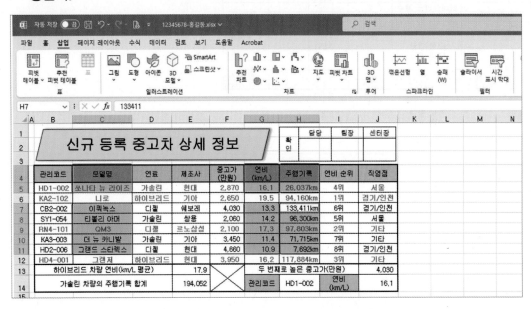

② [삽입] 탭 – [차트] 그룹 – [2차원 묶은 세로 막대형](📊)을 클릭한다.

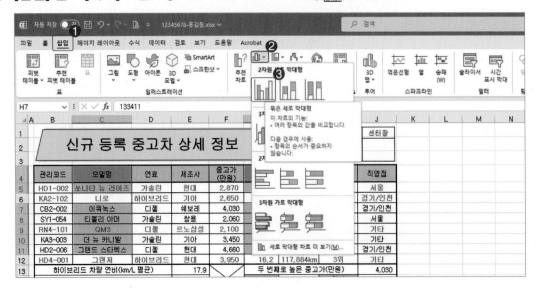

③ [차트 디자인] 탭 – [차트 이동](⊞)을 클릭한다.
  → [차트 이동] 대화상자에서 '새 시트'를 선택하고 『제4작업』을 입력한 후 [확인]을
    클릭한다.

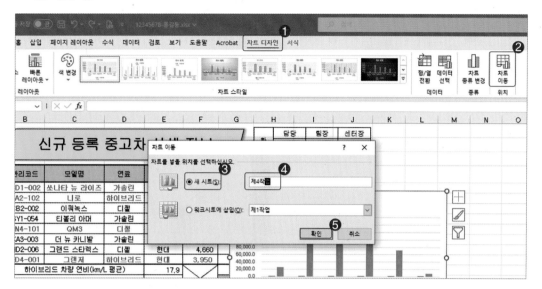

④ "제4작업" 시트를 마우스 드래그하여 제일 끝으로 이동한다.

SECTION 02 차트 디자인, 영역 서식, 제목 서식

---

① [차트 디자인] 탭 – [빠른 레이아웃](⊞) – [레이아웃 3](⊞)을 클릭한다.
  → [스타일 1]을 클릭한다.

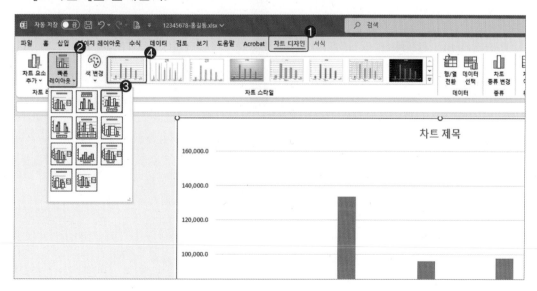

② 차트 영역을 선택하고 [홈] 탭 – [글꼴] 그룹에서 글꼴 '굴림', 크기 '11'을 설정한다.

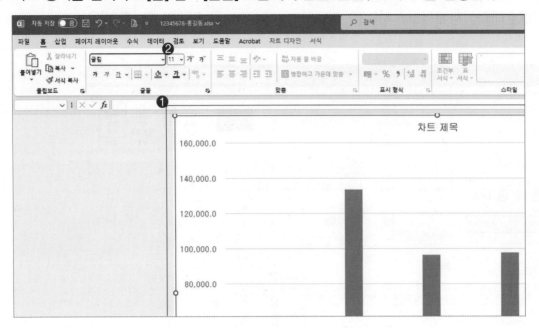

③ [서식] 탭 – [현재 선택 영역] 그룹 – [선택 영역 서식](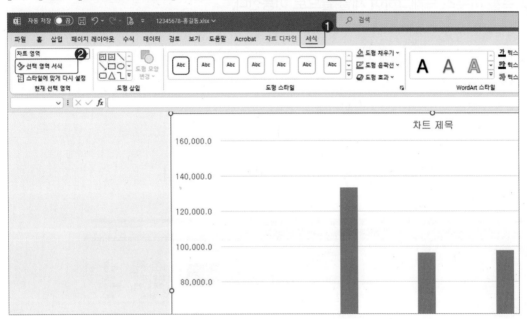)을 클릭한다.

④ [차트 영역 서식] 사이드바에서 채우기 '그림 또는 질감 채우기'를 선택한다.

→ [질감]() – [분홍 박엽지]를 설정한다.

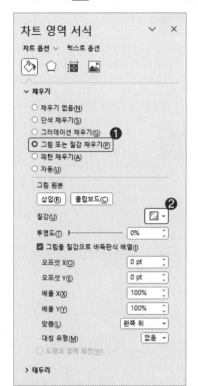

⑤ [서식] 탭 – [현재 선택 영역] 그룹에서 [그림 영역]을 선택한다.

→ 채우기 '단색 채우기'를 선택하고 [색](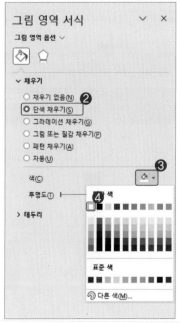) – [흰색, 배경 1]을 설정한다.

⑥ 차트 제목에 『가솔린 및 디젤 차량 현황』을 입력한다.

→ 글꼴 '굴림', 크기 '20', [굵게] 설정한다.

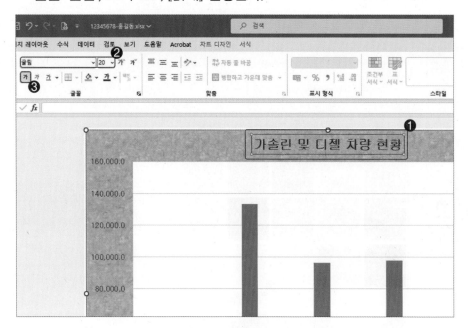

⑦ [서식] 탭 – [도형 스타일] 그룹 – [도형 채우기](🎨)를 클릭하고 '흰색, 배경 1'을 설정한다.

→ [도형 윤곽선](✏️)을 클릭하고 '검정'을 설정한다.

🅑 기적의 TIP

문제의 조건에서 테두리 색을 지정하지 않았으므로 검정과 같이 적당히 구분되는 색을 설정한다.

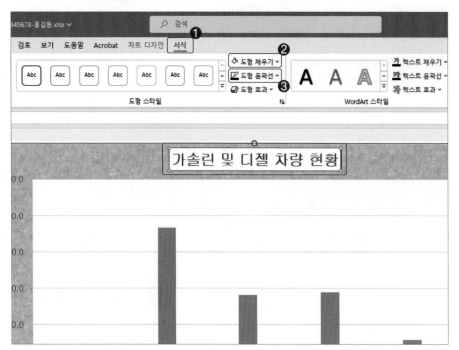

① [차트 디자인] 탭 – [차트 종류 변경](▮▮)을 클릭한다.

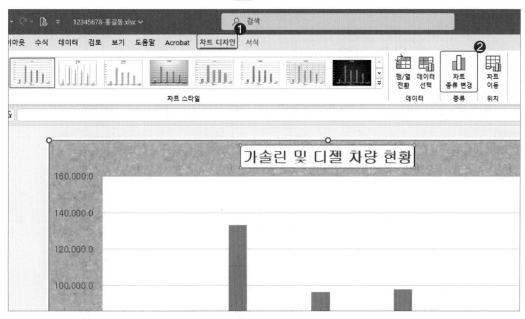

② [차트 종류 변경] 대화상자에서 '혼합'을 클릭한다.

→ 연비(km/L)의 차트 종류를 '표식이 있는 꺾은선형'으로 설정하고 '보조 축'에 체크한다.

→ 주행기록의 차트 종류를 '묶은 세로 막대형'으로 설정한다.

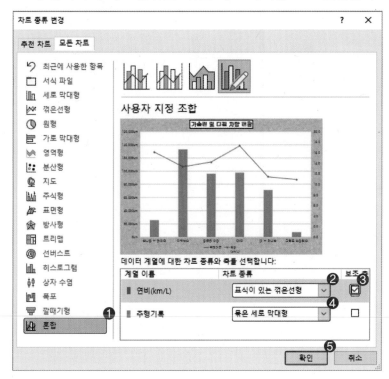

① 연비(km/L) 계열을 선택한다.

→ 마우스 오른쪽 클릭하고 [데이터 계열 서식]을 클릭한다.

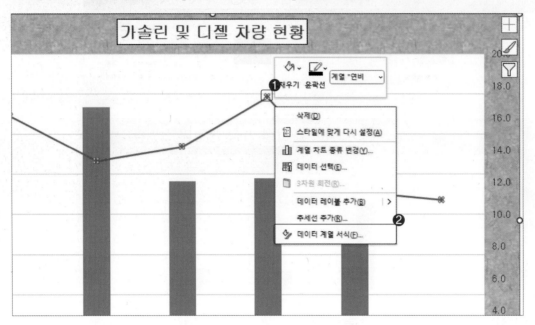

② [채우기 및 선](🖌) – 표식(📈) – 표식 옵션을 클릭한다.

→ 형식 '마름모', 크기 '10'을 설정한다.

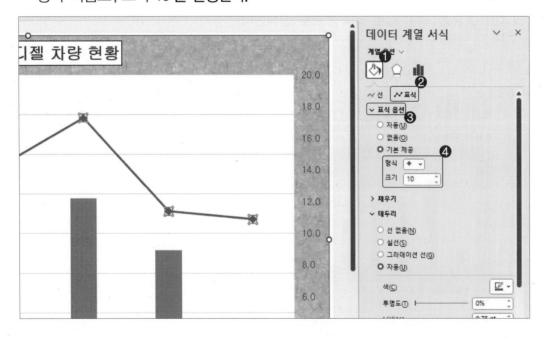

③ 연비(km/L) 계열의 'QM3' 요소만 두 번 클릭하여 선택한다.

　　→ [차트 요소 추가](■) – [데이터 레이블](■) – [위쪽](■)을 클릭한다.

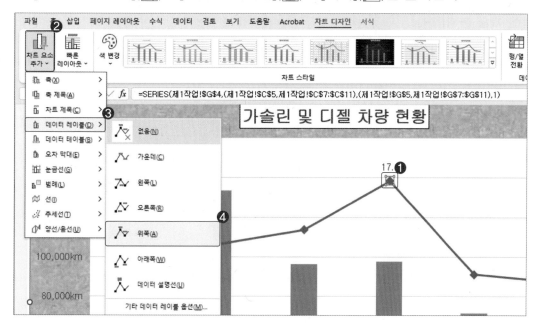

④ 주행기록 계열을 선택한다.

　　→ 마우스 오른쪽 클릭하고 [데이터 계열 서식]을 클릭한다.

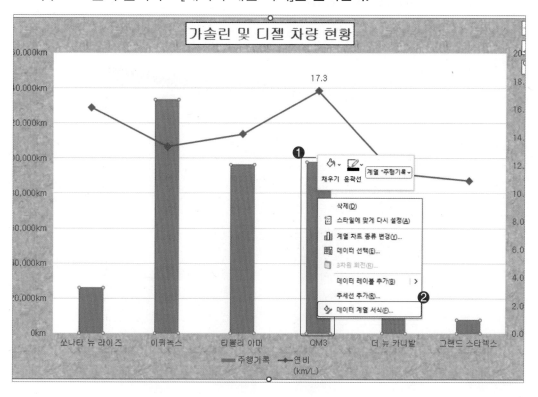

⑤ 간격 너비를 ≪출력형태≫를 참고하여 적당히 조절한다.

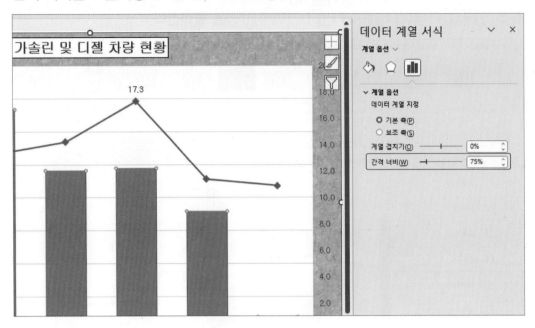

서식 (눈금선)

① 눈금선을 선택하여 마우스 오른쪽 클릭하고 [눈금선 서식](▮)을 클릭한다.

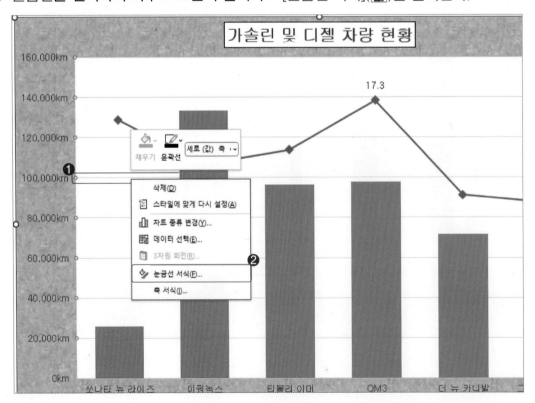

② [주 눈금선 서식] 사이드바에서 선 색 '검정', 대시 종류 '파선'을 설정한다.

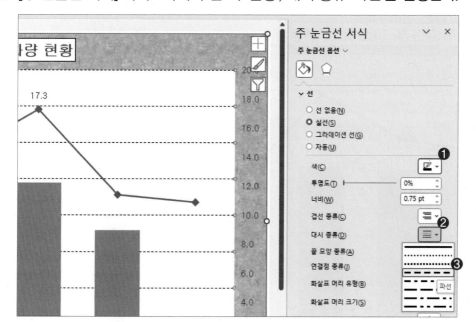

SECTION 06 서식 (축, 데이터 계열)

① 세로 (값) 축을 클릭한다.

→ [서식] 탭 – [도형 스타일] 그룹 – [도형 윤곽선](🔲)을 클릭하고 '검정'을 설정한다.

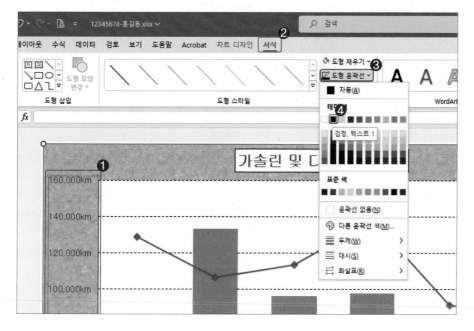

② 보조 세로 (값) 축과 가로 (항목) 축도 [도형 윤곽선](▨)을 설정한다.

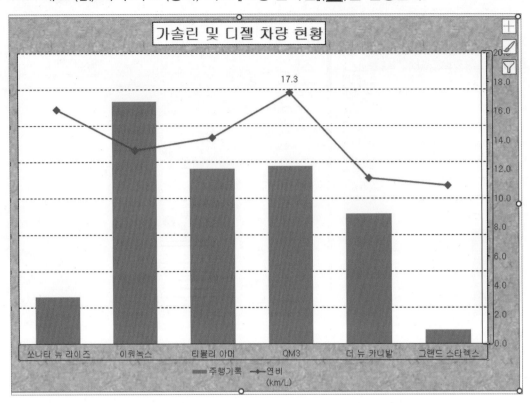

③ 보조 세로 (값) 축을 더블클릭하여 축 서식 사이드바를 연다.

→ 축 옵션 − 단위 '기본'에 『5.0』을 입력한다.

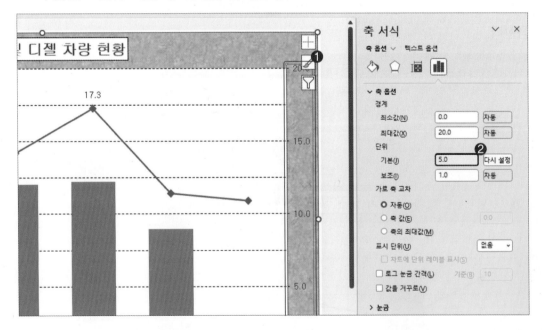

① [차트 디자인] 탭 – [데이터] 그룹 – [데이터 선택](📊)을 클릭한다.

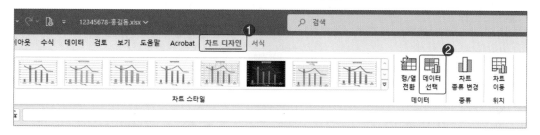

② [데이터 원본 선택] 대화상자에서 범례 항목(계열) '연비(km/L)'를 선택하고 [편집]을 클릭한다.

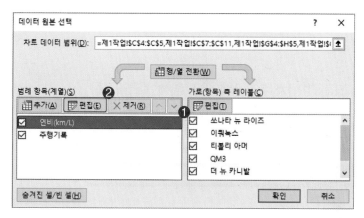

③ [계열 편집] 대화상자에서 계열 이름에 『연비(km/L)』를 입력하고 [확인]을 클릭한다.

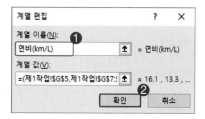

④ 다시 [데이터 원본 선택] 대화상자로 돌아오면 [확인]을 클릭한다.
→ 범례의 연비(km/L)가 한 줄로 변경된 것을 확인한다.

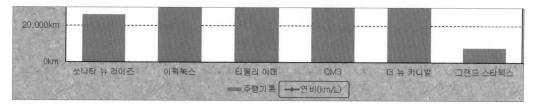

① [삽입] 탭 – [일러스트레이션] 그룹 – [도형](🔘)을 클릭하고 [말풍선: 모서리가 둥근 사각형]을 클릭한다.

② 도형을 그리고 『최고 연비』를 입력한다.

→ [홈] 탭 – [글꼴] 그룹에서 글꼴 '굴림', 크기 '11', [채우기 색](🔽) '흰색', [글꼴 색](🔽) '검정'을 설정한다.

→ [맞춤] 그룹에서 가로와 세로 모두 [가운데 맞춤](☰, ☰)을 클릭한다.

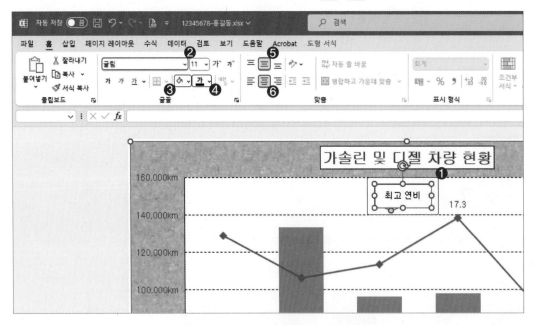

③ 노란색 조절점을 움직여 도형의 모양을 조절한다.

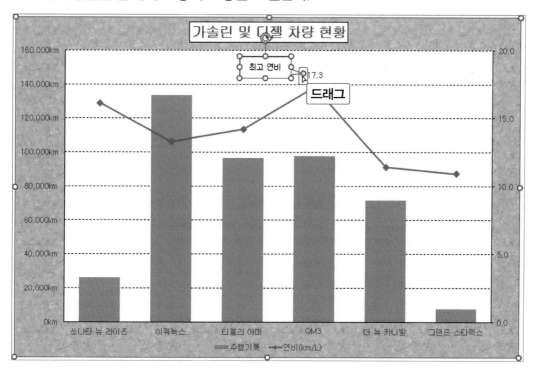

과목	코드	문제유형	시험시간	수험번호	성명
한글엑셀	1122	A	60분		

수험자 유의사항

- 수험자는 문제지를 받는 즉시 문제지와 **수험표상의 시험과목(프로그램)이 동일한지 반드시 확인**하여야 합니다.
- 파일명은 본인의 "수험번호-성명"으로 입력하여 답안폴더(내 PC₩문서₩ITQ)에 하나의 파일로 저장해야 하며, 답안문서 파일명이 "수험번호-성명"과 일치하지 않거나, 답안파일을 전송하지 않아 미제출로 처리될 경우 실격 처리합니다(예: 12345678-홍길동.xlsx).
- 답안 작성을 마치면 파일을 저장하고, '답안 전송' 버튼을 선택하여 감독위원 PC로 답안을 전송하십시오. 수험생 정보와 저장한 파일명이 다를 경우 전송되지 않으므로 주의하시기 바랍니다.
- 답안 작성 중에도 **주기적으로 저장하고, '답안 전송'**하여야 문제 발생을 줄일 수 있습니다. 작업한 내용을 저장하지 않고 전송할 경우 이전에 저장된 내용이 전송되니 이점 유의하시기 바랍니다.
- 답안문서는 지정된 경로 외의 다른 보조기억장치에 저장하는 경우, 지정된 시험 시간 외에 작성된 파일을 활용할 경우, 기타 통신수단(이메일, 메신저, 네트워크 등)을 이용하여 타인에게 전달 또는 외부 반출하는 경우는 부정 처리합니다.
- 시험 중 부주의 또는 고의로 시스템을 파손한 경우는 수험자가 변상해야 하며, 〈수험자 유의사항〉에 기재된 방법대로 이행하지 않아 생기는 불이익은 수험생 당사자의 책임임을 알려 드립니다.
- 문제의 조건은 MS오피스 2021 버전으로 설정되어 있으며 MS오피스 2016은【 】에 표기되어 있습니다. 이와 관련하여 작성한 답안의 출력형태가 문제지와 다를 수 있습니다.
- 시험을 완료한 수험자는 답안파일이 전송되었는지 확인한 후 감독위원의 지시에 따라 문제지를 제출하고 퇴실합니다.

답안 작성요령

- 온라인 답안 작성 절차
  수험자 등록 ⇒ 시험 시작 ⇒ 답안파일 저장 ⇒ 답안 전송 ⇒ 시험 종료
- 문제는 총 4단계, 즉 제1작업부터 제4작업까지 구성되어 있으며 반드시 제1작업부터 순서대로 작성하고 조건대로 작업하시오.
- 모든 작업시트의 A열은 열 너비 '1'로, 나머지 열은 적당하게 조절하시오.
- 모든 작업시트의 테두리는 《출력형태》와 같이 작업하시오.
- 해당 작업란에서는 각각 제시된 조건에 따라 《출력형태》와 같이 작업하시오.
- 답안 시트 이름은 "제1작업", "제2작업", "제3작업", "제4작업"이어야 하며 답안 시트 이외의 것은 감점 처리됩니다.
- 각 시트를 파일로 나누어 작업해서 저장할 경우 실격 처리됩니다.

다음은 '프랜차이즈 창업 현황'에 대한 자료이다. 자료를 입력하고 조건에 맞도록 작업하시오.

출력형태										

프랜차이즈 창업 현황

코드	창업주	창업일	항목	창업비용(원)	인테리어 경비	국산재료 사용비율	지역	비고
K2661	한사랑	2023-01-15	핫도그	45,000,000	10,000	95.0%	(1)	(2)
K3968	홍준표	2023-02-01	떡갈비	50,000,000	15,000	80.0%	(1)	(2)
T1092	한예지	2023-01-10	핫도그	60,000,000	18,000	88.5%	(1)	(2)
K2154	이소영	2023-01-15	떡갈비	55,455,500	20,000	75.5%	(1)	(2)
P1514	임용균	2023-02-01	떡볶이	38,500,000	8,000	70.0%	(1)	(2)
P2603	임유나	2023-02-05	떡볶이	45,500,000	12,000	85.0%	(1)	(2)
T1536	조형준	2023-01-17	떡갈비	62,550,000	19,500	82.5%	(1)	(2)
K3843	김유진	2023-02-01	핫도그	40,000,000	9,500	92.5%	(1)	(2)
핫도그 창업 개수			(3)		최대 인테리어 경비			(5)
떡볶이 창업비용(원) 평균			(4)		코드	K2661	인테리어 경비	(6)

(결재: 담당 / 부장 / 대표)

조건

- 모든 데이터의 서식에는 글꼴(굴림, 11pt), 정렬은 숫자 및 회계 서식은 오른쪽 정렬, 나머지 서식은 가운데 정렬로 작성하며 예외적인 것은 ≪출력형태≫를 참조하시오.
- 제목 ⇒ 도형(배지)과 그림자(오프셋 오른쪽 아래)를 이용하여 작성하고 "프랜차이즈 창업 현황"을 입력한 후 다음 서식을 적용하시오
  (글꼴 – 굴림, 24pt, 검정, 굵게, 채우기 – 노랑).
- 임의의 셀에 결재란을 작성하여 그림으로 복사 기능을 이용하여 붙이기 하시오(단, 원본 삭제).
- 「B4:J4, G14, I14」 영역은 '주황'으로 채우기 하시오.
- 유효성 검사를 이용하여 「H14」 셀에 코드(「B5:B12」 영역)가 선택 표시되도록 하시오.
- 셀 서식 ⇒ 「G5:G12」 영역에 셀 서식을 이용하여 숫자 뒤에 '천원'을 표시하시오
  (예 : 10,000천원).
- 「E5:E12」 영역에 대해 '항목'으로 이름정의를 하시오.

(1)~(6) 셀은 반드시 주어진 함수를 이용하여 값을 구하시오(결과값을 직접 입력하면 해당 셀은 0점 처리됨).

(1) 지역 ⇒ 코드의 두 번째 값이 1이면 '안산', 2이면 '부천', 3이면 '안양'으로 표시하시오(CHOOSE, MID 함수).

(2) 비고 ⇒ 국산재료 사용비율의 내림차순 순위를 구하시오(RANK.EQ 함수).

(3) 핫도그 창업 개수 ⇒ 결과값에 '개'를 붙이시오. 단, 조건은 입력데이터를 이용하시오
  (DCOUNTA 함수, & 연산자)(예 : 1개).

(4) 떡볶이 창업비용(원) 평균 ⇒ 정의된 이름(항목)을 이용하여 구하시오(SUMIF, COUNTIF 함수).

(5) 최대 인테리어 경비 ⇒ (MAX 함수)

(6) 인테리어 경비 ⇒ 「H14」 셀에서 선택한 코드에 대한 인테리어 경비를 구하시오(VLOOKUP 함수).

(7) 조건부 서식의 수식을 이용하여 창업비용(원)이 '60,000,000' 이상인 행 전체에 다음의 서식을 적용하시오
  (글꼴 : 파랑, 굵게).

"제1작업" 시트의 「B4:H12」 영역을 복사하여 **"제2작업"** 시트의 「B2」 셀부터 모두 붙여넣기를 한 후 다음의 조건과 같이 작업하시오.

조건	(1) 고급 필터 – 코드가 'T'로 시작하거나, 인테리어 경비가 '10,000' 이하인 자료의 코드, 항목, 창업비용(원), 인테리어 경비 데이터만 추출하시오.
	     – 조건 범위 : 「B14」 셀부터 입력하시오.
	     – 복사 위치 : 「B18」 셀부터 나타나도록 하시오.
	(2) 표 서식 – 고급필터의 결과셀을 채우기 없음으로 설정한 후 '표 스타일 보통 6'의 서식을 적용하시오.
	     – 머리글 행, 줄무늬 행을 적용하시오.

"제1작업" 시트를 이용하여 **"제3작업"** 시트에 조건에 따라 ≪출력형태≫와 같이 작업하시오.

조건	(1) 창업비용(원) 및 항목의 코드의 개수와 인테리어 경비의 평균을 구하시오. (2) 창업비용(원)을 그룹화하고, 항목을 ≪출력형태≫와 같이 정렬하시오. (3) 레이블이 있는 셀 병합 및 가운데 맞춤 적용 및 빈 셀은 '**'로 표시하시오. (4) 행의 총합계는 지우고, 나머지 사항은 ≪출력형태≫에 맞게 작성하시오.

출력형태

A	B	C	D	E	F	G	H
1							
2		항목 ↓					
3			핫도그		떡볶이		떡갈비	
4	창업비용(원) ▼	개수 : 코드	평균 : 인테리어 경비	개수 : 코드	평균 : 인테리어 경비	개수 : 코드	평균 : 인테리어 경비
5	30000001-45000000	2	9,750	1	8,000	**	**
6	45000001-60000000	1	18,000	1	12,000	2	17,500
7	60000001-75000000	**	**	**	**	1	19,500
8	총합계	3	12,500	2	10,000	3	18,167

"제1작업" 시트를 이용하여 조건에 따라 ≪출력형태≫와 같이 작업하시오.

조건	(1) 차트 종류 ⇒ 〈묶은 세로 막대형〉으로 작업하시오. (2) 데이터 범위 ⇒ "제1작업" 시트의 내용을 이용하여 작업하시오. (3) 위치 ⇒ "새 시트"로 이동하고, "제4작업"으로 시트 이름을 바꾸시오. (4) 차트 디자인 도구 ⇒ 레이아웃 3, 스타일 1을 선택하여 ≪출력형태≫에 맞게 작업하시오. (5) 영역 서식 ⇒ 차트 : 글꼴(굴림, 11pt), 채우기 효과(질감 – 파랑 박엽지) 　　　　　　　　　 그림 : 채우기(흰색, 배경1) (6) 제목 서식 ⇒ 차트 제목 : 글꼴(굴림, 굵게, 20pt), 채우기(흰색, 배경1), 테두리 (7) 서식 ⇒ 창업비용(원) 계열의 차트 종류를 〈표식이 있는 꺾은선형〉으로 변경한 후 보조 축으로 　　　　　 지정하시오. 　　　　　 계열 : ≪출력형태≫를 참조하여 표식(네모, 크기 10)과 레이블 값을 표시하시오. 　　　　　 눈금선 : 선 스타일 – 파선 　　　　　 축 : ≪출력형태≫를 참조하시오. (8) 범례 ⇒ 범례명을 변경하고 ≪출력형태≫를 참조하시오. (9) 도형 ⇒ '타원형 설명선'을 삽입한 후 ≪출력형태≫와 같이 내용을 입력하시오. (10) 나머지 사항은 ≪출력형태≫에 맞게 작성하시오.
출력형태	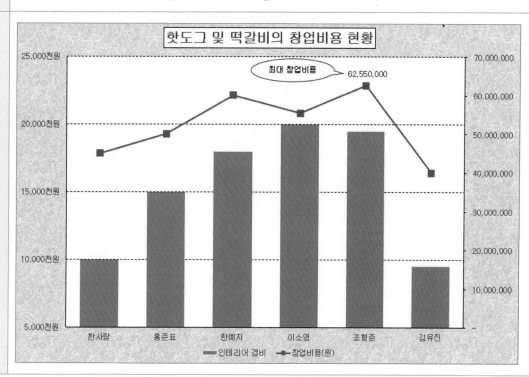

주의 시트명 순서가 차례대로 "제1작업", "제2작업", "제3작업", "제4작업"이 되도록 할 것

대표 기출 따라하기 02회 / 정답

정답파일 PART 02 대표 기출 따라하기₩대표기출02회_정답.xlsx

제 1 작업 | 표 서식 작성 및 값 계산

240점

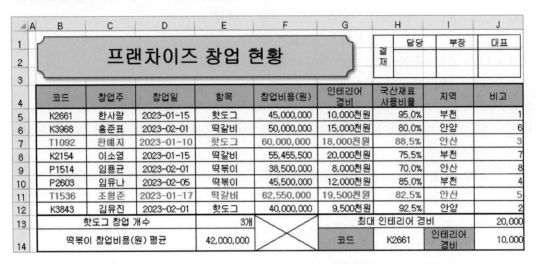

		프랜차이즈 창업 현황					결재	담당 / 부장 / 대표	
코드	창업주	창업일	항목	창업비용(원)	인테리어 경비	국산재료 사용비율	지역	비고	
K2661	한사랑	2023-01-15	핫도그	45,000,000	10,000천원	95.0%	부천	1	
K3968	홍준표	2023-02-01	떡갈비	50,000,000	15,000천원	80.0%	안양	6	
T1092	한예지	2023-01-10	핫도그	60,000,000	18,000천원	88.5%	안산	3	
K2154	이소영	2023-01-15	떡갈비	55,455,500	20,000천원	75.5%	부천	7	
P1514	임용균	2023-02-01	떡볶이	38,500,000	8,000천원	70.0%	안산	8	
P2603	임유나	2023-02-05	떡볶이	45,500,000	12,000천원	85.0%	부천	4	
T1536	조형준	2023-01-17	떡갈비	62,550,000	19,500천원	82.5%	안산	5	
K3843	김유진	2023-02-01	핫도그	40,000,000	9,500천원	92.5%	안양	2	
핫도그 창업 개수			3개		최대 인테리어 경비			20,000	
떡볶이 창업비용(원) 평균			42,000,000		코드	K2661	인테리어 경비	10,000	

번호	기준셀	수식
(1)	I5	=CHOOSE(MID(B5,2,1),"안산","부천","안양")
(2)	J5	=RANK.EQ(H5,$H$5:$H$12)
(3)	E13	=DCOUNTA(B4:H12,4,E4:E5)&"개"
(4)	E14	=SUMIF(항목,"떡볶이",F5:F12)/COUNTIF(항목,"떡볶이")
(5)	J13	=MAX(G5:G12)
(6)	J14	=VLOOKUP(H14,B5:G12,6,0)
(7)	B5:J12	새 서식 규칙 ? × 규칙 유형 선택(S): ▶ 셀 값을 기준으로 모든 셀의 서식 지정 ▶ 다음을 포함하는 셀만 서식 지정 ▶ 상위 또는 하위 값만 서식 지정 ▶ 평균보다 크거나 작은 값만 서식 지정 ▶ 고유 또는 중복 값만 서식 지정 ▶ 수식을 사용하여 서식을 지정할 셀 결정 규칙 설명 편집(E): 다음 수식이 참인 값의 서식 지정(O): =$F5>=60000000 미리 보기: 가나다AaBbCc 서식(F)... 확인 취소

PART 02 ● **188** ● 대표 기출 따라하기 02회 정답

	코드	창업주	창업일	항목	창업비용(원)	인테리어 경비	국산재료 사용비율
3	K2661	한사랑	2023-01-15	핫도그	45,000,000	10,000천원	95.0%
4	K3968	홍준표	2023-02-01	떡갈비	50,000,000	15,000천원	80.0%
5	T1092	한예지	2023-01-10	핫도그	60,000,000	18,000천원	88.5%
6	K2154	이소영	2023-01-15	떡갈비	55,455,500	20,000천원	75.5%
7	P1514	임용균	2023-02-01	떡볶이	38,500,000	8,000천원	70.0%
8	P2603	임유나	2023-02-05	떡볶이	45,500,000	12,000천원	85.0%
9	T1536	조형준	2023-01-17	떡갈비	62,550,000	19,500천원	82.5%
10	K3843	김유진	2023-02-01	핫도그	40,000,000	9,500천원	92.5%

	코드	인테리어 경비
15	T*	
16		<=10000

	코드	항목	창업비용(원)	인테리어 경비
19	K2661	핫도그	45,000,000	10,000천원
20	T1092	핫도그	60,000,000	18,000천원
21	P1514	떡볶이	38,500,000	8,000천원
22	T1536	떡갈비	62,550,000	19,500천원
23	K3843	핫도그	40,000,000	9,500천원

≪출력형태≫를 참고

정답파일 PART 02 대표 기출 따라하기₩대표기출02회_정답.xlsx

제 1 작업 표 서식 작성 및 값 계산   240점

제1작업은 표를 작성하고 조건에 따른 서식 변환 및 함수 사용 능력을 평가한다.
제1작업 데이터를 기반으로 다른 작업들이 이어지므로 정확히 작성하도록 한다.

SECTION 01 데이터 입력, 셀 서식, 테두리, 정렬

① 본 도서 [PART 01 – CHAPTER 01]의 답안 작성요령을 참고하여 글꼴
'굴림', 크기 '11'로 하고, 작업시트를 설정한다.
→ "수험번호–성명.xlsx"으로 저장한다.

② "제1작업" 시트에 ≪출력형태≫의 내용을 입력한다.

🔵 기적의 TIP

숫자 뒤에 %를 입력하면 자동으로 서식이 백분율 형태가 된다.

	A	B	C	D	E	F	G	H	I	J
1										
2										
3										
4	코드	창업주	창업일	항목		창업비용(	인테리어 경비	국산재료 사용비율	지역	비고
5	K2661	한사랑	2023-01-15	핫도그		45000000	10000	95.00%		
6	K3968	홍준표	2023-02-01	떡갈비		50000000	15000	80.00%		
7	T1092	한예지	2023-01-10	핫도그		60000000	18000	88.50%		
8	K2154	이소영	2023-01-15	떡갈비		55455500	20000	75.50%		
9	P1514	임용균	2023-02-01	떡볶이		38500000	8000	70.00%		
10	P2603	임유나	2023-02-05	떡볶이		45500000	12000	85.00%		
11	T1536	조형준	2023-01-17	떡갈비		62550000	19500	82.50%		
12	K3843	김유진	2023-02-01	핫도그		40000000	9500	92.50%		
13	핫도그 창업 개수						최대 인테리어 경비			
14	떡볶이 창업비용(원) 평균						코드		인테리어 경비	

③ '국산재료 사용비율'에 대한 셀 서식을 지정하기 위해 「H5:H12」 영역을 블록 설정한다.

　→ 마우스 오른쪽 클릭하여 [셀 서식](📇)을 클릭한다.

　→ [셀 서식] 대화상자 – [표시 형식] 탭에서 범주 '백분율', 소수 자릿수 '1'을 설정한다.

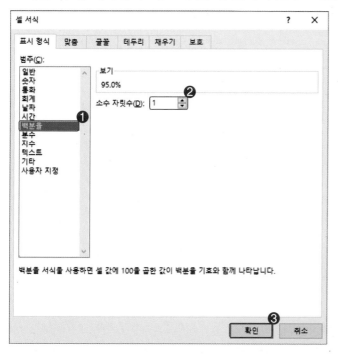

④ '인테리어 경비'가 입력된 「G5:G12」 영역을 블록 설정 후 [셀 서식](📇)을 연다.

　→ [셀 서식] 대화상자 – [표시 형식] 탭에서 범주 '사용자 지정', 형식 '#,##0'을 선택한다.

　→ 『"천원"』을 추가로 입력한 후 [확인]을 클릭한다.

⑤ '창업비용(원)'이 입력된 「F5:F12」 영역을 블록 설정 후 [셀 서식]()을 연다.
→ [셀 서식] 대화상자 – [표시 형식] 탭에서 범주 '회계', 기호 '없음'을 설정한다.

⑥ 「B13:D13」 영역을 마우스 드래그하여 블록 설정한다.
→ Ctrl 을 누른 채 「B14:D14」, 「F13:F14」, 「G13:I13」 영역을 각각 블록 설정한다.
→ [홈] 탭 – [맞춤] 그룹 – [병합하고 가운데 맞춤](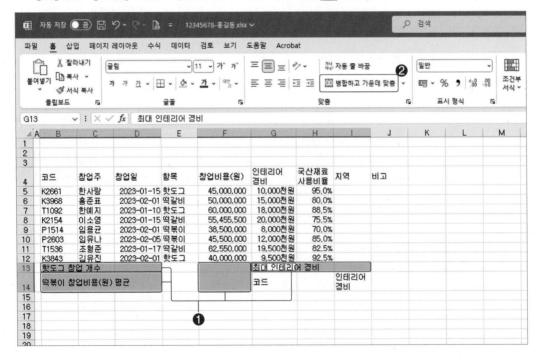)을 클릭한다.

⑦ 「B4:J4」 영역을 블록 설정한다.

→ [Ctrl]을 누른 채 「B5:J12」, 「B13:J14」 영역을 각각 블록 설정한다.

→ [홈] 탭 – [글꼴] 그룹 – [테두리]에서 [모든 테두리](⊞), [굵은 바깥쪽 테두리](▣)
를 클릭한다.

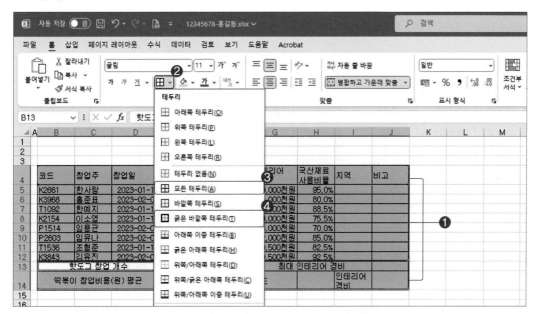

⑧ 「F13:F14」 영역을 클릭한다.

→ [테두리]에서 [다른 테두리](⊞)를 클릭하면 [셀 서식] 대화상자가 나타난다.

⑨ 선 스타일에서 [가는 실선](══)을 클릭한다.

→ 두 개의 [대각선](◺)(◹)을 각각 클릭하고 [확인]을 클릭한다.

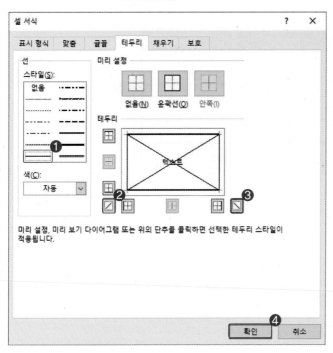

⑩ 행과 열의 머리글 경계선(⬍)(⬌)을 마우스 드래그하여 행 높이와 열 너비를 조절한다.

→ 숫자 영역은 [홈] 탭 – [맞춤] 그룹 – [오른쪽 맞춤](⬛), 나머지는 [가운데 맞춤](⬛)을 설정한다.

코드	창업주	창업일	항목	창업비용(원)	인테리어 경비	국산재료 사용비율	지역	비고
K2661	한사랑	2023-01-15	핫도그	45,000,000	10,000천원	95.0%		
K3968	홍준표	2023-02-01	떡갈비	50,000,000	15,000천원	80.0%		
T1092	한예지	2023-01-10	핫도그	60,000,000	18,000천원	88.5%		
K2154	이소영	2023-01-15	떡갈비	55,455,500	20,000천원	75.5%		
P1514	임용균	2023-02-01	떡볶이	38,500,000	8,000천원	70.0%		
P2603	임유나	2023-02-05	떡볶이	45,500,000	12,000천원	85.0%		
T1536	조형준	2023-01-17	떡갈비	62,550,000	19,500천원	82.5%		
K3843	김유진	2023-02-01	핫도그	40,000,000	9,500천원	92.5%		
핫도그 창업 개수					최대 인테리어 경비			
떡볶이 창업비용(원) 평균					코드		인테리어 경비	

⑪ 「B4:J4」, 「G14」, 「I14」 셀에 [홈] 탭 – [글꼴] 그룹 – [채우기 색](⬛)에서 '주황'을 설정한다.

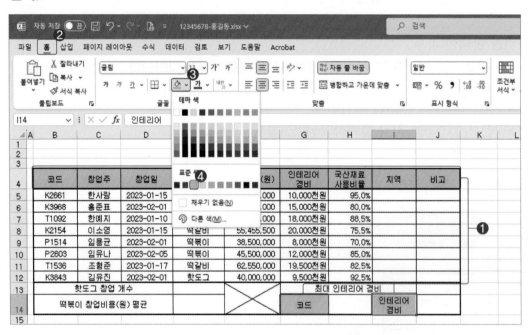

① 출력형태를 참고하여 도형이 들어갈 1~3행 높이를 적당히 조절한다.

② [삽입] 탭 – [일러스트레이션] 그룹 – [도형](🔾)을 클릭하고 [기본 도형] – [배지]를 클릭한다.

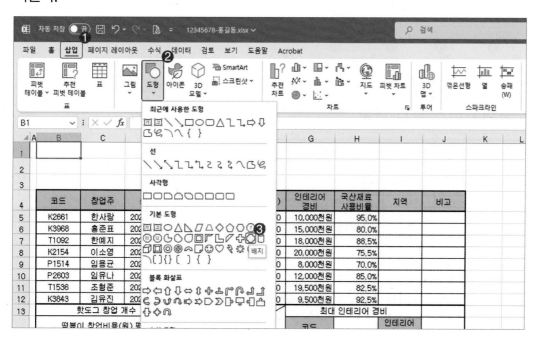

③ 마우스 포인터 모양이 +가 된 상태에서 「B1」 셀부터 「G3」 셀까지 드래그하여 도형을 그린다.

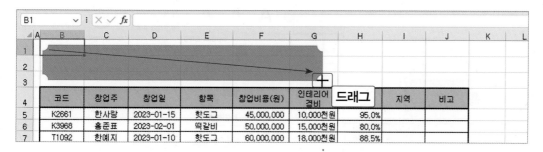

④ 도형에 『프랜차이즈 창업 현황』을 입력한다.

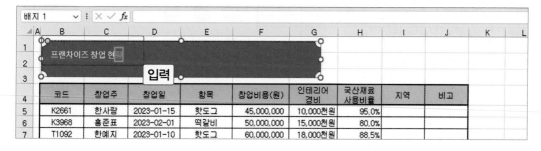

⑤ 도형의 배경색 부분을 클릭한다.

→ [홈] 탭 – [글꼴] 그룹에서 글꼴 '굴림', 크기 '24', [굵게], [채우기 색](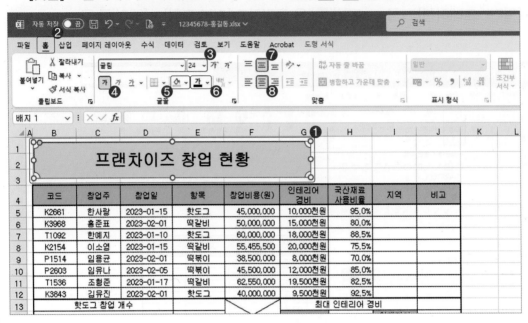) '노랑',
[글꼴 색]() '검정'을 설정한다.

→ [맞춤] 그룹에서 가로와 세로 모두 [가운데 맞춤](,)을 클릭한다.

⑥ [도형 서식] 탭 – [도형 스타일] 그룹 – [도형 효과](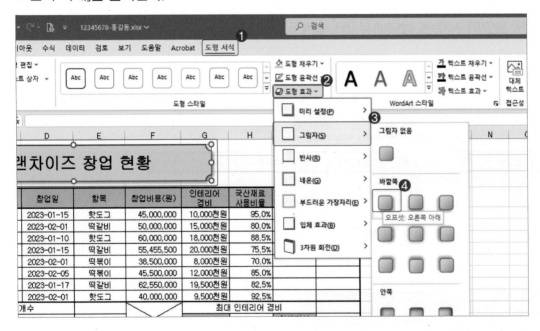)를 클릭하고 [그림자] – [오프셋:
오른쪽 아래]를 클릭한다.

① 결재란은 앞에 작성한 내용과 행이나 열이 겹치지 않는 셀에서 작성한다. 여기서는 「L16」 셀에서 작성한다.

② 『결재』가 입력될 두 개의 셀을 블록 설정한다.
  → [홈] 탭 – [맞춤] 그룹 – [병합하고 가운데 맞춤](⊞)을 클릭한다.

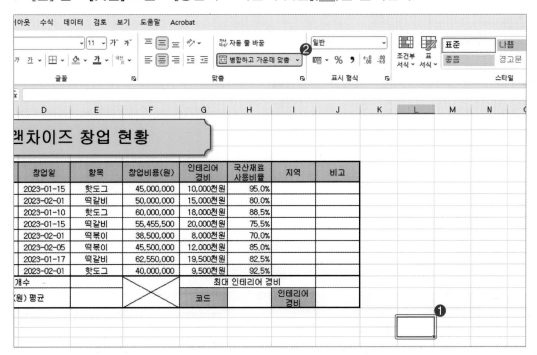

③ 『결재』를 입력한다.
  → [홈] 탭 – [맞춤] 그룹 – [방향](⬁)을 클릭하고 [세로 쓰기](⬐)를 클릭한다.

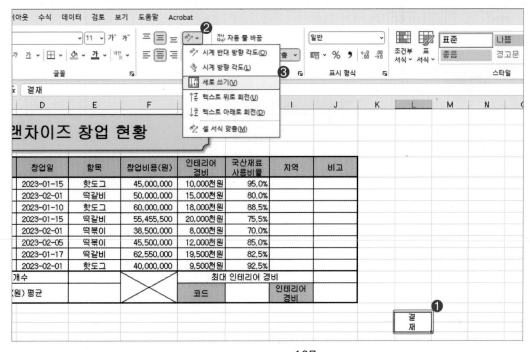

④ 텍스트를 모두 입력하고 행 높이와 열 너비를 조절한다.

　→ [홈] 탭 – [맞춤] 그룹 – [가운데 맞춤](三)을 클릭한다.

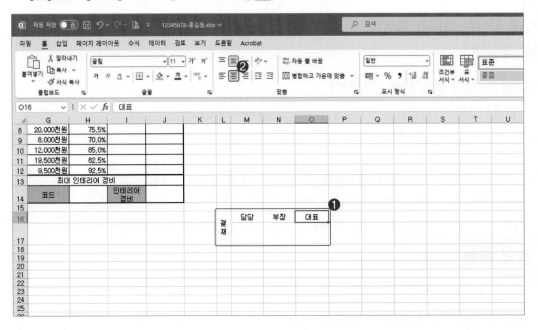

⑤ 결재란 영역을 모두 블록 설정한다.

　→ [홈] 탭 – [글꼴] 그룹 – [테두리]에서 [모든 테두리](田)를 클릭한다.

　→ [클립보드] 그룹 – [복사](🗈)에서 [그림으로 복사]를 클릭한다.

⑥ [그림 복사] 대화상자에서 [확인]을 클릭한다.

→ [홈] 탭 – [클립보드] 그룹 – [붙여넣기](📋)를 클릭한다.

→ 그림의 위치를 마우스 드래그하여 조절한다.

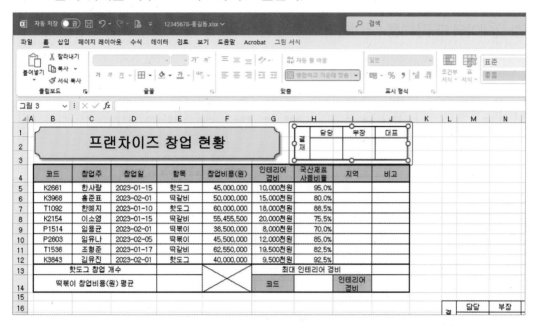

⑦ 기존 작업한 결재란 영역을 블록 설정한다.

→ [홈] 탭 – [셀] 그룹 – [삭제](📧)를 클릭한다.

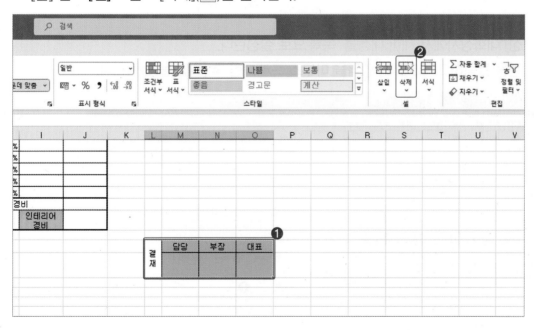

① 「H14」 셀을 클릭한다.

→ [데이터] 탭 – [데이터 도구] 그룹 – [데이터 유효성 검사](☑)를 클릭한다.

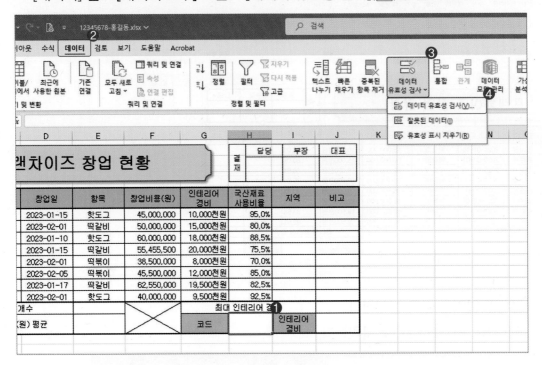

② [데이터 유효성] 대화상자에서 제한 대상을 '목록'으로 설정한다.

→ 원본 입력란을 클릭하고 「B5:B12」 영역을 마우스 드래그한 후 [확인]을 클릭한다.

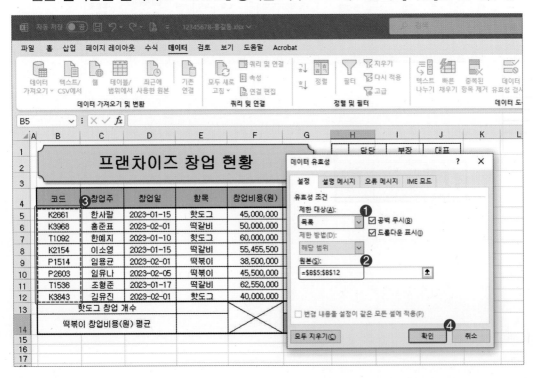

③ 「H14」 셀에 드롭다운 버튼이 생성된 것을 확인한다.

→ [홈] 탭 – [맞춤] 그룹 – [가운데 맞춤](☰)을 클릭한다.

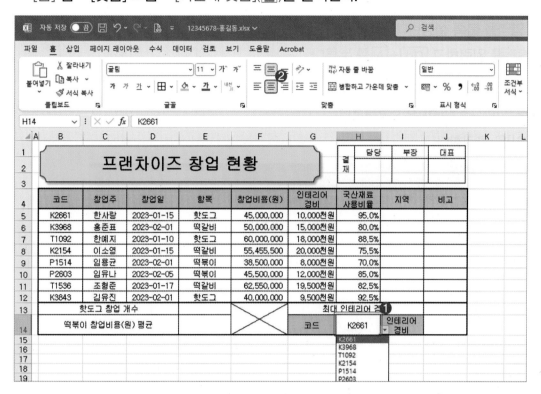

SECTION 05 이름 정의

① 「E5:E12」 영역을 블록 설정한다.

→ 수식 입력줄 왼쪽의 [이름 상자]에 『항목』을 입력한다.

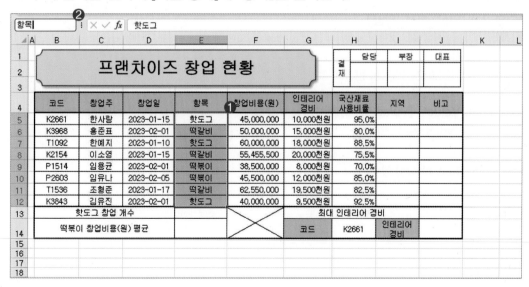

① 지역 「I5:I12」 영역을 블록 설정한다.

    → 『=CHOOSE』를 입력하고 Ctrl + A 를 누른다.

② CHOOSE의 [함수 인수] 대화상자에서 Index_num 『MID(B5, 2, 1)』, Value1 『안산』, Value2 『부천』, Value3 『안양』을 입력한다.

    → Ctrl +[확인]을 클릭한다.

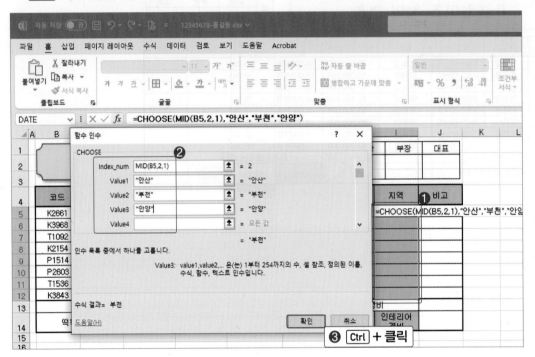

💬 **함수 설명**

=CHOOSE(MID(B5,2,1), "안산","부천","안양")
            ①   ②

① 「B5」 셀에서 두 번째 글자가
② 1이면 "안산", 2이면 "부천", 3이면 "안양"을 반환

CHOOSE(Index_num, Value1, [Value2], …) 함수

Index_num : 1이면 Value1, 2이면 Value2가 반환

MID(Text, Start_num, Num_chars) 함수

Text : 추출할 문자가 들어 있는 텍스트
Start_num : 추출할 문자의 시작 위치
Num_chars : 추출할 문자의 수

③ 비고 「J5:J12」 영역을 블록 설정한다.

→ 『=RANK.EQ(H5, $H$5:$H$12)』를 입력하고 Ctrl + Enter 를 누른다.

🇧 기적의 TIP

셀 주소를 입력 후 F4를 누르면 절대주소로 바뀐다.

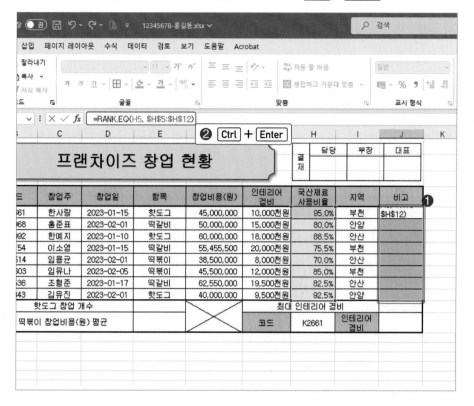

💬 함수 설명

=RANK.EQ(H5, $H$5:$H$12)
     ①   ②

① 「H5」 셀의 순위를
② 「H5:H12」 영역에서 구함

RANK.EQ(Number, Ref, [Order]) 함수

Number : 순위를 구하려는 셀
Ref : 목록의 범위
Order : 순위 결정 방법, 0이거나 생략하면 내림차순, 0이 아니면 오름차순

④ 핫도그 창업 개수를 구하기 위해 「E13」 셀에 『=DCOUNTA』를 입력하고 Ctrl + A 를
  누른다.

⑤ DCOUNTA의 [함수 인수] 대화상자에서 Database 『B4:H12』, Field 『4』, Criteria
  『E4:E5』를 입력한다.
  → [확인]을 클릭한다.

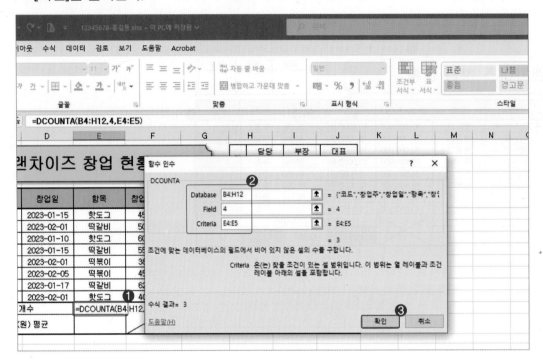

🗨 함수 설명

=DCOUNTA(B4:H12,4,E4:E5)
            ①   ②

① 「B4:H12」 영역의 4번째 열인 "항목"에서
② 항목이 "핫도그"인 것들의 개수를 반환

DCOUNTA(Database, Field, Criteria) 함수
Database : 지정할 범위
Field : 함수에 사용되는 열 위치
Criteria : 조건이 있는 셀 범위

⑥ 「E13」 셀의 수식에 『&"개"』를 이어서 입력한다.

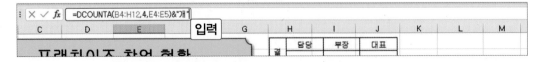

⑦ 떡볶이 창업비용(원) 평균을 구하기 위해 「E14」 셀에 『=SUMIF』를 입력하고 [Ctrl]+[A]를 누른다.

⑧ SUMIF의 [함수 인수] 대화상자에서 Range 『항목』, Criteria 『"떡볶이"』, Sum_range 『F5:F12』를 입력한다.
  → [확인]을 클릭한다.

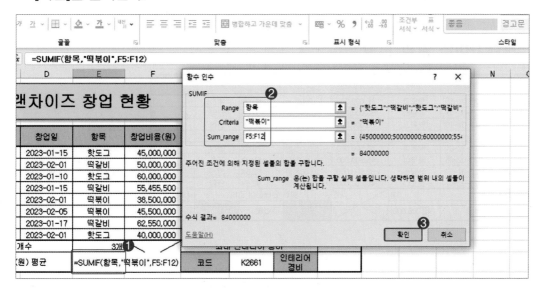

⑨ 「E14」 셀의 수식에 떡볶이의 개수를 구하여 나눗셈하는 『/COUNTIF(항목, "떡볶이")』를 이어서 입력한다.

🗨 함수 설명

=SUMIF(항목,"떡볶이",F5:F12) / COUNTIF(항목,"떡볶이")
　　　　　　　　①　　　　　　　　　　　②
① 항목으로 이름 정의된 영역에서 "떡볶이"를 찾아 해당하는 「F5:F12」 영역의 합계를 계산
② "떡볶이"의 개수를 구하여 나눗셈

SUMIF(Range, Criteria, Sum_range) 함수
Range : 조건을 적용할 셀 범위
Criteria : 조건
Sum_range : Range 인수에 지정되지 않은 범위를 추가

COUNTIF(Range, Criteria) 함수
⇒ 조건에 맞는 셀의 개수를 반환한다.

⑩ 「E13」 셀에 마우스 오른쪽 클릭하여 [셀 서식](🔠)을 클릭한다.
  → [셀 서식] 대화상자에서 범주 '회계', 기호 '없음'을 설정한다.

⑪ 최대 인테리어 경비를 구하기 위해 「J13」 셀에 『=MAX(G5:G12)』를 입력한다.

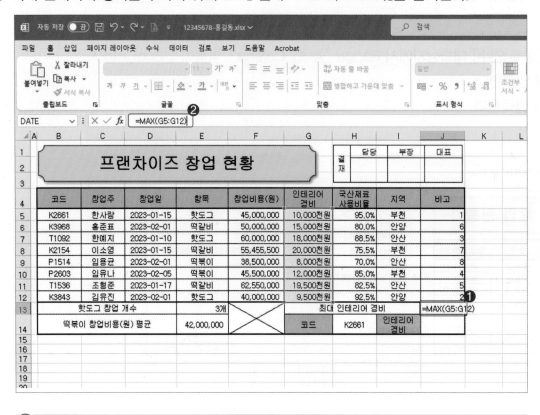

💬 함수 설명

=MAX(G5:G12)
       ①

① 「G5:G12」 영역에서 가장 큰 값을 반환

MAX(Number1, [Number2], …) 함수

Number : 최대값을 구할 값의 집합

⑫ 「J13」 셀에 마우스 오른쪽 클릭하여 [셀 서식](▦)을 클릭한다.
  → [셀 서식] 대화상자에서 범주 '사용자 지정', 형식 '#,##0'을 설정한다.

⑬ 「J14」 셀에 『=VLOOKUP(H14,B5:G12,6,0)』을 입력한다.

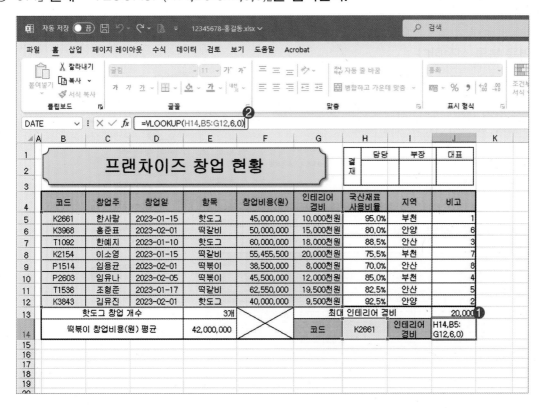

😀 함수 설명

=VLOOKUP(<u>H14, B5:G12</u>, <u>6, 0</u>)
             ①   ②

① 「H14」 셀의 값을 「B5:G12」 영역에서 조회하고
② 해당하는 행의 6번째 열인 "인테리어 경비"의 값을 반환

VLOOKUP(Lookup_value, Table_array, Col_index_num, [Range_lookup]) 함수

Lookup_value : 조회하려는 값
Table_array : 조회할 값이 있는 범위
Col_index_num : 반환할 값이 있는 열
Range_lookup : 0(FALSE)이면 정확히 일치, 1(TRUE)이면 근사값 반환

① 「B5:J12」 영역을 블록 설정한다.

→ [홈] 탭 – [스타일] 그룹 – [조건부 서식](▦)을 클릭하고 [새 규칙](▦)을 클릭한다.

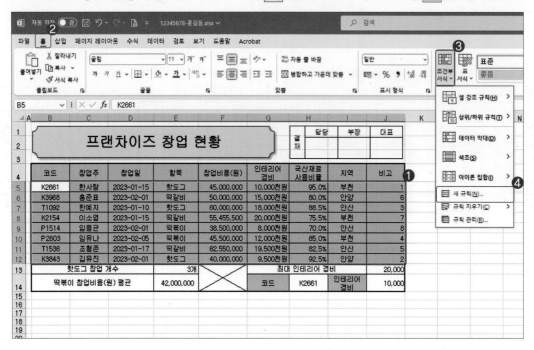

② [새 서식 규칙] 대화상자에서 '▶ 수식을 사용하여 서식을 지정할 셀 결정'을 클릭한다.

→ 『=$F5>=60000000』을 입력하고 [서식]을 클릭한다.

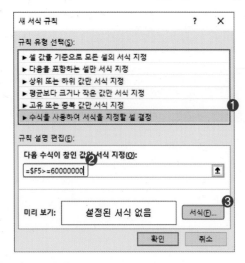

③ [셀 서식] 대화상자에서 글꼴 스타일을 '굵게', 색을 '파랑'으로 설정하고 [확인]을 클릭한다.

→ 다시 [새 서식 규칙] 대화상자로 돌아오면 [확인]을 클릭한다.

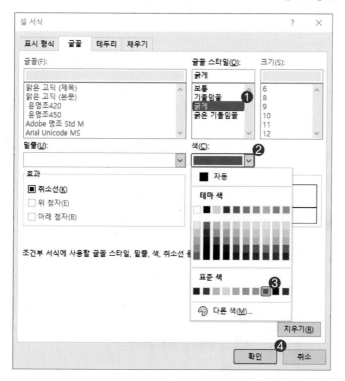

④ F열 창업비용(원)이 60,000,000 이상인 행에 서식이 적용된다.

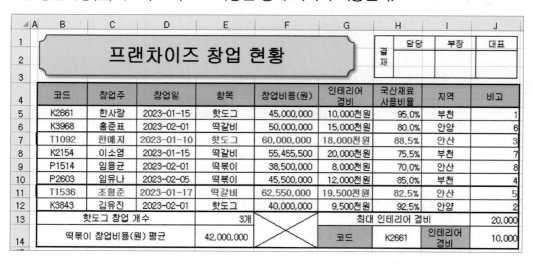

제2작업은 제1작업에서 작성한 데이터를 이용하여 조건 지정으로 필터링하고 표 서식을 지정하는 형태의 문제가 출제된다.

SECTION 01 고급 필터

① "제1작업" 시트의 「B4:H12」 영역을 블록 설정한다.
→ [홈] 탭 – [클립보드] 그룹 – [복사](📋)를 클릭한다(Ctrl + C).

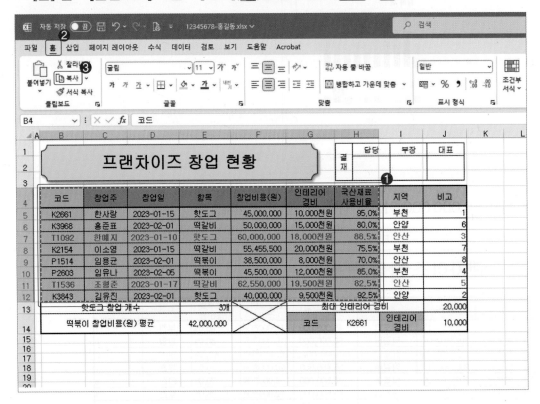

② "제2작업" 시트의 「B2」 셀에서 [붙여넣기](📋)를 한다(Ctrl + V).
→ [붙여넣기 옵션] – [원본 열 너비 유지](📋)를 클릭한다.

③ Ctrl 을 누른 채 「B2」 셀과 「G2」 셀을 클릭하여 복사(Ctrl + C) 한다.

→ 조건의 위치인 「B14」 셀에 붙여넣기(Ctrl + V) 한다.

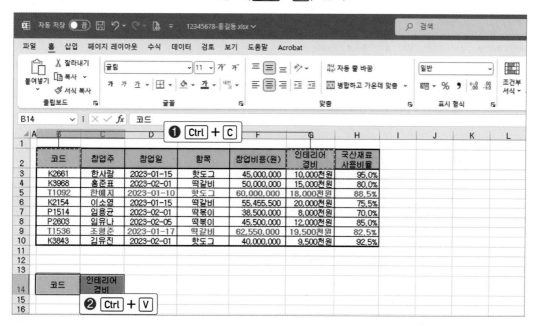

④ 「B15」 셀에 『T*』, 「C16」 셀에 『<=10000』을 입력한다.

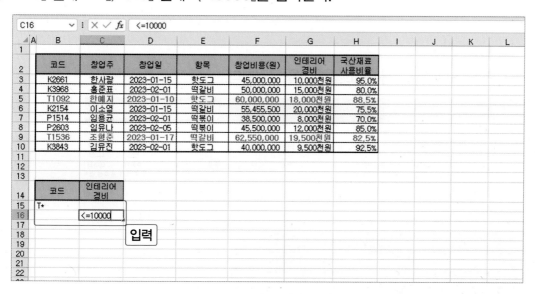

⑤ [Ctrl]을 누른 채 「B2」, 「E2」, 「F2」, 「G2」 셀을 클릭하여 복사([Ctrl]+[C]) 한다.
  → 복사 위치인 「B18」 셀에 붙여넣기([Ctrl]+[V]) 한다.

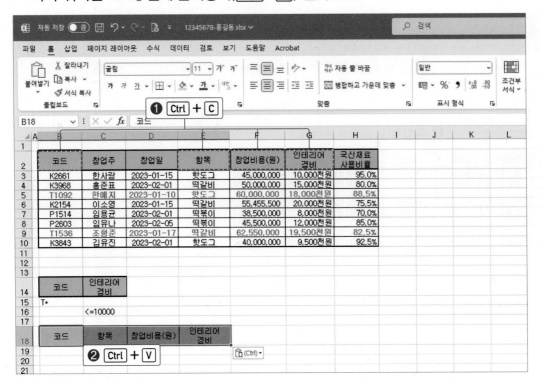

⑥ 「B2:H10」 영역을 블록 설정한다.
  → [데이터] 탭 – [정렬 및 필터] 그룹 – [고급](🔽)을 클릭한다.

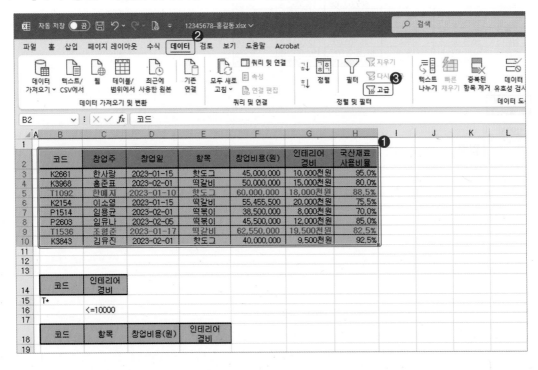

⑦ [고급 필터] 대화상자 – '결과'에서 [다른 장소에 복사]를 클릭한다.

→ 마우스 드래그로 조건 범위 『B14:C16』, 복사 위치 『B18:E18』을 지정하고 [확인]을 클릭한다.

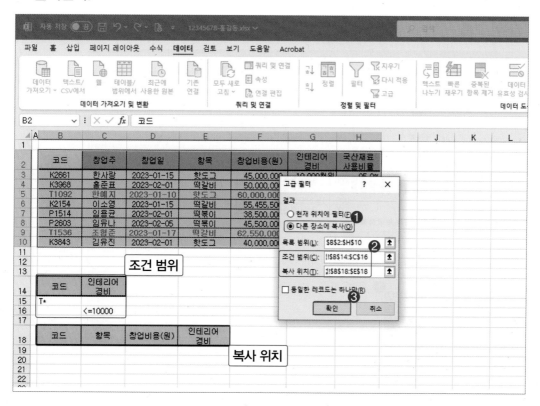

	코드	창업주	창업일	항목	창업비용(원)	인테리어 경비	국산재료 사용비율		
2	코드	창업주	창업일	항목	창업비용(원)	인테리어 경비	국산재료 사용비율		
3	K2661	한사랑	2023-01-15	핫도그	45,000,000	10,000천원	95.0%		
4	K3968	홍준표	2023-02-01	떡갈비	50,000,000	15,000천원	80.0%		
5	T1092	한예지	2023-01-10	핫도그	60,000,000	18,000천원	88.5%		
6	K2154	이소영	2023-01-15	떡갈비	55,455,500	20,000천원	75.5%		
7	P1514	임용균	2023-02-01	떡볶이	38,500,000	8,000천원	70.0%		
8	P2603	임유나	2023-02-05	떡볶이	45,500,000	12,000천원	85.0%		
9	T1536	조형준	2023-01-17	떡갈비	62,550,000	19,500천원	82.5%		
10	K3843	김유진	2023-02-01	핫도그	40,000,000	9,500천원	92.5%		
11									
12									
13									
14	코드	인테리어 경비							
15	T*								
16		<=10000							
17									
18	코드	항목	창업비용(원)	인테리어 경비					
19	K2661	핫도그	45,000,000	10,000천원					
20	T1092	핫도그	60,000,000	18,000천원					
21	P1514	떡볶이	38,500,000	8,000천원					
22	T1536	떡갈비	62,550,000	19,500천원					
23	K3843	핫도그	40,000,000	9,500천원					
24									

① 「B18:E23」 영역을 블록 설정한다.
→ [홈] 탭 – [글꼴] 그룹 – [채우기 색](🎨▾)을 클릭하고 '채우기 없음'을 클릭한다.

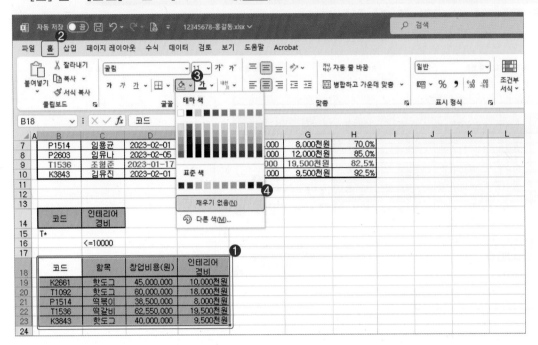

② 「B18:E23」 영역이 블록 설정된 상태에서 [홈] 탭 – [스타일] 그룹 – [표 서식](🟦)을 클릭한다.
→ [표 스타일 보통 6]을 클릭한다.

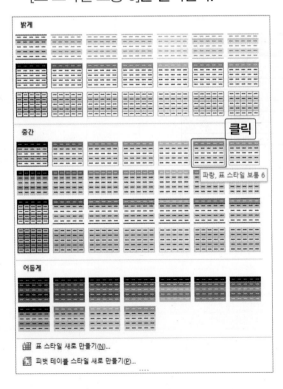

③ [표 만들기] 대화상자가 나타나면 [확인]을 클릭한다.

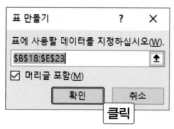

④ [테이블 디자인] 탭 – [표 스타일 옵션] 그룹에서 [머리글 행]과 [줄무늬 행]이 기본 적용된 것을 확인한다.

제3작업에서는 제1작업에서 작성한 데이터를 이용하여 특정 필드에 대한 비교, 집계, 분석 등을 수행하는 문제가 출제된다.

SECTION 01　피벗 테이블 작성

① "제1작업" 시트의 「B4:H12」 영역을 블록 설정한다.

　→ [삽입] 탭 – [표] 그룹 – [피벗 테이블](🔢)을 클릭한다.

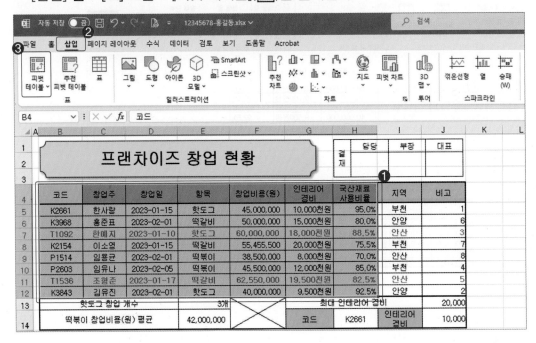

② [표 또는 범위의 피벗 테이블] 대화상자에서 '기존 워크시트'를 선택한다.

　→ 위치는 마우스로 "제3작업" 시트의 「B2」 셀을 지정하고 [확인]을 클릭한다.

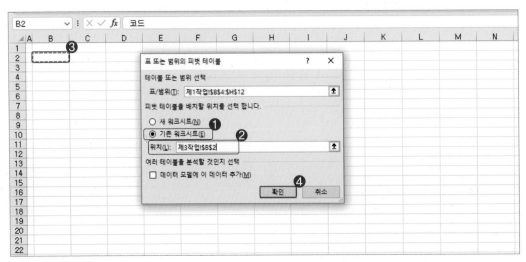

③ [피벗 테이블 필드] 탭에서 '창업비용(원)'을 마우스 드래그하여 행에 배치한다.

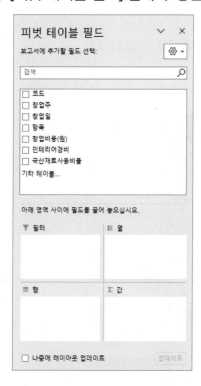 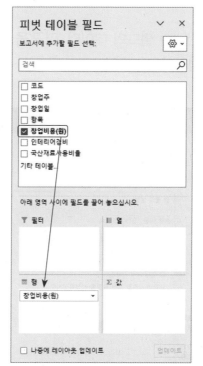

④ '항목'을 열에 배치한다.

→ '코드'와 '인테리어경비'를 값에 배치한다.

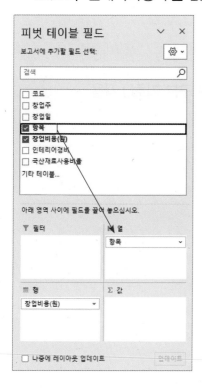 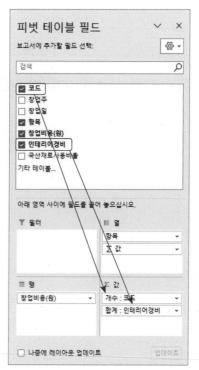

⑤ 「D4」 셀을 클릭하고 [피벗 테이블 분석] 탭 – [활성 필드] 그룹 – [필드 설정](🔲)을
클릭한다.

→ [값 필드 설정] 대화상자에서 선택한 필드의 데이터 '평균'을 선택하고 사용자 지
정 이름에 『경비』를 이어서 작성한다.

→ [표시 형식]을 클릭한다.

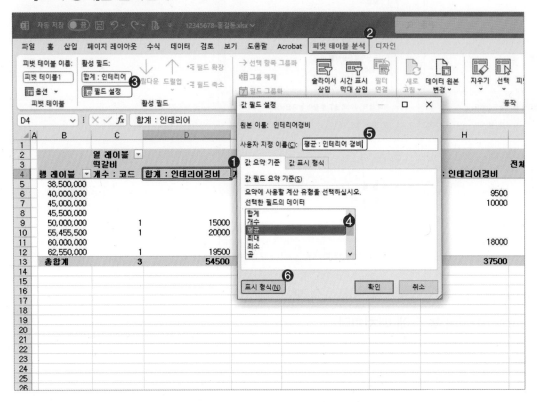

⑥ [셀 서식] 대화상자가 나타나면 범주 '숫자'를 선택하고 '1000 단위 구분 기호(,) 사용'
을 체크한 후 [확인]을 클릭한다.

→ 다시 [값 필드 설정] 대화상자로 돌아오면 [확인]을 클릭한다.

① [피벗 테이블 분석] 탭 – [피벗 테이블] 그룹 – [옵션](⊞)을 클릭한다.

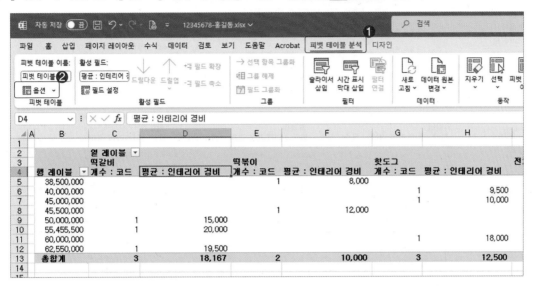

② [피벗 테이블 옵션] 대화상자에서 '레이블이 있는 셀 병합 및 가운데 맞춤'을 체크하고
빈 셀 표시 입력란에 『＊＊』를 입력한다.
→ [요약 및 필터] 탭에서 '행 총합계 표시'를 체크 해제하고 [확인]을 클릭한다.

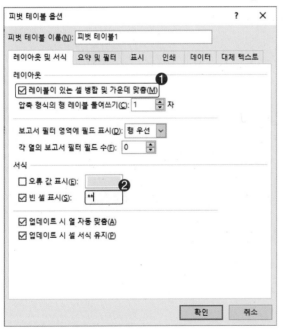

③ 창업비용(원)을 그룹화하기 위해 「B5」 셀을 클릭하고 [선택 항목 그룹화](→)를 클릭한다.

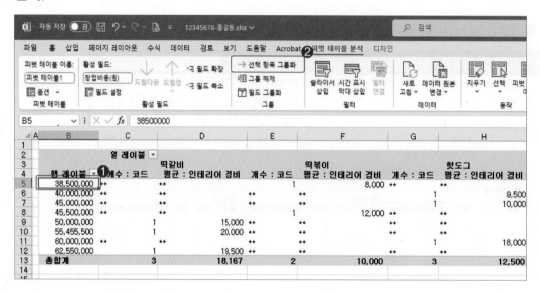

④ [그룹화] 대화상자에서 시작 『30000001』, 끝 『75000000』, 단위 『15000000』을 입력하고 [확인]을 클릭한다.

⑤ 「C2」 셀에 『항목』, 「B4」 셀에 『창업비용(원)』을 직접 입력한다.

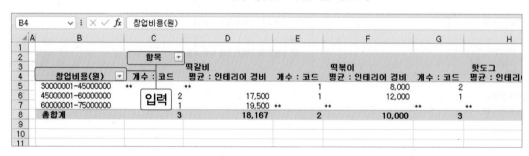

⑥ 항목 필터 단추를 클릭한다.

→ [텍스트 내림차순 정렬](힉↓)을 클릭한다.

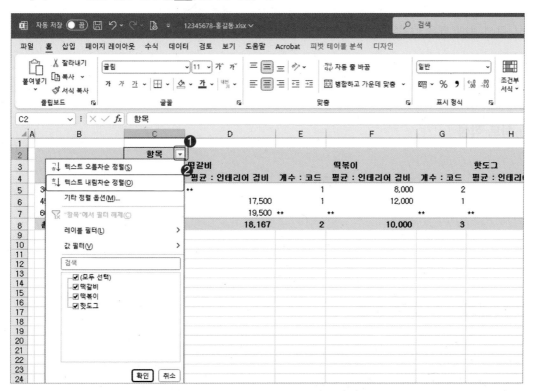

⑦ **로 표시된 셀들은 [홈] 탭 – [맞춤] 그룹 – [가운데 맞춤](≡)을 클릭한다.

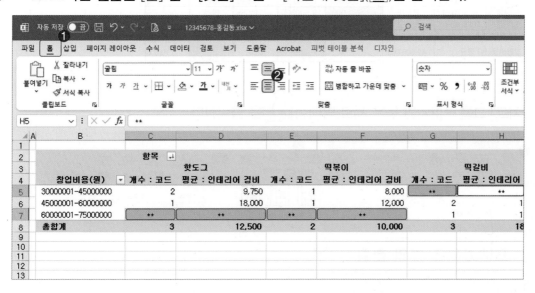

제4작업은 제1작업에서 작성한 데이터를 이용하여 차트로 표현하는 능력을 평가한다.
차트의 종류, 서식, 옵션, 범례 등을 다루는 형태가 출제된다.

SECTION 01 차트 작성

① "제1작업" 시트의 「C4:C8」 영역을 블록 설정한다.
→ Ctrl 을 누른 채 「C11:C12」, 「F4:F8」, 「F11:F12」, 「G4:G8」, 「G11:G12」 영역을 블록 설정한다.

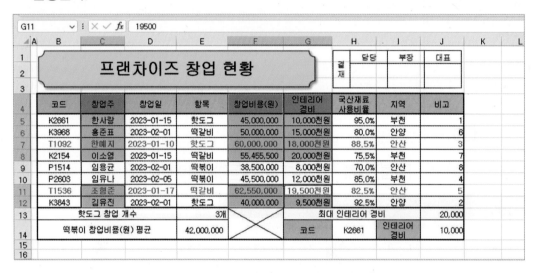

② [삽입] 탭 – [차트] 그룹 – [2차원 묶은 세로 막대형](📊)을 클릭한다.

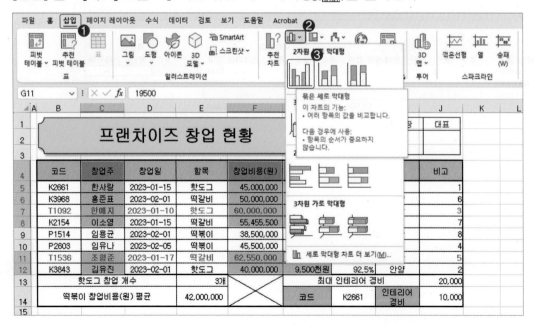

③ [차트 디자인] 탭 – [차트 이동]( )을 클릭한다.
  → [차트 이동] 대화상자에서 '새 시트'를 선택하고 『제4작업』을 입력한 후 [확인]을 클릭한다.

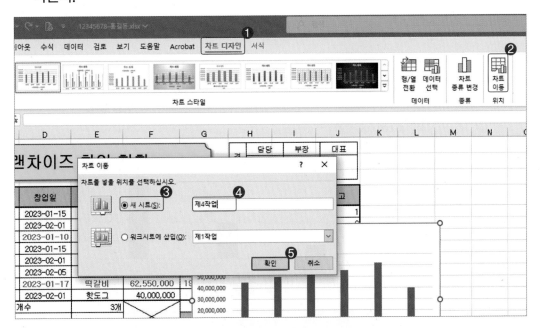

④ "제4작업" 시트를 마우스 드래그하여 제일 끝으로 이동한다.

① [차트 디자인] 탭 – [빠른 레이아웃]( ) – [레이아웃 3]( )을 클릭한다.
  → [스타일 1]을 클릭한다.

② 차트 영역을 선택하고 [홈] 탭 – [글꼴] 그룹에서 글꼴 '굴림', 크기 '11'을 설정한다.

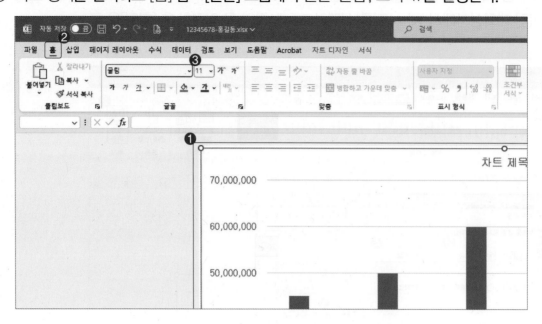

③ [서식] 탭 – [현재 선택 영역] 그룹 – [선택 영역 서식](🖉)을 클릭한다.

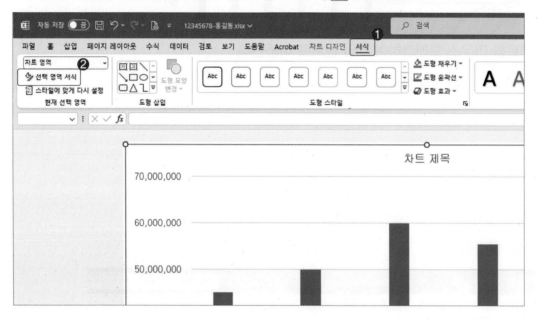

④ [차트 영역 서식] 사이드바에서 채우기 '그림 또는 질감 채우기'를 선택한다.
→ [질감](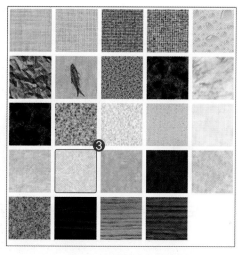) – [파랑 박엽지]를 설정한다.

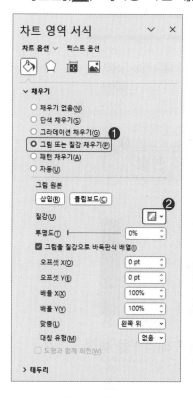

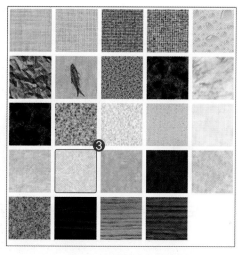

⑤ [서식] 탭 – [현재 선택 영역] 그룹에서 [그림 영역]을 선택한다.
→ 채우기 '단색 채우기'를 선택하고 [색](🔽) – [흰색, 배경 1]을 설정한다.

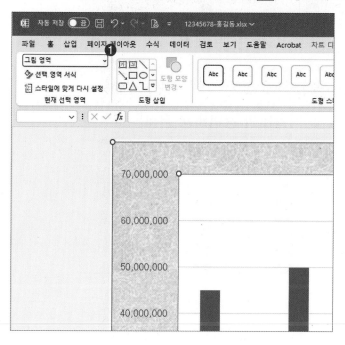

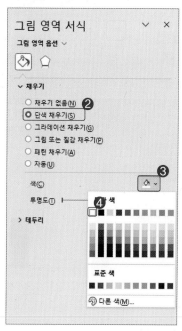

⑥ 차트 제목에 『핫도그 및 떡갈비의 창업비용 현황』을 입력한다.
→ 글꼴 '굴림', 크기 '20', [굵게] 설정한다.

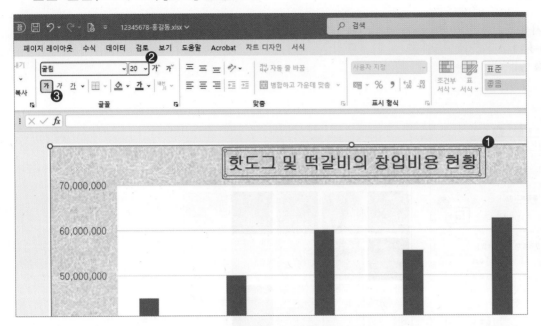

⑦ [서식] 탭 – [도형 스타일] 그룹 – [도형 채우기]()를 클릭하고 '흰색, 배경 1'을 설정한다.
→ [도형 윤곽선](✐)을 클릭하고 '검정'을 설정한다.

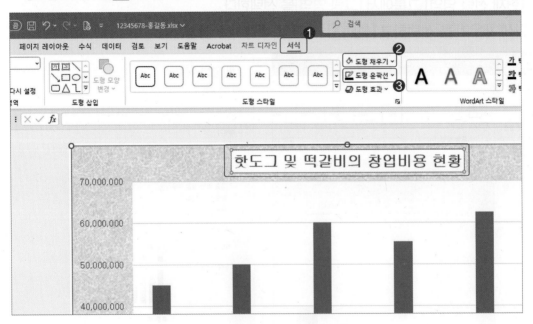

① [차트 디자인] 탭 – [차트 종류 변경](🗲)을 클릭한다.

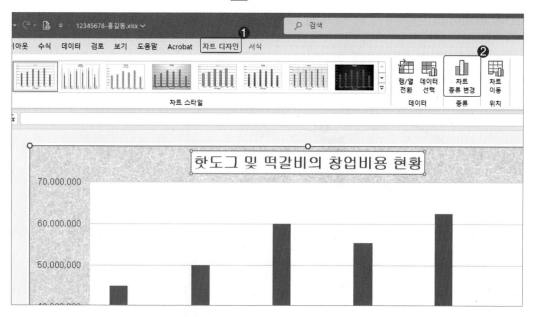

② [차트 종류 변경] 대화상자에서 '혼합'을 클릭한다.

→ 창업비용(원)의 차트 종류를 '표식이 있는 꺾은선형'으로 설정하고 '보조 축'에 체크한다.

→ 인테리어경비의 차트 종류를 '묶은 세로 막대형'으로 설정한다.

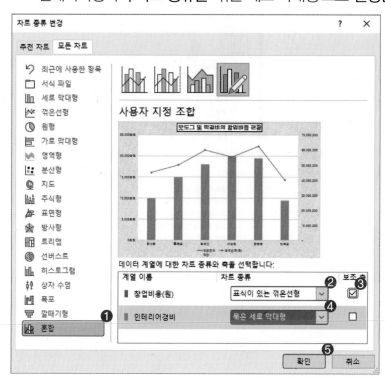

① 창업비용(원) 계열을 선택한다.

→ 마우스 오른쪽 클릭하고 [데이터 계열 서식]을 클릭한다.

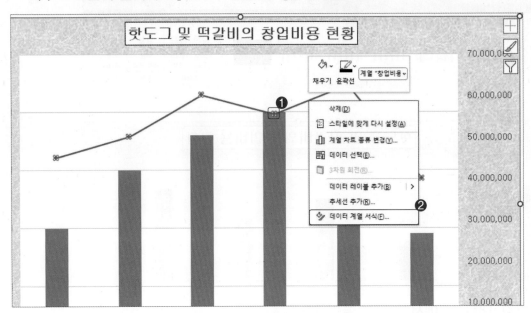

② [채우기 및 선](□) – 표식(□) – 표식 옵션을 클릭한다.

→ 형식 '네모', 크기 '10'을 설정한다.

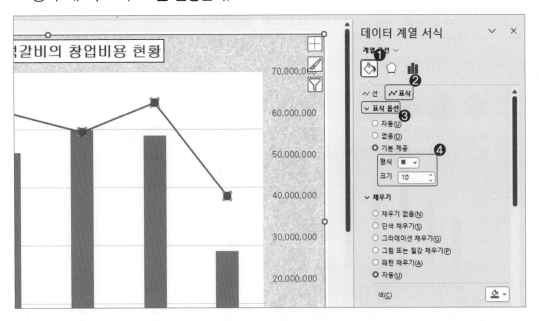

③ 창업비용(원) 계열의 '조형준' 요소만 두 번 클릭하여 선택한다.

→ [차트 요소 추가](▮▮) – [데이터 레이블](▮▮) – [위쪽](▱)을 클릭한다.

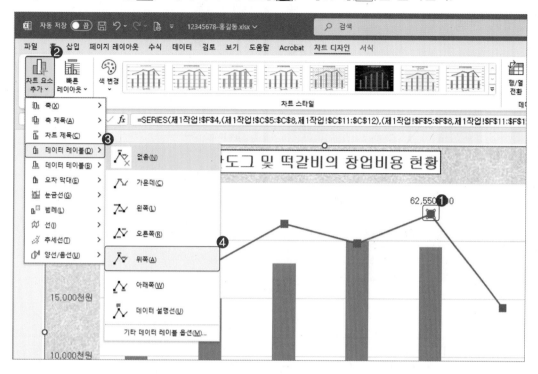

④ 인테리어경비 계열을 선택한다.

→ 마우스 오른쪽 클릭하고 [데이터 계열 서식]을 클릭한다.

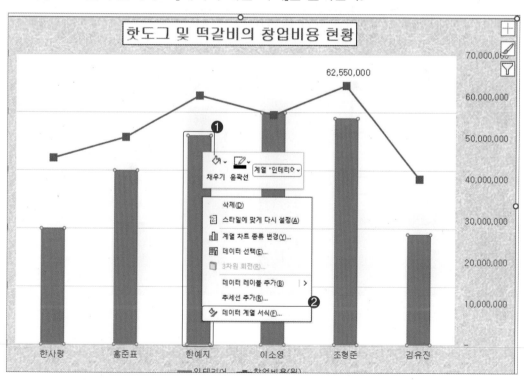

⑤ 간격 너비를 ≪출력형태≫를 참고하여 적당히 조절한다.

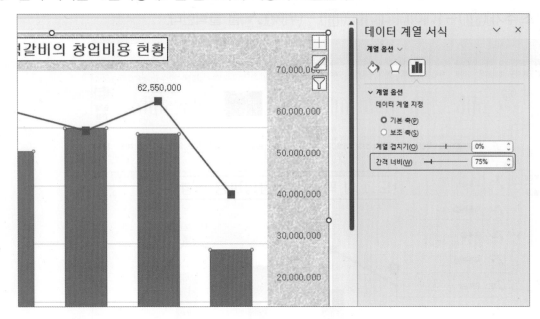

① 눈금선을 선택하여 마우스 오른쪽 클릭하고 [눈금선 서식](🖌)을 클릭한다.

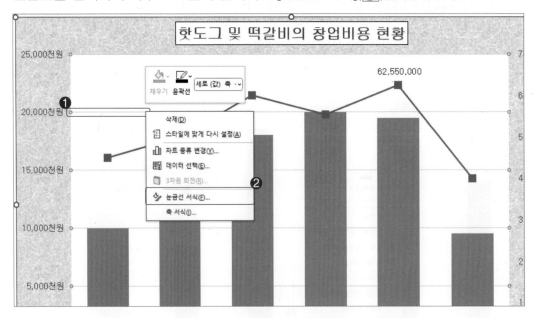

② [주 눈금선 서식] 사이드바에서 선 색 '검정', 대시 종류 '파선'을 설정한다.

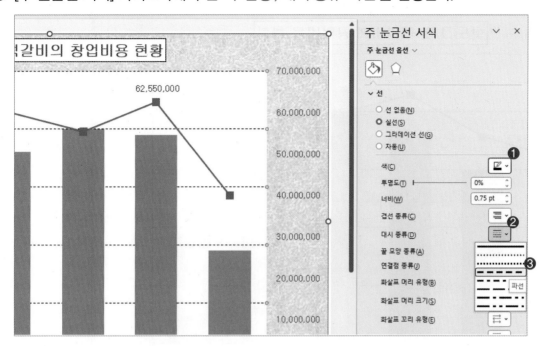

SECTION 06 서식 (축, 데이터 계열)

---

① 세로 (값) 축을 클릭한다.
→ [서식] 탭 – [도형 스타일] 그룹 – [도형 윤곽선](☑)을 클릭하고 '검정'을 설정한다.

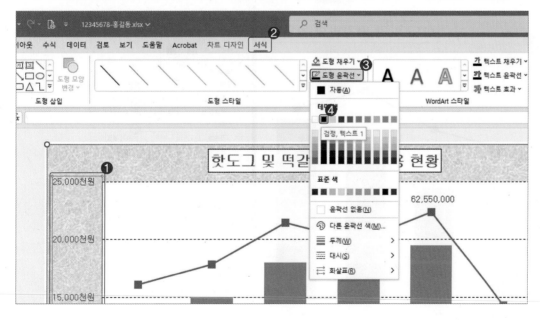

② 보조 세로 (값) 축과 가로 (항목) 축도 [도형 윤곽선](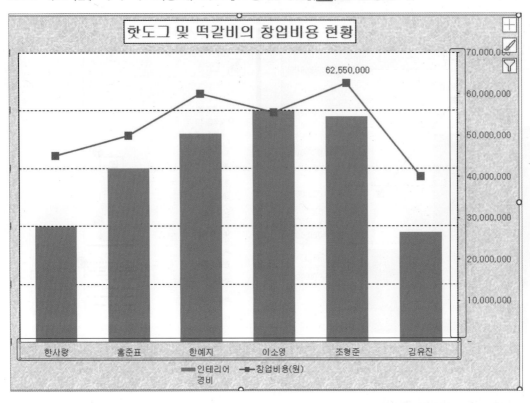)을 설정한다.

③ 세로 (값) 축을 더블클릭하여 축 서식 사이드바를 연다.
→ 축 옵션 − 경계 '최소값'에 『5000』, '최대값'에 『25000』, 단위 '기본'에 『5000』을 입력한다.

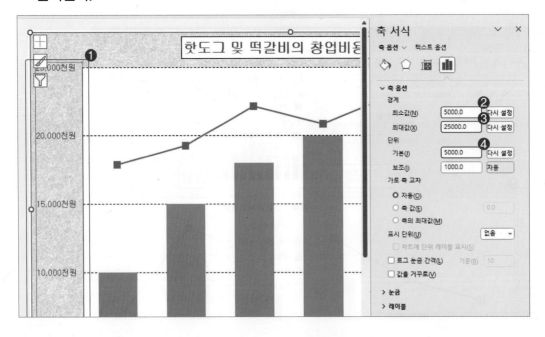

① [차트 디자인] 탭 – [데이터] 그룹 – [데이터 선택](🔢)을 클릭한다.

② [데이터 원본 선택] 대화상자에서 범례 항목(계열) '인테리어경비'를 선택하고 [편집]을 클릭한다.

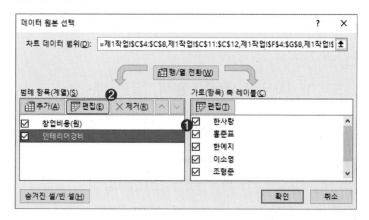

③ [계열 편집] 대화상자에서 계열 이름에 『인테리어 경비』를 입력하고 [확인]을 클릭한다.

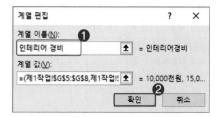

④ 다시 [데이터 원본 선택] 대화상자로 돌아오면 [확인]을 클릭한다.

→ 범례의 인테리어 경비가 한 줄로 변경된 것을 확인한다.

① [삽입] 탭 – [일러스트레이션] 그룹 – [도형]( )을 클릭하고 [말풍선: 타원형]을 클릭한다.

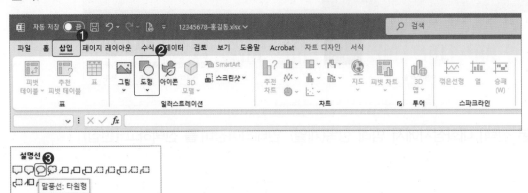

② 도형을 그리고 『최대 창업비용』을 입력한다.

→ [홈] 탭 – [글꼴] 그룹에서 글꼴 '굴림', 크기 '11', [채우기 색]( ) '흰색', [글꼴 색]( ) '검정'을 설정한다.

→ [맞춤] 그룹에서 가로와 세로 모두 [가운데 맞춤](,)을 클릭한다.

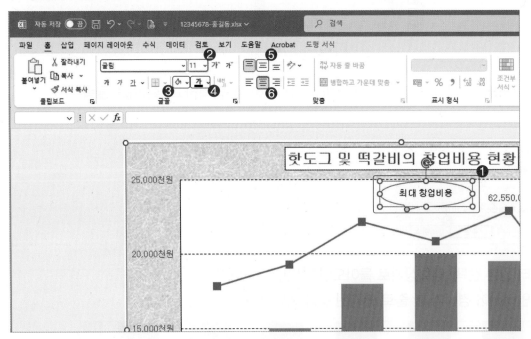

③ 노란색 조절점을 움직여 도형의 모양을 조절한다.

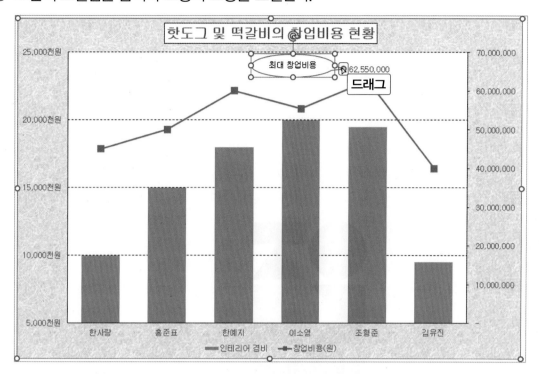

자격증은
이기적

PART
03

최신 기출문제

최신 기출문제 01회   239

최신 기출문제 02회   242

최신 기출문제 03회   245

최신 기출문제 04회   248

최신 기출문제 05회   251

최신 기출문제 06회   254

최신 기출문제 07회   257

최신 기출문제 08회   260

최신 기출문제 09회   263

최신 기출문제 10회   266

정보기술자격(ITQ) 시험

과목	코드	문제유형	시험시간	수험번호	성명
한글엑셀	1122	A	60분		

※ 최신 기출문제 01~10회 학습 시 답안 작성요령을 동일하게 적용하세요.

수험자 유의사항

- 수험자는 문제지를 받는 즉시 문제지와 **수험표상의 시험과목(프로그램)이 동일한지 반드시 확인**하여야 합니다.

- 파일명은 본인의 "수험번호-성명"으로 입력하여 답안폴더(내 PC₩문서₩ITQ)에 하나의 파일로 저장해야 하며, 답안문서 파일명이 "수험번호-성명"과 일치하지 않거나, 답안파일을 전송하지 않아 미제출로 처리될 경우 실격 처리합니다(예: 12345678-홍길동.xlsx).

- 답안 작성을 마치면 파일을 저장하고, '답안 전송' 버튼을 선택하여 감독위원 PC로 답안을 전송하십시오. 수험생 정보와 저장한 파일명이 다를 경우 전송되지 않으므로 주의하시기 바랍니다.

- 답안 작성 중에도 **주기적으로 저장하고, '답안 전송'**하여야 문제 발생을 줄일 수 있습니다. 작업한 내용을 저장하지 않고 전송할 경우 이전에 저장된 내용이 전송되니 이점 유의하시기 바랍니다.

- 답안문서는 지정된 경로 외의 다른 보조기억장치에 저장하는 경우, 지정된 시험 시간 외에 작성된 파일을 활용할 경우, 기타 통신수단(이메일, 메신저, 네트워크 등)을 이용하여 타인에게 전달 또는 외부 반출하는 경우는 부정 처리합니다.

- 시험 중 부주의 또는 고의로 시스템을 파손한 경우는 수험자가 변상해야 하며, 〈수험자 유의사항〉에 기재된 방법대로 이행하지 않아 생기는 불이익은 수험생 당사자의 책임임을 알려 드립니다.

- 문제의 조건은 MS오피스 2021 버전으로 설정되어 있으며 MS오피스 2016은 【 】에 표기되어 있습니다. 이와 관련하여 작성한 답안의 출력형태가 문제지와 다를 수 있습니다.

- 시험을 완료한 수험자는 답안파일이 전송되었는지 확인한 후 감독위원의 지시에 따라 문제지를 제출하고 퇴실합니다.

답안 작성요령

- 온라인 답안 작성 절차
  수험자 등록 ⇒ 시험 시작 ⇒ 답안파일 저장 ⇒ 답안 전송 ⇒ 시험 종료

- 문제는 총 4단계, 즉 제1작업부터 제4작업까지 구성되어 있으며 반드시 제1작업부터 순서대로 작성하고 조건대로 작업하시오.

- 모든 작업시트의 A열은 열 너비 '1'로, 나머지 열은 적당하게 조절하시오.

- 모든 작업시트의 테두리는 ≪출력형태≫와 같이 작업하시오.

- 해당 작업란에서는 각각 제시된 조건에 따라 ≪출력형태≫와 같이 작업하시오.

- 답안 시트 이름은 "제1작업", "제2작업", "제3작업", "제4작업"이어야 하며 답안 시트 이외의 것은 감점 처리됩니다.

- 각 시트를 파일로 나누어 작업해서 저장할 경우 실격 처리됩니다.

| 제 1 작업 | 표 서식 작성 및 값 계산 | 240점 |

다음은 '인기 복합기 판매 현황'에 대한 자료이다. 자료를 입력하고 조건에 맞도록 작업하시오.

출력형태

제품코드	제품명	제조사	판매금액	인쇄속도(ppm)	판매수량(단위:대)	재고수량(단위:대)	판매순위	평가
K2949	루이	레온	149,000	14	157	64	(1)	(2)
P3861	레옹	이지전자	150,000	16	184	48	(1)	(2)
L3997	지니	레온	344,000	15	154	101	(1)	(2)
K2789	퍼플	티파니	421,000	19	201	65	(1)	(2)
K6955	밴티지	이지전자	175,000	6	98	128	(1)	(2)
P3811	다큐프린터	레온	245,000	17	217	87	(1)	(2)
L3711	로사프린터	티파니	182,000	12	256	36	(1)	(2)
L4928	새롬레이저	이지전자	389,000	18	94	117	(1)	(2)
티파니 제조사 재고수량(단위:대) 합계			(3)		티파니 제조사 비율			(5)
레온 제조사 최고 판매금액			(4)		제품코드	K2949	판매수량(단위:대)	(6)

확인: 담당 / 팀장 / 센터장

조건

- 모든 데이터의 서식에는 글꼴(굴림, 11pt), 정렬은 숫자 및 회계 서식은 오른쪽 정렬, 나머지 서식은 가운데 정렬로 작성하며 예외적인 것은 ≪출력형태≫를 참조하시오.
- 제목 ⇒ 도형(육각형)과 그림자(오프셋 오른쪽)를 이용하여 작성하고 "인기 복합기 판매 현황"을 입력한 후 다음 서식을 적용하시오(글꼴 – 굴림, 24pt, 검정, 굵게, 채우기 – 노랑).
- 임의의 셀에 결재란을 작성하여 그림으로 복사 기능을 이용하여 붙이기 하시오(단, 원본 삭제).
- 「B4:J4, G14, I14」 영역은 '주황'으로 채우기 하시오.
- 유효성 검사를 이용하여 「H14」 셀에 제품코드(「B5:B12」 영역)가 선택 표시되도록 하시오.
- 셀 서식 ⇒ 「E5:E12」 영역에 셀 서식을 이용하여 숫자 뒤에 '원'을 표시하시오(예 : 149,000원).
- 「G5:G12」 영역에 대해 '판매수량'으로 이름정의를 하시오.

(1)~(6) 셀은 반드시 <u>주어진 함수</u>를 이용하여 값을 구하시오(결과값을 직접 입력하면 해당 셀은 0점 처리됨).

(1) 판매순위 ⇒ 정의된 이름(판매수량)을 이용하여 내림차순 순위를 구한 결과값에 '위'를 붙이시오
    (RANK.EQ 함수, & 연산자)(예 : 1위).

(2) 평가 ⇒ 인쇄속도(ppm)가 전체 인쇄속도(ppm)에서 세 번째로 큰 값 이상이면 '우수', 그 외에는 공백으로 표시하시오
    (IF, LARGE 함수).

(3) 티파니 제조사 재고수량(단위:대) 합계 ⇒ (SUMIF 함수)

(4) 레온 제조사 최고 판매금액 ⇒ 조건은 입력데이터를 이용하시오(DMAX 함수).

(5) 티파니 제조사 비율 ⇒ 결과값을 백분율로 표시하시오(COUNTIF, COUNTA 함수).

(6) 판매수량(단위:대) ⇒ 「H14」 셀에서 선택한 제품코드에 대한 판매수량(단위:대)를 구하시오(VLOOKUP 함수).

(7) 조건부 서식의 수식을 이용하여 재고수량(단위:대)이 '100' 이상인 행 전체에 다음의 서식을 적용하시오
    (글꼴 : 파랑, 굵게).

"제1작업" 시트의 「B4:H12」 영역을 복사하여 "제2작업" 시트의 「B2」 셀부터 모두 붙여넣기를 한 후 다음의 조건과 같이 작업하시오.

조건	(1) 고급 필터 – 제품코드가 'L'로 시작하거나 판매수량(단위:대)이 '100' 이하인 자료의 제품코드, 제품명, 판매수량(단위:대), 재고수량(단위:대) 데이터만 추출하시오. – 조건 범위 : 「B14」 셀부터 입력하시오. – 복사 위치 : 「B18」 셀부터 나타나도록 하시오. (2) 표 서식 – 고급필터의 결과셀을 채우기 없음으로 설정한 후 '표 스타일 보통 6'의 서식을 적용하시오. – 머리글 행, 줄무늬 행을 적용하시오.

"제1작업" 시트를 이용하여 "제3작업" 시트에 조건에 따라 ≪출력형태≫와 같이 작업하시오.

조건	(1) 판매금액 및 제조사별 제품명의 개수와 판매수량(단위:대)의 평균을 구하시오. (2) 판매금액을 그룹화하고, 제조사를 ≪출력형태≫와 같이 정렬하시오. (3) 레이블이 있는 셀 병합 및 가운데 맞춤 적용 및 빈 셀은 '**'로 표시하시오. (4) 행의 총합계는 지우고, 나머지 사항은 ≪출력형태≫에 맞게 작성하시오.

출력형태

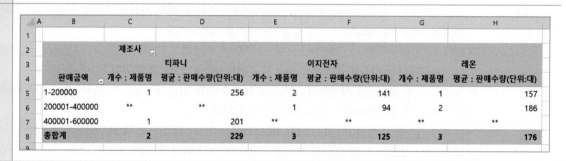

판매금액	티파니 개수 : 제품명	티파니 평균 : 판매수량(단위:대)	이지전자 개수 : 제품명	이지전자 평균 : 판매수량(단위:대)	레온 개수 : 제품명	레온 평균 : 판매수량(단위:대)
1-200000	1	256	2	141	1	157
200001-400000	**	**	1	94	2	186
400001-600000	1	201	**	**	**	**
총합계	2	229	3	125	3	176

"제1작업" 시트를 이용하여 조건에 따라 ≪출력형태≫와 같이 작업하시오.

조건	
	(1) 차트 종류 ⇒ 〈묶은 세로 막대형〉으로 작업하시오.
	(2) 데이터 범위 ⇒ "제1작업" 시트의 내용을 이용하여 작업하시오.
	(3) 위치 ⇒ "새 시트"로 이동하고, "제4작업"으로 시트 이름을 바꾸시오.
	(4) 차트 디자인 도구 ⇒ 레이아웃 3, 스타일 1을 선택하여 ≪출력형태≫에 맞게 작업하시오.
	(5) 영역 서식 ⇒ 차트 : 글꼴(굴림, 11pt), 채우기 효과(질감 – 파랑 박엽지)
	그림 : 채우기(흰색, 배경1)
	(6) 제목 서식 ⇒ 차트 제목 : 글꼴(굴림, 굵게, 20pt), 채우기(흰색, 배경1), 테두리
	(7) 서식 ⇒ 판매금액 계열의 차트 종류를 〈표식이 있는 꺾은선형〉으로 변경한 후 보조 축으로 지정하시오.
	계열 : ≪출력형태≫를 참조하여 표식(네모, 크기 10)과 레이블 값을 표시하시오.
	눈금선 : 선 스타일 – 파선
	축 : ≪출력형태≫를 참조하시오.
	(8) 범례 ⇒ 범례명을 변경하고 ≪출력형태≫를 참조하시오.
	(9) 도형 ⇒ '모서리가 둥근 사각형 설명선'을 삽입한 후 ≪출력형태≫와 같이 내용을 입력하시오.
	(10) 나머지 사항은 ≪출력형태≫에 맞게 작성하시오.
출력형태	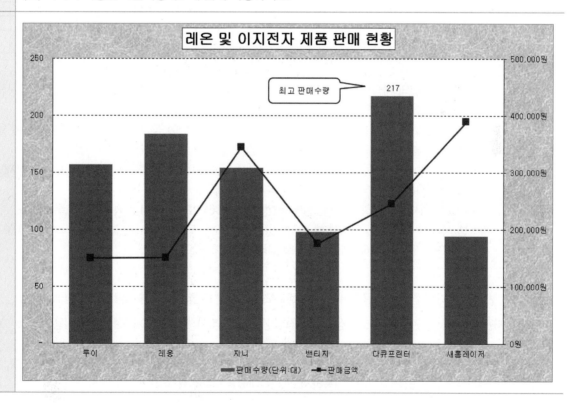

주의 시트명 순서가 차례대로 "제1작업", "제2작업", "제3작업", "제4작업"이 되도록 할 것

제 1 작업   표 서식 작성 및 값 계산   240점

다음은 '3월 체험 행사 현황'에 대한 자료이다. 자료를 입력하고 조건에 맞도록 작업하시오.

출력형태

관리코드	체험행사명	구분	시작연도	행사기간(일)	체험비용	참석인원(단위:명)	체험비지원금	순위
							담당	팀장	센터장

3월 체험 행사 현황

결재		담당	팀장	센터장

관리코드	체험행사명	구분	시작연도	행사기간(일)	체험비용	참석인원(단위:명)	체험비지원금	순위
BC-546	목공	공예	1990	7	45,000	6,552	(1)	(2)
BE-524	갯벌	생태	2006	30	25,000	2,500	(1)	(2)
NC-124	지진	안전	2001	14	12,000	12,134	(1)	(2)
UR-242	숲	생태	2002	20	20,000	12,500	(1)	(2)
QT-178	도자기	공예	2005	10	35,000	7,231	(1)	(2)
FG-688	화재	안전	1998	5	5,000	3,215	(1)	(2)
BV-122	유리	공예	1995	10	10,000	8,251	(1)	(2)
KD-166	습지	생태	2000	15	30,000	15,000	(1)	(2)
공예체험 개수			(3)			최저 체험비용		(5)
생태체험 참석인원(단위:명) 평균			(4)		체험행사명	목공	참석인원(단위:명)	(6)

조건

- 모든 데이터의 서식에는 글꼴(굴림, 11pt), 정렬은 숫자 및 회계 서식은 오른쪽 정렬, 나머지 서식은 가운데 정렬로 작성하며 예외적인 것은 《출력형태》를 참조하시오.
- 제목 ⇒ 도형(사다리꼴)과 그림자(오프셋 오른쪽)를 이용하여 작성하고 "3월 체험 행사 현황"을 입력한 후 다음 서식을 적용하시오(글꼴 – 굴림, 24pt, 검정, 굵게, 채우기 – 노랑).
- 임의의 셀에 결재란을 작성하여 그림으로 복사 기능을 이용하여 붙이기 하시오(단, 원본 삭제).
- 「B4:J4, G14, I14」 영역은 '주황'으로 채우기 하시오.
- 유효성 검사를 이용하여 「H14」 셀에 체험행사명(「C5:C12」 영역)이 선택 표시되도록 하시오.
- 셀 서식 ⇒ 「G5:G12」 영역에 셀 서식을 이용하여 숫자 뒤에 '원'을 표시하시오(예 : 45,000원).
- 「G5:G12」 영역에 대해 '체험비용'으로 이름정의를 하시오.

(1)~(6) 셀은 반드시 <u>주어진 함수</u>를 이용하여 값을 구하시오(결과값을 직접 입력하면 해당 셀은 0점 처리됨).

(1) 체험비 지원금 ⇒ 행사기간(일)이 '15' 이상이면서 참석인원(단위:명)이 '10,000' 이상이면 체험비용의 10%, 그 외에는 체험비용의 5%를 구하시오(IF, AND 함수).

(2) 순위 ⇒ 참석인원(단위:명)의 내림차순 순위를 구한 결과값에 '위'를 붙이시오(RANK.EQ 함수, & 연산자)(예 : 1위).

(3) 공예체험 개수 ⇒ 조건은 입력데이터를 이용하시오(DCOUNTA 함수).

(4) 생태체험 참석인원(단위:명) 평균 ⇒ (SUMIF, COUNTIF 함수)

(5) 최저 체험비용 ⇒ 정의된 이름(체험비용)을 이용하여 구하시오(MIN 함수).

(6) 참석인원(단위:명) ⇒ 「H14」 셀에서 선택한 체험행사명에 대한 참석인원(단위:명)을 구하시오(VLOOKUP 함수).

(7) 조건부 서식의 수식을 이용하여 체험비용이 '10,000' 이하인 행 전체에 다음의 서식을 적용하시오
    (글꼴 : 파랑, 굵게).

목표값 찾기 및 필터 **80**점

"제1작업" 시트의 「B4:H12」 영역을 복사하여 "제2작업" 시트의 「B2」 셀부터 모두 붙여넣기를 한 후 다음의 조건과 같이 작업하시오.

조건	(1) 목표값 찾기 - 「B11:G11」 셀을 병합하고, 가운데 맞춤한 후 "공예체험 체험비용 평균"을 입력하고, 「H11」 셀에 공예체험 체험비용 평균을 구하시오. 단, 조건은 입력데이터를 이용하시오 (DAVERAGE 함수, 테두리).
	- '공예체험 체험비용 평균'이 '25,000'이 되려면 목공의 체험비용이 얼마가 되어야 하는지 목표값을 구하시오.
	(2) 고급필터 - 구분이 '공예'가 아니면서 참석인원(단위:명)이 '10,000' 이하인 자료의 관리코드, 체험행사명, 행사기간(일), 체험비용, 참석인원(단위:명) 데이터만 추출하시오.
	- 조건 범위 : 「B14」 셀부터 입력하시오.
	- 복사 위치 : 「B18」 셀부터 나타나도록 하시오.

정렬 및 부분합 **80**점

"제1작업" 시트의 「B4:H12」 영역을 복사하여 "제3작업" 시트의 「B2」 셀부터 모두 붙여넣기를 한 후 다음의 조건과 같이 작업하시오.

조건	(1) 부분합 - 《출력형태》처럼 정렬하고, 체험행사명의 개수와 참석인원(단위:명)의 평균을 구하시오.
	(2) 개요【윤곽】 - 지우시오.
	(3) 나머지 사항은 《출력형태》에 맞게 작성하시오.

출력형태

	A	B	C	D	E	F	G	H
1								
2		관리코드	체험행사명	구분	시작연도	행사기간(일)	체험비용	참석인원(단위:명)
3		NC-124	지진	안전	2001	14	12,000원	12,134
4		FG-688	화재	안전	1998	5	5,000원	3,215
5				안전 평균				7,675
6			2	안전 개수				
7		BE-524	갯벌	생태	2006	30	25,000원	2,500
8		UR-242	숲	생태	2002	20	20,000원	12,500
9		KD-166	습지	생태	2000	15	30,000원	15,000
10				생태 평균				10,000
11			3	생태 개수				
12		BC-546	목공	공예	1990	7	45,000원	6,552
13		QT-178	도자기	공예	2005	10	35,000원	7,231
14		BV-122	유리	공예	1995	10	10,000원	8,251
15				공예 평균				7,345
16			3	공예 개수				
17				전체 평균				8,423
18			8	전체 개수				
19								

"제1작업" 시트를 이용하여 조건에 따라 《출력형태》와 같이 작업하시오.

조건	
	(1) 차트 종류 ⇒ 〈묶은 세로 막대형〉으로 작업하시오.
	(2) 데이터 범위 ⇒ "제1작업" 시트의 내용을 이용하여 작업하시오.
	(3) 위치 ⇒ "새 시트"로 이동하고, "제4작업"으로 시트 이름을 바꾸시오.
	(4) 차트 디자인 도구 ⇒ 레이아웃 3, 스타일 1을 선택하여 《출력형태》에 맞게 작업하시오.
	(5) 영역 서식 ⇒ 차트 : 글꼴(굴림, 11pt), 채우기 효과(질감 – 파랑 박엽지)
	그림 : 채우기(흰색, 배경1)
	(6) 제목 서식 ⇒ 차트 제목 : 글꼴(굴림, 굵게, 20pt), 채우기(흰색, 배경1), 테두리
	(7) 서식 ⇒ 참석인원(단위:명) 계열의 차트 종류를 〈표식이 있는 꺾은선형〉으로 변경한 후 보조 축으로 지정하시오.
	계열 : 《출력형태》를 참조하여 표식(네모, 크기 10)과 레이블 값을 표시하시오.
	눈금선 : 선 스타일 – 파선
	축 : 《출력형태》를 참조하시오.
	(8) 범례 ⇒ 범례명을 변경하고 《출력형태》를 참조하시오.
	(9) 도형 ⇒ '모서리가 둥근 사각형 설명선'을 삽입한 후 《출력형태》와 같이 내용을 입력하시오.
	(10) 나머지 사항은 《출력형태》에 맞게 작성하시오.

출력형태	
	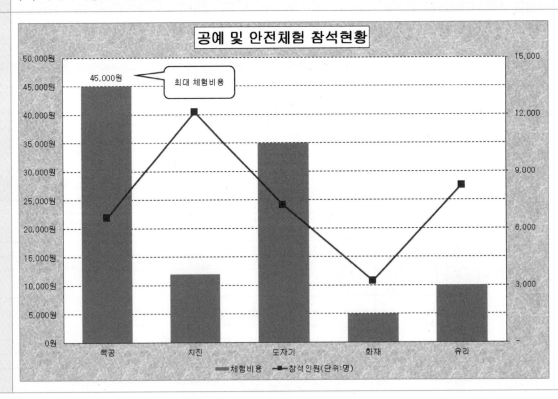

주의 시트명 순서가 차례대로 "제1작업", "제2작업", "제3작업", "제4작업"이 되도록 할 것

수험번호 20253003　정답파일 PART 03 최신 기출문제\최신03회_정답.xlsx

▶ 합격 강의

제 1 작업 | **표 서식 작성 및 값 계산** | **240**점

다음은 '한마음 수입식자재 관리 현황'에 대한 자료이다. 자료를 입력하고 조건에 맞도록 작업하시오.

출력형태

				결재	팀장	과장	대표

한마음 수입식자재 관리 현황

관리코드	분류	식품명	판매가(원)	원산지	중량	전월판매량(개)	구분	적립금
SA2-01	소스류	어니언크림드레싱	13,000	이탈리아	1.0	970	(1)	(2)
CH1-01	수입치즈	모짜렐라블록	17,500	이탈리아	0.5	850	(1)	(2)
SA3-02	소스류	홀그레인머스타드	37,500	프랑스	3.0	1,030	(1)	(2)
PD2-01	분말류	파스타밀가루	43,500	이탈리아	4.0	430	(1)	(2)
CH3-02	수입치즈	고다슬라이스	14,700	네덜란드	0.8	1,250	(1)	(2)
SA1-03	소스류	트러플페이스트	42,000	네덜란드	0.5	770	(1)	(2)
PD1-02	분말류	파마산치즈가루	21,000	프랑스	1.5	1,050	(1)	(2)
CH2-03	수입치즈	스트링치즈	28,500	프랑스	1.2	590	(1)	(2)
전월판매량(개) 1000 이상인 식품수			(3)			최대 전월판매량(개)		(5)
소스류 판매가(원) 평균			(4)			관리코드	SA2-01 원산지	(6)

조건
- 모든 데이터의 서식에는 글꼴(굴림, 11pt), 정렬은 숫자 및 회계 서식은 오른쪽 정렬, 나머지 서식은 가운데 정렬로 작성하며 예외적인 것은 ≪출력형태≫를 참조하시오.
- 제목 ⇒ 도형(십자형)과 그림자(오프셋 오른쪽)를 이용하여 작성하고 "한마음 수입식자재 관리 현황"을 입력한 후 다음 서식을 적용하시오(글꼴 – 굴림, 24pt, 검정, 굵게, 채우기 – 노랑).
- 임의의 셀에 결재란을 작성하여 그림으로 복사 기능을 이용하여 붙이기 하시오(단, 원본 삭제).
- 「B4:J4, G14, I14」 영역은 '주황'으로 채우기 하시오.
- 유효성 검사를 이용하여 「H14」 셀에 관리코드(「B5:B12」 영역)가 선택 표시되도록 하시오.
- 셀 서식 ⇒ 「G5:G12」 영역에 셀 서식을 이용하여 숫자 뒤에 'kg'을 표시하시오(예 : 1.0kg).
- 「H5:H12」 영역에 대해 '전월판매량'으로 이름정의를 하시오.

(1)~(6) 셀은 반드시 주어진 함수를 이용하여 값을 구하시오(결과값을 직접 입력하면 해당 셀은 0점 처리됨).

(1) 구분 ⇒ 관리코드의 세 번째 값이 1이면 '특가상품', 2이면 '베스트상품', 3이면 '무배상품'으로 표시하시오 (CHOOSE, MID 함수).

(2) 적립금 ⇒ 분류가 수입치즈이면 판매가(원)의 3%, 아니면 판매가(원)의 2%로 계산하시오(IF 함수).

(3) 전월판매량(개) 1000 이상인 식품수 ⇒ 결과값에 '개'를 붙이시오(COUNTIF 함수, & 연산자)(예 : 1개).

(4) 소스류 판매가(원) 평균 ⇒ 반올림하여 천원 단위까지 구하시오. 단, 조건은 입력데이터를 이용하시오 (ROUND, DAVERAGE 함수)(예 : 20,630 → 21,000).

(5) 최대 전월판매량(개) ⇒ 정의된 이름(전월판매량)을 이용하여 구하시오(MAX 함수).

(6) 원산지 ⇒ 「H14」 셀에서 선택한 관리코드에 대한 원산지를 구하시오(VLOOKUP 함수).

(7) 조건부 서식의 수식을 이용하여 판매가(원)가 '30,000' 이상인 행 전체에 다음의 서식을 적용하시오 (글꼴 : 파랑, 굵게).

"제1작업" 시트의 「B4:H12」 영역을 복사하여 "제2작업" 시트의 「B2」 셀부터 모두 붙여넣기를 한 후 다음의 조건과 같이 작업하시오.

조건	(1) 고급 필터 – 분류가 '분말류'이거나, 전월판매량(개)이 '1,000' 이상인 자료의 관리코드, 원산지, 식품명, 판매가(원) 데이터만 추출하시오. 　　　– 조건 범위 : 「B13」 셀부터 입력하시오. 　　　– 복사 위치 : 「B18」 셀부터 나타나도록 하시오. (2) 표 서식 – 고급필터의 결과셀을 채우기 없음으로 설정한 후 '표 스타일 보통 7'의 서식을 적용하시오. 　　　– 머리글 행, 줄무늬 행을 적용하시오.

"제1작업" 시트를 이용하여 "제3작업" 시트에 조건에 따라 ≪출력형태≫와 같이 작업하시오.

조건	(1) 판매가(원) 및 분류의 식품명의 개수와 전월판매량(개)의 평균을 구하시오. (2) 판매가(원)를 그룹화하고, 분류를 ≪출력형태≫와 같이 정렬하시오. (3) 레이블이 있는 셀 병합 및 가운데 맞춤 적용 및 빈 셀은 '***'로 표시하시오. (4) 행의 총합계는 지우고, 나머지 사항은 ≪출력형태≫에 맞게 작성하시오.

출력형태								
	A	B	C	D	E	F	G	H
1								
2			분류 ▼					
3			수입치즈		소스류		분말류	
4		판매가(원) ▼	개수 : 식품명	평균 : 전월판매량(개)	개수 : 식품명	평균 : 전월판매량(개)	개수 : 식품명	평균 : 전월판매량(개)
5		1-15000	1	1,250	1	970	***	***
6		15001-30000	2	720	***	***	1	1,050
7		30001-45000	***	***	2	900	1	430
8		총합계	3	897	3	923	2	740
9								

"제1작업" 시트를 이용하여 조건에 따라 《출력형태》와 같이 작업하시오.

조건	
	(1) 차트 종류 ⇒ 〈묶은 세로 막대형〉으로 작업하시오.
	(2) 데이터 범위 ⇒ "제1작업" 시트의 내용을 이용하여 작업하시오.
	(3) 위치 ⇒ "새 시트"로 이동하고, "제4작업"으로 시트 이름을 바꾸시오.
	(4) 차트 디자인 도구 ⇒ 레이아웃 3, 스타일 1을 선택하여 《출력형태》에 맞게 작업하시오.
	(5) 영역 서식 ⇒ 차트 : 글꼴(굴림, 11pt), 채우기 효과(질감 – 파랑 박엽지)
	그림 : 채우기(흰색, 배경1)
	(6) 제목 서식 ⇒ 차트 제목 : 글꼴(굴림, 굵게, 20pt), 채우기(흰색, 배경1), 테두리
	(7) 서식 ⇒ 중량 계열의 차트 종류를 〈표식이 있는 꺾은선형〉으로 변경한 후 보조 축으로 지정하시오.
	계열 : 《출력형태》를 참조하여 표식(네모, 크기 10)과 레이블 값을 표시하시오.
	눈금선 : 선 스타일 – 파선
	축 : 《출력형태》를 참조하시오.
	(8) 범례 ⇒ 범례명을 변경하고 《출력형태》를 참조하시오.
	(9) 도형 ⇒ '모서리가 둥근 사각형 설명선'을 삽입한 후 《출력형태》와 같이 내용을 입력하시오.
	(10) 나머지 사항은 《출력형태》에 맞게 작성하시오.

<table>
<tr><td>출력형태</td><td>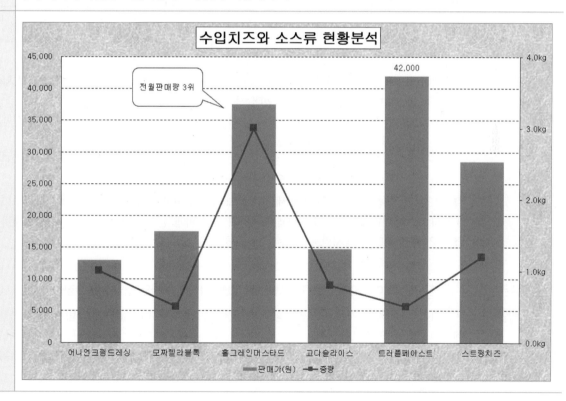</td></tr>
</table>

주의 시트명 순서가 차례대로 "제1작업", "제2작업", "제3작업", "제4작업"이 되도록 할 것

최신 기출문제 04회

수험번호 20253004 　 정답파일 PART 03 최신 기출문제₩최신04회_정답.xlsx

▶ 합격 강의

제 1 작업 　 표 서식 작성 및 값 계산 　 240점

다음은 '인기 캡슐 커피머신 상품 비교'에 대한 자료이다. 자료를 입력하고 조건에 맞도록 작업하시오.

출력형태	

	담당	팀장	본부장
결재			

인기 캡슐 커피머신 상품 비교

관리번호	수입판매원	제품명	출시연도	물통용량(L)	소비전력(W)	판매가격	VIP 할인가	제조국
EF-100	네소프레소	시티즈플래티넘	2023년	1.00	1,150	315,000	(1)	(2)
XN-107	네소카페	지니오에스베이직	2020년	0.80	1,340	89,000	(1)	(2)
CP-206	일라오미	프란시스와이	2020년	0.75	850	112,750	(1)	(2)
FL-309	네소프레소	에센자미니	2017년	0.60	1,180	151,140	(1)	(2)
NS-201	네소카페	지니오에스쉐어	2022년	0.80	1,500	138,800	(1)	(2)
XF-405	네소프레소	크리아티스타플러스	2017년	1.50	1,600	789,500	(1)	(2)
SC-106	일라오미	씽킹캡슐머신	2022년	0.62	1,200	78,570	(1)	(2)
ML-308	일라오미	엑스원 이녹스	2021년	1.00	1,200	572,150	(1)	(2)
판매가격 전체평균			(3)			2022년 출시제품 개수		(5)
일라오미 소비전력(W) 합계			(4)		제품명	시티즈플래티넘	소비전력(W)	(6)

조건

- 모든 데이터의 서식에는 글꼴(굴림, 11pt), 정렬은 숫자 및 회계 서식은 오른쪽 정렬, 나머지 서식은 가운데 정렬로 작성하며 예외적인 것은 ≪출력형태≫를 참조하시오.
- 제목 ⇒ 도형(사다리꼴)과 그림자(오프셋 오른쪽)를 이용하여 작성하고 "인기 캡슐 커피머신 상품 비교"를 입력한 후 다음 서식을 적용하시오(글꼴 – 굴림, 24pt, 검정, 굵게, 채우기 – 노랑).
- 임의의 셀에 결재란을 작성하여 그림으로 복사 기능을 이용하여 붙이기 하시오(단, 원본 삭제).
- 「B4:J4, G14, I14」 영역은 '주황'으로 채우기 하시오.
- 유효성 검사를 이용하여 「H14」 셀에 제품명(「D5:D12」 영역)이 선택 표시되도록 하시오.
- 셀 서식 ⇒ 「H5:H12」 영역에 셀 서식을 이용하여 숫자 뒤에 '원'을 표시하시오(예 : 89,000원).
- 「E5:E12」 영역에 대해 '출시연도'로 이름정의를 하시오.

(1)~(6) 셀은 반드시 <u>주어진 함수</u>를 이용하여 값을 구하시오(결과값을 직접 입력하면 해당 셀은 0점 처리됨).

(1) VIP 할인가 ⇒ 「판매가격 × 95%」를 계산하고, 반올림하여 천원 단위까지 구하시오(ROUND 함수) (예 : 84,550 → 85,000).

(2) 제조국 ⇒ 관리번호 네 번째 글자가 1이면 '중국', 2이면 '이탈리아', 그 외에는 '기타'로 구하시오(IF, MID 함수).

(3) 판매가격 전체평균 ⇒ 내림하여 백원 단위까지 구하시오(ROUNDDOWN, AVERAGE 함수) (예 : 280,864 → 280,800).

(4) 일라오미 소비전력(W) 합계 ⇒ (SUMIF 함수)

(5) 2022년 출시제품 개수 ⇒ 정의된 이름(출시연도)을 이용하여 구한 결과 값에 '건'을 붙이시오(COUNTIF 함수, & 연산자) (예 : 1건).

(6) 소비전력(W) ⇒ 「H14」 셀에서 선택한 제품명에 대한 소비전력(W)을 구하시오(VLOOKUP 함수).

(7) 조건부 서식의 수식을 이용하여 물통용량(L)이 '1' 이상인 행 전체에 다음의 서식을 적용하시오 (글꼴 : 파랑, 굵게).

"제1작업" 시트의 「B4:H12」 영역을 복사하여 **"제2작업"** 시트의 「B2」 셀부터 모두 붙여넣기를 한 후 다음의 조건과 같이 작업하시오.

조건	
(1) 목표값 찾기 – 「B11:G11」 셀을 병합하고, 가운데 맞춤한 후 "네소프레소 소비전력(W) 평균"을 입력하고, 「H11」 셀에 네소프레소 소비전력(W) 평균을 구하시오. 단, 조건은 입력데이터를 이용하시오(DAVERAGE 함수, 테두리).	
– '네소프레소 소비전력(W) 평균'이 '1,300'이 되려면 시티즈플래티넘의 소비전력(W)이 얼마가 되어야 하는지 목표값을 구하시오.	
(2) 고급필터 – 수입판매원이 '네소프레소'가 아니면서 판매가격이 '100,000' 이상인 자료의 관리번호, 제품명, 출시연도, 물통용량(L), 판매가격 데이터만 추출하시오.	
– 조건 범위 : 「B14」 셀부터 입력하시오.	
– 복사 위치 : 「B18」 셀부터 나타나도록 하시오.	

"제1작업" 시트의 「B4:H12」 영역을 복사하여 **"제3작업"** 시트의 「B2」 셀부터 모두 붙여넣기를 한 후 다음의 조건과 같이 작업하시오.

조건	
(1) 부분합 – ≪출력형태≫처럼 정렬하고, 제품명의 개수와 판매가격의 평균을 구하시오.	
(2) 개요【윤곽】– 지우시오.	
(3) 나머지 사항은 ≪출력형태≫에 맞게 작성하시오.	

출력형태

관리번호	수입판매원	제품명	출시연도	물통용량(L)	소비전력(W)	판매가격
EF-100	네소프레소	시티즈플래티넘	2023년	1.00	1,150	315,000원
FL-309	네소프레소	에센자미니	2017년	0.60	1,180	151,140원
XF-405	네소프레소	크리아티스타플러스	2017년	1.50	1,600	789,500원
	네소프레소 개수	3				
	네소프레소 평균					418,547원
CP-206	일라오미	프란시스와이	2020년	0.75	850	112,750원
SC-106	일라오미	씽킹캡슐머신	2022년	0.62	1,200	78,570원
ML-308	일라오미	엑스원 이녹스	2021년	1.00	1,200	572,150원
	일라오미 개수	3				
	일라오미 평균					254,490원
XN-107	네소카페	지니오에스베이직	2020년	0.80	1,340	89,000원
NS-201	네소카페	지니오에스쉐어	2022년	0.80	1,500	138,800원
	네소카페 개수	2				
	네소카페 평균					113,900원
	전체 개수	8				
	전체 평균					280,864원

"제1작업" 시트를 이용하여 조건에 따라 ≪출력형태≫와 같이 작업하시오.

조건	
	(1) 차트 종류 ⇒ 〈묶은 세로 막대형〉으로 작업하시오.
	(2) 데이터 범위 ⇒ "제1작업" 시트의 내용을 이용하여 작업하시오.
	(3) 위치 ⇒ "새 시트"로 이동하고, "제4작업"으로 시트 이름을 바꾸시오.
	(4) 차트 디자인 도구 ⇒ 레이아웃 3, 스타일 1을 선택하여 ≪출력형태≫에 맞게 작업하시오.
	(5) 영역 서식 ⇒ 차트 : 글꼴(굴림, 11pt), 채우기 효과(질감 – 파랑 박엽지)
	그림 : 채우기(흰색, 배경1)
	(6) 제목 서식 ⇒ 차트 제목 : 글꼴(굴림, 굵게, 20pt), 채우기(흰색, 배경1), 테두리
	(7) 서식 ⇒ 소비전력(W) 계열의 차트 종류를 〈표식이 있는 꺾은선형〉으로 변경한 후 보조 축으로 지정하시오.
	계열 : ≪출력형태≫를 참조하여 표식(네모, 크기 10)과 레이블 값을 표시하시오.
	눈금선 : 선 스타일 – 파선
	축 : ≪출력형태≫를 참조하시오.
	(8) 범례 ⇒ 범례명을 변경하고 ≪출력형태≫를 참조하시오.
	(9) 도형 ⇒ '모서리가 둥근 사각형 설명선'을 삽입한 후 ≪출력형태≫와 같이 내용을 입력하시오.
	(10) 나머지 사항은 ≪출력형태≫에 맞게 작성하시오.

출력형태	

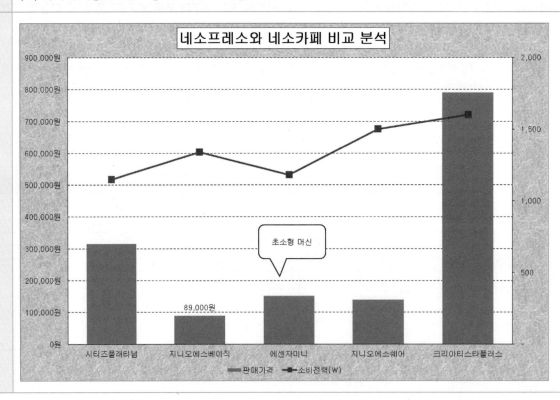

주의 시트명 순서가 차례대로 "제1작업", "제2작업", "제3작업", "제4작업"이 되도록 할 것

최신 기출문제 05회

수험번호 20253005 | **정답파일** PART 03 최신 기출문제₩최신05회_정답.xlsx

▶ 합격 강의

제 1 작업 **표 서식 작성 및 값 계산** 240점

다음은 '연구사업 진행 현황'에 대한 자료이다. 자료를 입력하고 조건에 맞도록 작업하시오.

출력형태

관리코드	사업명	관리팀	사업구분	진행 인원수	시작일	기본예산 (단위:원)	진행기간	예산순위
EA4-06	이러닝	교육관리	교육	7	2023-07-10	46,200,000	(1)	(2)
TA3-07	AR개발	개발1팀	기술	11	2023-07-01	83,700,000	(1)	(2)
TS1-12	홈네트워크	개발2팀	기술	13	2023-06-20	185,000,000	(1)	(2)
MA2-03	마케팅	개발1팀	영업	3	2023-10-05	22,700,000	(1)	(2)
TE1-10	네트워크보안	개발1팀	기술	10	2023-06-01	136,000,000	(1)	(2)
SA2-05	VR개발	개발2팀	기술	9	2023-08-10	34,700,000	(1)	(2)
EA4-04	연수원관리	교육관리	교육	6	2023-09-20	28,000,000	(1)	(2)
TE3-05	환경개선	개발2팀	기술	7	2023-09-01	103,000,000	(1)	(2)
개발1팀 기본예산(단위:원) 평균		(3)			교육 사업의 총 기본예산(단위:원)			(5)
최다 진행인원수		(4)			사업명	이러닝	사업구분	(6)

제목 표 상단에 "연구사업 진행 현황" 및 결재란(담당/팀장/본부장)

조건
- 모든 데이터의 서식에는 글꼴(굴림, 11pt), 정렬은 숫자 및 회계 서식은 오른쪽 정렬, 나머지 서식은 가운데 정렬로 작성하며 예외적인 것은 《출력형태》를 참조하시오.
- 제목 ⇒ 도형(십자형)과 그림자(오프셋 오른쪽)를 이용하여 작성하고 "연구사업 진행 현황"을 입력한 후 다음 서식을 적용하시오(글꼴 – 굴림, 24pt, 검정, 굵게, 채우기 – 노랑).
- 임의의 셀에 결재란을 작성하여 그림으로 복사 기능을 이용하여 붙이기 하시오(단, 원본 삭제).
- 「B4:J4, G14, I14」 영역은 '주황'으로 채우기 하시오.
- 유효성 검사를 이용하여 「H14」 셀에 사업명(「C5:C12」 영역)가 선택 표시되도록 하시오.
- 셀 서식 ⇒ 「F5:F12」 영역에 셀 서식을 이용하여 숫자 뒤에 '명'을 표시하시오(예 : 7명).
- 「F5:F12」 영역에 대해 '진행인원수'로 이름정의를 하시오.

(1)~(6) 셀은 반드시 주어진 함수를 이용하여 값을 구하시오(결과값을 직접 입력하면 해당 셀은 0점 처리됨).

(1) 진행기간 ⇒ 「14 – 시작일의 월」을 구한 값에 '개월'을 붙이시오(MONTH 함수, & 연산자) (예 : 1개월).

(2) 예산순위 ⇒ 기본예산(단위:원)의 내림차순 순위를 '1~3'만 표시하고 그 외에는 공백으로 구하시오 (IF, RANK.EQ 함수).

(3) 개발1팀 기본예산(단위:원) 평균 ⇒ 개발1팀의 기본예산(단위:원) 평균을 구하시오(SUMIF, COUNTIF 함수).

(4) 최다 진행인원수 ⇒ 정의된 이름(진행인원수)을 이용하여 구하시오(MAX 함수).

(5) 교육 사업의 총 기본예산(단위:원) ⇒ 조건은 입력데이터를 이용하여 구하시오(DSUM 함수).

(6) 사업구분 ⇒ 「H14」 셀에서 선택한 사업명의 사업구분을 구하시오(VLOOKUP 함수).

(7) 조건부 서식의 수식을 이용하여 진행인원수가 '10' 이상인 행 전체에 다음의 서식을 적용하시오 (글꼴 : 파랑, 굵게).

"제1작업" 시트의 「B4:H12」 영역을 복사하여 "제2작업" 시트의 「B2」 셀부터 모두 붙여넣기를 한 후 다음의 조건과 같이 작업하시오.

조건	(1) 고급 필터 – 사업구분이 '교육'이거나, 기본예산(단위:원)이 '130,000,000' 이상인 자료의 관리코드, 사업명, 진행인원수, 기본예산(단위:원) 데이터만 추출하시오. – 조건 범위 : 「B13」 셀부터 입력하시오. – 복사 위치 : 「B18」 셀부터 나타나도록 하시오. (2) 표 서식 –고급필터의 결과셀을 채우기 없음으로 설정한 후 '표 스타일 보통 7'의 서식을 적용하시오. – 머리글 행, 줄무늬 행을 적용하시오.

| 제 3 작업 | 피벗 테이블 | 80점 |

"제1작업" 시트를 이용하여 "제3작업" 시트에 조건에 따라 ≪출력형태≫와 같이 작업하시오.

조건	(1) 진행인원수 및 사업구분별 사업명의 개수와 기본예산(단위:원)의 평균을 구하시오. (2) 진행인원수를 그룹화하고, 사업구분을 ≪출력형태≫와 같이 정렬하시오. (3) 레이블이 있는 셀 병합 및 가운데 맞춤 적용 및 빈 셀은 '***'로 표시하시오. (4) 행의 총합계는 지우고, 나머지 사항은 ≪출력형태≫에 맞게 작성하시오.

출력형태

진행인원수	개수 : 사업명 (영업)	평균 : 기본예산(단위:원)	개수 : 사업명 (기술)	평균 : 기본예산(단위:원)	개수 : 사업명 (교육)	평균 : 기본예산(단위:원)
3-6	1	22,700,000	***	***	1	28,000,000
7-10	***	***	3	91,233,333	1	46,200,000
11-14	***	***	2	134,350,000	***	***
총합계	1	22,700,000	5	108,480,000	2	37,100,000

"제1작업" 시트를 이용하여 조건에 따라 ≪출력형태≫와 같이 작업하시오.

조건	
	(1) 차트 종류 ⇒ 〈묶은 세로 막대형〉으로 작업하시오.
	(2) 데이터 범위 ⇒ "제1작업" 시트의 내용을 이용하여 작업하시오.
	(3) 위치 ⇒ "새 시트"로 이동하고, "제4작업"으로 시트 이름을 바꾸시오.
	(4) 차트 디자인 도구 ⇒ 레이아웃 3, 스타일 1을 선택하여 ≪출력형태≫에 맞게 작업하시오.
	(5) 영역 서식 ⇒ 차트 : 글꼴(굴림, 11pt), 채우기 효과(질감 – 파랑 박엽지)
	그림 : 채우기(흰색, 배경1)
	(6) 제목 서식 ⇒ 차트 제목 : 글꼴(굴림, 굵게, 20pt), 채우기(흰색, 배경1), 테두리
	(7) 서식 ⇒ 기본예산(단위:원) 계열의 차트 종류를 〈표식이 있는 꺾은선형〉으로 변경한 후 보조 축으로 지정하시오.
	계열 : ≪출력형태≫를 참조하여 표식(네모, 크기 10)과 레이블 값을 표시하시오.
	눈금선 : 선 스타일 – 파선
	축 : ≪출력형태≫를 참조하시오.
	(8) 범례 ⇒ 범례명을 변경하고 ≪출력형태≫를 참조하시오.
	(9) 도형 ⇒ '모서리가 둥근 사각형 설명선'을 삽입한 후 ≪출력형태≫와 같이 내용을 입력하시오.
	(10) 나머지 사항은 ≪출력형태≫에 맞게 작성하시오.

출력형태

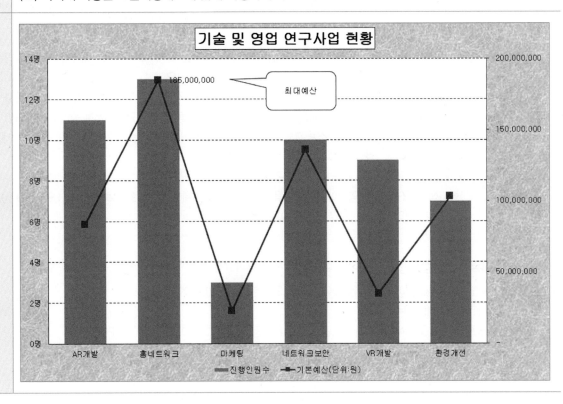

주의 시트명 순서가 차례대로 "제1작업", "제2작업", "제3작업", "제4작업"이 되도록 할 것

제 1 작업 표 서식 작성 및 값 계산   240점

다음은 '명재활의학과 1분기 환자 관리 현황'에 대한 자료이다. 자료를 입력하고 조건에 맞도록 작업하시오.

출력형태

관리번호	주민번호	환자명	치료구분	치료시작일	1회비용	치료횟수(1주)	성별	치료부위
SHD-01	541209-2*****	박시선	도수치료	2024-03-11	87,000	3	(1)	(2)
KNE-01	671105-1*****	이태호	통증치료	2024-01-19	55,000	2	(1)	(2)
SHD-02	020705-4*****	홍규림	통증치료	2024-02-07	45,000	4	(1)	(2)
WAT-01	701210-1*****	정상헌	운동치료	2024-02-23	102,000	3	(1)	(2)
KNE-02	910510-2*****	김우윤	도수치료	2024-03-15	78,500	2	(1)	(2)
WAT-02	480731-2*****	심명혜	통증치료	2024-01-15	57,500	2	(1)	(2)
SHD-03	851020-1*****	최보근	도수치료	2024-02-13	83,000	4	(1)	(2)
WAT-03	030225-3*****	정해림	운동치료	2024-03-05	98,500	3	(1)	(2)

제목: 명재활의학과 1분기 환자 관리 현황

결재 / 담당 / 과장 / 원장

| 도수치료 치료횟수(1주) 평균 | | | (3) | | 운동치료 환자 수 | | | (5) |
| 가장 많은 치료횟수(1주) | | | (4) | | 관리번호 | SHD-01 | 치료시작일 | (6) |

조건

- 모든 데이터의 서식에는 글꼴(굴림, 11pt), 정렬은 숫자 및 회계 서식은 오른쪽 정렬, 나머지 서식은 가운데 정렬로 작성하며 예외적인 것은 《출력형태》를 참조하시오.
- 제목 ⇒ 도형(배지)과 그림자(오프셋 오른쪽)를 이용하여 작성하고 "명재활의학과 1분기 환자 관리 현황"을 입력한 후 다음 서식을 적용하시오(글꼴 – 굴림, 24pt, 검정, 굵게, 채우기 – 노랑).
- 임의의 셀에 결재란을 작성하여 그림으로 복사 기능을 이용하여 붙이기 하시오(단, 원본 삭제).
- 「B4:J4, G14, I14」 영역은 '주황'으로 채우기 하시오.
- 유효성 검사를 이용하여 「H14」 셀에 관리번호(「B5:B12」 영역)가 선택 표시되도록 하시오.
- 셀 서식 ⇒ 「G5:G12」 영역에 셀 서식을 이용하여 숫자 뒤에 '원'을 표시하시오(예 : 87,000원).
- 「H5:H12」 영역에 대해 '치료횟수'로 이름정의를 하시오.

(1)~(6) 셀은 반드시 주어진 함수를 이용하여 값을 구하시오(결과값을 직접 입력하면 해당 셀은 0점 처리됨).

(1) 성별 ⇒ 주민번호 8번째 값이 1이면 '남', 2이면 '여', 3이면 '남', 4이면 '여'로 구하시오 (CHOOSE, MID 함수).

(2) 치료부위 ⇒ 관리번호 첫 번째 글자가 S이면 '어깨', K이면 '무릎', 그 외에는 '허리'로 구하시오 (IF, LEFT 함수).

(3) 도수치료 치료횟수(1주) 평균 ⇒ 단, 조건은 입력데이터를 이용하시오(DAVERAGE 함수).

(4) 가장 많은 치료횟수(1주) ⇒ 정의된 이름(치료횟수)을 이용하여 구하시오(MAX 함수).

(5) 운동치료 환자 수 ⇒ 결과값에 '명'을 붙이시오(COUNTIF 함수, & 연산자)(예 : 1명).

(6) 치료시작일 ⇒ 「H14」 셀에서 선택한 관리번호에 대한 치료시작일을 구하시오 (VLOOKUP 함수)(예 : 2024-01-01).

(7) 조건부 서식의 수식을 이용하여 1회비용이 '85,000' 이상인 행 전체에 다음의 서식을 적용하시오 (글꼴 : 파랑, 굵게).

"제1작업" 시트의 「B4:H12」 영역을 복사하여 "제2작업" 시트의 「B2」 셀부터 모두 붙여넣기를 한 후 다음의 조건과 같이 작업하시오.

조건	
	(1) 목표값 찾기 – 「B11:G11」 셀을 병합하고, 가운데 맞춤한 후 "1회비용 전체 평균"을 입력하고, 「H11」 셀에 1회비용의 전체 평균을 구하시오(AVERAGE 함수, 테두리).
	– '1회비용 전체 평균'이 '76,000'이 되려면 박시선의 1회비용이 얼마가 되어야 하는지 목표값을 구하시오.
	(2) 고급필터 – 치료구분이 '도수치료'가 아니면서 치료횟수(1주)가 '3' 이상인 자료의 관리번호, 주민번호, 환자명, 치료시작일 데이터만 추출하시오
	– 조건 범위 : 「B14」 셀부터 입력하시오.
	– 복사 위치 : 「B18」 셀부터 나타나도록 하시오.

"제1작업" 시트의 「B4:H12」 영역을 복사하여 "제3작업" 시트의 「B2」 셀부터 모두 붙여넣기를 한 후 다음의 조건과 같이 작업하시오.

조건	
	(1) 부분합 – ≪출력형태≫처럼 정렬하고, 환자명의 개수와 1회비용의 평균을 구하시오.
	(2) 개요【윤곽】 – 지우시오.
	(3) 나머지 사항은 ≪출력형태≫에 맞게 작성하시오.

출력형태

	관리번호	주민번호	환자명	치료구분	치료시작일	1회비용	치료횟수 (1주)
	KNE-01	671105-1******	이태호	통증치료	2024-01-19	55,000원	2
	SHD-02	020705-4******	홍규림	통증치료	2024-02-07	45,000원	4
	WAT-02	480731-2******	심명혜	통증치료	2024-01-15	57,500원	2
				통증치료 평균		52,500원	
			3	통증치료 개수			
	WAT-01	701210-1******	정상현	운동치료	2024-02-23	102,000원	3
	WAT-03	030225-3******	정혜림	운동치료	2024-03-05	98,500원	3
				운동치료 평균		100,250원	
			2	운동치료 개수			
	SHD-01	541209-2******	박시선	도수치료	2024-03-11	87,000원	3
	KNE-02	910510-2******	김우윤	도수치료	2024-03-15	78,500원	2
	SHD-03	851020-1******	최보근	도수치료	2024-02-13	83,000원	4
				도수치료 평균		82,833원	
			3	도수치료 개수			
				전체 평균		75,813원	
			8	전체 개수			

"제1작업" 시트를 이용하여 조건에 따라 ≪출력형태≫와 같이 작업하시오.

조건	
	(1) 차트 종류 ⇒ 〈묶은 세로 막대형〉으로 작업하시오.
	(2) 데이터 범위 ⇒ "제1작업" 시트의 내용을 이용하여 작업하시오.
	(3) 위치 ⇒ "새 시트"로 이동하고, "제4작업"으로 시트 이름을 바꾸시오.
	(4) 차트 디자인 도구 ⇒ 레이아웃 3, 스타일 1을 선택하여 ≪출력형태≫에 맞게 작업하시오.
	(5) 영역 서식 ⇒ 차트 : 글꼴(굴림, 11pt), 채우기 효과(질감 – 파랑 박엽지)
	그림 : 채우기(흰색, 배경1)
	(6) 제목 서식 ⇒ 차트 제목 : 글꼴(굴림, 굵게, 20pt), 채우기(흰색, 배경1), 테두리
	(7) 서식 ⇒ 치료횟수(1주) 계열의 차트 종류를 〈표식이 있는 꺾은선형〉으로 변경한 후 보조 축으로 지정하시오.
	계열 : ≪출력형태≫를 참조하여 표식(마름모, 크기 10)과 레이블 값을 표시하시오.
	눈금선 : 선 스타일 – 파선
	축 : ≪출력형태≫를 참조하시오.
	(8) 범례 ⇒ 범례명을 변경하고 ≪출력형태≫를 참조하시오.
	(9) 도형 ⇒ '모서리가 둥근 사각형 설명선'을 삽입한 후 ≪출력형태≫와 같이 내용을 입력하시오.
	(10) 나머지 사항은 ≪출력형태≫에 맞게 작성하시오.

출력형태	
	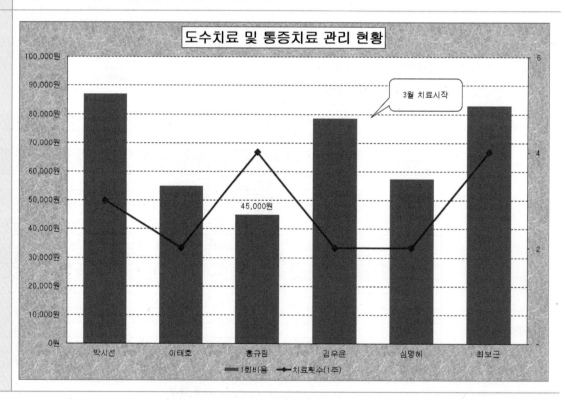

주의) 시트명 순서가 차례대로 "제1작업", "제2작업", "제3작업", "제4작업"이 되도록 할 것

▶ 합격 강의

제 1 작업　표 서식 작성 및 값 계산　　240점

다음은 '직접판매 유통업체 현황'에 대한 자료이다. 자료를 입력하고 조건에 맞도록 작업하시오.

출력형태

관리번호	회사명	분류	소재지	설립일	반품환불	매출액 (백만)	설립연도	매출액 순위
B2-03	도담도담	애견용품	부산	2013-05-01	3,950	198,619	(1)	(2)
S1-01	그린웰빙	건강식품	서울	2011-01-20	2,694	43,766	(1)	(2)
J1-04	그린라이프	건강식품	제주	2011-11-16	3,405	156,373	(1)	(2)
S2-05	마이스토어	화장품	서울	2009-12-10	4,580	643,654	(1)	(2)
B1-01	뉴스타	건강식품	부산	2007-01-24	500	22,896	(1)	(2)
S3-02	뭉이월드	애견용품	서울	2011-01-24	1,220	126,100	(1)	(2)
J3-02	레옹샵	애견용품	제주	2007-03-03	1,587	64,817	(1)	(2)
S2-03	해피월드	화장품	서울	2009-10-20	409	84,540	(1)	(2)
평균 매출액(백만) 이상인 회사 수		(3)				최대 반품환불		(5)
애견용품 매출액(백만) 합계		(4)			회사명	도담도담	반품환불	(6)

제목 확인란: 담당 / 대리 / 과장

조건

- 모든 데이터의 서식에는 글꼴(굴림, 11pt), 정렬은 숫자 및 회계 서식은 오른쪽 정렬, 나머지 서식은 가운데 정렬로 작성하며 예외적인 것은 ≪출력형태≫를 참조하시오.
- 제목 ⇒ 도형(평행 사변형)과 그림자(오프셋 오른쪽)를 이용하여 작성하고 "직접판매 유통업체 현황"을 입력한 후 다음 서식을 적용하시오(글꼴 – 굴림, 24pt, 검정, 굵게, 채우기 – 노랑).
- 임의의 셀에 결재란을 작성하여 그림으로 복사 기능을 이용하여 붙이기 하시오(단, 원본 삭제).
- 「B4:J4, G14, I14」 영역은 '주황'으로 채우기 하시오.
- 유효성 검사를 이용하여 「H14」 셀에 회사명(「C5:C12」 영역)이 선택 표시되도록 하시오.
- 셀 서식 ⇒ 「G5:G12」 영역에 셀 서식을 이용하여 숫자 뒤에 '건'을 표시하시오(예 : 3,950건).
- 「G5:G12」 영역에 대해 '반품환불'로 이름정의를 하시오.

(1)~(6) 셀은 반드시 **주어진 함수**를 이용하여 값을 구하시오(결과값을 직접 입력하면 해당 셀은 0점 처리됨).

(1) 설립연도 ⇒ 설립일의 연도를 구하시오(YEAR 함수).

(2) 매출액 순위 ⇒ 매출액(백만)의 내림차순 순위를 1~3까지 구하고, 그 외에는 공백으로 표시하시오
　　　　(IF, RANK.EQ 함수).

(3) 평균 매출액(백만) 이상인 회사 수 ⇒ 매출액(백만)이 평균 이상인 회사 수를 구한 후 결과값에 '개'를 붙이시오
　　　　(COUNTIF, AVERAGE 함수, & 연산자)(예 : 3개).

(4) 애견용품 매출액(백만) 합계 ⇒ (SUMIF 함수)

(5) 최대 반품환불 ⇒ 정의된 이름(반품환불)을 이용하여 구하시오(MAX 함수).

(6) 반품환불 ⇒ 「H14」셀에서 선택한 회사명에 대한 반품환불을 구하시오(VLOOKUP 함수).

(7) 조건부 서식의 수식을 이용하여 반품환불이 '3,000' 이상인 행 전체에 다음의 서식을 적용하시오
　　(글꼴 : 파랑, 굵게).

"제1작업" 시트의 「B4:H12」 영역을 복사하여 "제2작업" 시트의 「B2」 셀부터 모두 붙여넣기를 한 후 다음의 조건과 같이 작업하시오.

조건	(1) 고급 필터 – 소재지가 '제주'이거나 설립일이 '2010-01-01' 이후(해당일 포함)인 자료의 회사명, 소재지, 반품환불, 매출액(백만) 데이터만 추출하시오. 　　　　– 조건 범위 : 「B14」 셀부터 입력하시오. 　　　　– 복사 위치 : 「B18」 셀부터 나타나도록 하시오. (2) 표 서식 – 고급필터의 결과셀을 채우기 없음으로 설정한 후 '표 스타일 밝게 9'의 서식을 적용하시오. 　　　　– 머리글 행, 줄무늬 행을 적용하시오.

"제1작업" 시트를 이용하여 "제3작업" 시트에 조건에 따라 ≪출력형태≫와 같이 작업하시오.

조건	(1) 설립일 및 분류별 회사명의 개수와 매출액(백만)의 평균을 구하시오. (2) 설립일을 그룹화하고, 분류를 ≪출력형태≫와 같이 정렬하시오. (3) 레이블이 있는 셀 병합 및 가운데 맞춤 적용과 빈 셀은 '＊＊'로 표시하시오. (4) 행의 총합계는 지우고, 나머지 사항은 ≪출력형태≫에 맞게 작성하시오.

출력형태	

	A	B	C	D	E	F	G	H
1								
2			분류 ↓					
3			화장품		애견용품		건강식품	
4		설립일 ▼	개수 : 회사명	평균 : 매출액(백만)	개수 : 회사명	평균 : 매출액(백만)	개수 : 회사명	평균 : 매출액(백만)
5		2007년	＊＊	＊＊	1	64,817	1	22,896
6		2009년	2	364,097	＊＊	＊＊	＊＊	＊＊
7		2011년	＊＊	＊＊	1	126,100	2	100,070
8		2013년	＊＊	＊＊	1	198,619	＊＊	＊＊
9		총합계	2	364,097	3	129,845	3	74,345

"제1작업" 시트를 이용하여 조건에 따라 ≪출력형태≫와 같이 작업하시오.

조건	(1) 차트 종류 ⇒ 〈묶은 세로 막대형〉으로 작업하시오.
	(2) 데이터 범위 ⇒ "제1작업" 시트의 내용을 이용하여 작업하시오.
	(3) 위치 ⇒ "새 시트"로 이동하고, "제4작업"으로 시트 이름을 바꾸시오.
	(4) 차트 디자인 도구 ⇒ 레이아웃 3, 스타일 1을 선택하여 ≪출력형태≫에 맞게 작업하시오.
	(5) 영역 서식 ⇒ 차트 : 글꼴(굴림, 11pt), 채우기 효과(질감 – 분홍 박엽지)
	그림 : 채우기(흰색, 배경1)
	(6) 제목 서식 ⇒ 차트 제목 : 글꼴(굴림, 굵게, 20pt), 채우기(흰색, 배경1), 테두리
	(7) 서식 ⇒ 매출액(백만) 계열의 차트 종류를 〈표식이 있는 꺾은선형〉으로 변경한 후 보조 축으로 지정하시오.
	계열 : ≪출력형태≫를 참조하여 표식(세모, 크기 10)과 레이블 값을 표시하시오.
	눈금선 : 선 스타일 – 파선
	축 : ≪출력형태≫를 참조하시오.
	(8) 범례 ⇒ 범례명을 변경하고 ≪출력형태≫를 참조하시오.
	(9) 도형 ⇒ '모서리가 둥근 사각형 설명선'을 삽입한 후 ≪출력형태≫와 같이 내용을 입력하시오.
	(10) 나머지 사항은 ≪출력형태≫에 맞게 작성하시오.
출력형태	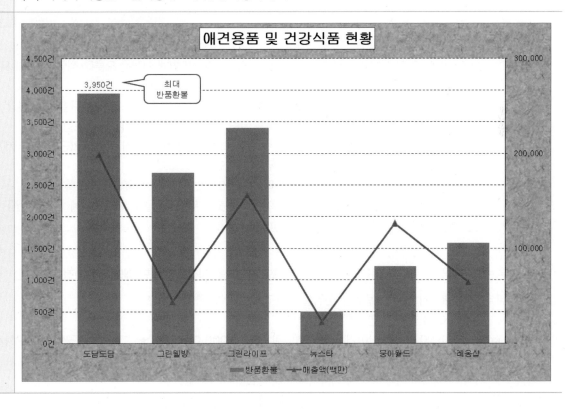

주의 시트명 순서가 차례대로 "제1작업", "제2작업", "제3작업", "제4작업"이 되도록 할 것

최신 기출문제 08회

| 수험번호 | 20253008 | 정답파일 | PART 03 최신 기출문제₩최신08회_정답.xlsx |

합격 강의

| 제 1 작업 | 표 서식 작성 및 값 계산 | 240점 |

다음은 '소고기 부위별 판매 현황'에 대한 자료이다. 자료를 입력하고 조건에 맞도록 작업하시오.

출력형태

						결 재	담당		팀장		부장

품목코드	부위	생산일	구분	kg당 가격	판매량 (단위:kg)	납품한 시장 수	판매순위	비고
FVS-39	앞다리	2023-12-19	1+등급	75,600	1,294	39	(1)	(2)
SKR-86	앞다리	2023-12-29	2등급	52,000	4,188	73	(1)	(2)
ATE-38	안심	2023-12-24	1++등급	98,200	1,350	37	(1)	(2)
MYH-19	안심	2023-12-22	1등급	95,600	1,472	38	(1)	(2)
FEW-29	등심	2023-12-24	1등급	79,200	4,870	86	(1)	(2)
EUY-39	앞다리	2023-12-30	1++등급	73,000	3,765	71	(1)	(2)
TVE-68	등심	2023-12-27	2등급	66,400	5,760	98	(1)	(2)
MTT-92	등심	2023-12-24	1+등급	88,700	3,240	56	(1)	(2)
kg당 최고 가격			(3)			앞다리 부위 판매량(단위:kg) 합계		(5)
등심 부위 납품한 시장 수 평균			(4)			품목코드	FVS-39 생산일	(6)

조건

- 모든 데이터의 서식에는 글꼴(굴림, 11pt), 정렬은 숫자 및 회계 서식은 오른쪽 정렬, 나머지 서식은 가운데 정렬로 작성하며 예외적인 것은 《출력형태》를 참조하시오.
- 제목 ⇒ 도형(배지)과 그림자(오프셋 오른쪽)를 이용하여 작성하고 "소고기 부위별 판매 현황"을 입력한 후 다음 서식을 적용하시오(글꼴 – 굴림, 24pt, 검정, 굵게, 채우기 – 노랑).
- 임의의 셀에 결재란을 작성하여 그림으로 복사 기능을 이용하여 붙이기 하시오(단, 원본 삭제).
- 「B4:J4, G14, I14」 영역은 '주황'으로 채우기 하시오.
- 유효성 검사를 이용하여 「H14」 셀에 품목코드(「B5:B12」 영역)가 선택 표시되도록 하시오.
- 셀 서식 ⇒ 「F5:F12」 영역에 셀 서식을 이용하여 숫자 뒤에 '원'을 표시하시오(예 : 75,600원).
- 「F5:F12」 영역에 대해 '가격'으로 이름정의를 하시오.

(1)~(6) 셀은 반드시 <u>주어진 함수</u>를 이용하여 값을 구하시오(결과값을 직접 입력하면 해당 셀은 0점 처리됨).

(1) 판매순위 ⇒ 판매량(단위:kg)의 내림차순 순위를 구한 결과값에 '위'를 붙이시오
　　　　(RANK.EQ 함수, & 연산자)(예 : 1위).

(2) 비고 ⇒ kg당 가격이 90,000 이상이거나 판매량(단위:kg)이 5,000 이상이면 '★', 그 외에는 공백으로 구하시오
　　　　(IF, OR 함수).

(3) kg당 최고 가격 ⇒ 정의된 이름(가격)을 이용하여 구하시오(MAX 함수).

(4) 등심 부위 납품한 시장 수 평균 ⇒ (SUMIF, COUNTIF 함수)

(5) 앞다리 부위 판매량(단위:kg) 합계 ⇒ 조건은 입력데이터를 이용하시오(DSUM 함수).

(6) 생산일 ⇒ 「H14」 셀에서 선택한 품목코드에 대한 생산일을 구하시오(VLOOKUP 함수)(예 : 2024-01-01).

(7) 조건부 서식의 수식을 이용하여 납품한 시장 수가 '50' 이하인 행 전체에 다음의 서식을 적용하시오
　　(글꼴 : 파랑, 굵게).

"제1작업" 시트의 「B4:H12」 영역을 복사하여 "제2작업" 시트의 「B2」 셀부터 모두 붙여넣기를 한 후 다음의 조건과 같이 작업하시오.

조건	(1) 목표값 찾기 – 「B11:G11」 셀을 병합하고, 가운데 맞춤한 후 "판매량(단위:kg) 전체 평균"을 입력하고, 「H11」 셀에 판매량(단위:kg) 전체 평균을 구하시오(AVERAGE 함수, 테두리).
	– '판매량(단위:kg) 전체 평균'이 '3,300'이 되려면 FVS-39의 판매량(단위:kg)이 얼마가 되어야 하는지 목표값을 구하시오.
	(2) 고급필터 – 부위가 '앞다리'가 아니면서 kg당 가격이 '90,000' 이하인 자료의 품목코드, 구분, kg당 가격, 판매량(단위:kg) 데이터만 추출하시오.
	– 조건 범위 : 「B14」 셀부터 입력하시오.
	– 복사 위치 : 「B18」 셀부터 나타나도록 하시오.

"제1작업" 시트의 「B4:H12」 영역을 복사하여 "제3작업" 시트의 「B2」 셀부터 모두 붙여넣기를 한 후 다음의 조건과 같이 작업하시오.

조건	(1) 부분합 – ≪출력형태≫처럼 정렬하고, 품목코드의 개수와 판매량(단위:kg)의 평균을 구하시오.
	(2) 개요【윤곽】 – 지우시오.
	(3) 나머지 사항은 ≪출력형태≫에 맞게 작성하시오.

출력형태

	A	B	C	D	E	F	G	H
1								
2		품목코드	부위	생산일	구분	kg당 가격	판매량 (단위:kg)	납품한 시장 수
3		FVS-39	앞다리	2023-12-19	1+등급	75,600원	1,294	39
4		SKR-86	앞다리	2023-12-29	2등급	52,000원	4,188	73
5		EUY-39	앞다리	2023-12-30	1++등급	73,000원	3,765	71
6			앞다리 평균				3,082	
7		3	앞다리 개수					
8		ATE-38	안심	2023-12-24	1++등급	98,200원	1,350	37
9		MYH-19	안심	2023-12-22	1등급	95,600원	1,472	38
10			안심 평균				1,411	
11		2	안심 개수					
12		FEW-29	등심	2023-12-24	1등급	79,200원	4,870	86
13		TVE-68	등심	2023-12-27	2등급	66,400원	5,760	98
14		MTT-92	등심	2023-12-24	1+등급	88,700원	3,240	56
15			등심 평균				4,623	
16		3	등심 개수					
17			전체 평균				3,242	
18		8	전체 개수					

"제1작업" 시트를 이용하여 조건에 따라 ≪출력형태≫와 같이 작업하시오.

조건	
	(1) 차트 종류 ⇒ 〈묶은 세로 막대형〉으로 작업하시오.
	(2) 데이터 범위 ⇒ "제1작업" 시트의 내용을 이용하여 작업하시오.
	(3) 위치 ⇒ "새 시트"로 이동하고, "제4작업"으로 시트 이름을 바꾸시오.
	(4) 차트 디자인 도구 ⇒ 레이아웃 3, 스타일 1을 선택하여 ≪출력형태≫에 맞게 작업하시오.
	(5) 영역 서식 ⇒ 차트 : 글꼴(굴림, 11pt), 채우기 효과(질감 – 파랑 박엽지)
	그림 : 채우기(흰색, 배경1)
	(6) 제목 서식 ⇒ 차트 제목 : 글꼴(굴림, 굵게, 20pt), 채우기(흰색, 배경1), 테두리
	(7) 서식 ⇒ 판매량(단위:kg) 계열의 차트 종류를 〈표식이 있는 꺾은선형〉으로 변경한 후 보조 축으로 지정
	하시오.
	계열 : ≪출력형태≫를 참조하여 표식(마름모, 크기 10)과 레이블 값을 표시하시오.
	눈금선 : 선 스타일 – 파선
	축 : ≪출력형태≫를 참조하시오.
	(8) 범례 ⇒ 범례명을 변경하고 ≪출력형태≫를 참조하시오.
	(9) 도형 ⇒ '모서리가 둥근 사각형 설명선'을 삽입한 후 ≪출력형태≫와 같이 내용을 입력하시오.
	(10) 나머지 사항은 ≪출력형태≫에 맞게 작성하시오.

출력형태	
	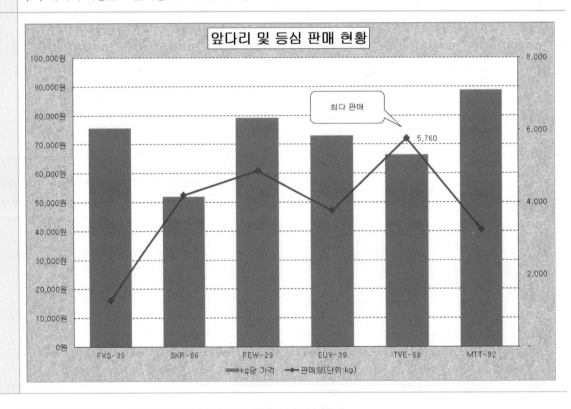

주의 시트명 순서가 차례대로 "제1작업", "제2작업", "제3작업", "제4작업"이 되도록 할 것

제 1 작업 **표 서식 작성 및 값 계산** 240점

다음은 '2023년 하반기 아카데미 강좌'에 대한 자료이다. 자료를 입력하고 조건에 맞도록 작업하시오.

출력형태

강좌코드	강좌명	대상	강사명	개강일	인원수	교육비 (단위:원)	진행요일	개강월
				확인	사원	팀장	부장	

2023년 하반기 아카데미 강좌

강좌코드	강좌명	대상	강사명	개강일	인원수	교육비 (단위:원)	진행요일	개강월
HS-212	습지야 고마워	초등학생	최승희	2023-10-02	35	317,000	(1)	(2)
TW-543	좋은부모	일반인	이연아	2023-11-07	32	439,000	(1)	(2)
FE-761	낭만 통기타	초등학생	조승연	2023-12-09	25	344,000	(1)	(2)
FP-122	야생화 자수	일반인	기지우	2023-10-02	41	360,000	(1)	(2)
LE-633	미술전문강사	대학생	박지율	2023-11-03	26	425,000	(1)	(2)
NY-822	한국화	초등학생	김현정	2023-12-01	31	432,000	(1)	(2)
BT-263	커피와 핸드드립	대학생	박윤비	2023-12-04	43	300,000	(1)	(2)
FE-367	글라스 아트	대학생	김수연	2023-11-02	33	325,000	(1)	(2)
초등학생 평균 교육비(단위:원)		(3)				최대 인원수		(5)
전체 교육비(단위:원) 합계		(4)			강좌코드	HS-212	교육비 (단위:원)	(6)

조건

- 모든 데이터의 서식에는 글꼴(굴림, 11pt), 정렬은 숫자 및 회계 서식은 오른쪽 정렬, 나머지 서식은 가운데 정렬로 작성하며 예외적인 것은 ≪출력형태≫를 참조하시오.
- 제목 ⇒ 도형(사다리꼴)과 그림자(오프셋 오른쪽)를 이용하여 작성하고 "2023년 하반기 아카데미 강좌"를 입력한 후 다음 서식을 적용하시오(글꼴 – 굴림, 24pt, 검정, 굵게, 채우기 – 노랑).
- 임의의 셀에 결재란을 작성하여 그림으로 복사 기능을 이용하여 붙이기 하시오(단, 원본 삭제).
- 「B4:J4, G14, I14」 영역은 '주황'으로 채우기 하시오.
- 유효성 검사를 이용하여 「H14」 셀에 강좌코드(「B5:B12」 영역)가 선택 표시되도록 하시오.
- 셀 서식 ⇒ 「G5:G12」 영역에 셀 서식을 이용하여 숫자 뒤에 '명'을 표시하시오(예 : 35명).
- 「G5:G12」 영역에 대해 '인원수'로 이름정의를 하시오.

(1)~(6) 셀은 반드시 주어진 함수를 이용하여 값을 구하시오(결과값을 직접 입력하면 해당 셀은 0점 처리됨).

(1) 진행요일 ⇒ 개강일에 대한 요일을 예와 같이 구하시오(CHOOSE, WEEKDAY 함수)(예 : 월요일).

(2) 개강월 ⇒ 개강일의 월을 추출한 결과값 뒤에 '월'을 붙이시오(MONTH 함수, & 연산자)(예 : 1월).

(3) 초등학생 평균 교육비(단위:원) ⇒ 조건은 입력데이터를 이용하고, 버림하여 천원 단위로 구하시오
(ROUNDDOWN, DAVERAGE 함수)(예 : 327,656 → 327,000).

(4) 전체 교육비(단위:원) 합계 ⇒ 「인원수×교육비(단위:원)」의 전체 합계를 구하시오(SUMPRODUCT 함수).

(5) 최대 인원수 ⇒ 정의된 이름(인원수)을 이용하여 구하시오(MAX 함수).

(6) 교육비(단위:원) ⇒ 「H14」 셀에서 선택한 강좌코드에 대한 '교육비(단위:원)'를 구하시오(VLOOKUP 함수).

(7) 조건부 서식의 수식을 이용하여 인원수가 '40' 이상인 행 전체에 다음의 서식을 적용하시오
(글꼴 : 파랑, 굵게).

"제1작업" 시트의 「B4:H12」 영역을 복사하여 "제2작업" 시트의 「B2」 셀부터 모두 붙여넣기를 한 후 다음의 조건과 같이 작업하시오.

조건	
	(1) 고급 필터 – 강좌코드가 'B'로 시작하거나, 교육비(단위:원)가 '400,000' 이상인 자료의 강좌코드, 강좌명, 개강일, 교육비(단위:원) 데이터만 추출하시오.
	– 조건 범위 : 「B14」 셀부터 입력하시오.
	– 복사 위치 : 「B18」 셀부터 나타나도록 하시오.
	(2) 표 서식 – 고급필터의 결과셀을 채우기 없음으로 설정한 후 '표 스타일 보통 6'의 서식을 적용하시오.
	– 머리글 행, 줄무늬 행을 적용하시오.

"제1작업" 시트를 이용하여 "제3작업" 시트에 조건에 따라 ≪출력형태≫와 같이 작업하시오.

조건	
	(1) 개강일 및 대상별 강좌명의 개수와 교육비(단위:원)의 평균을 구하시오.
	(2) 개강일을 그룹화하고, 대상을 ≪출력형태≫와 같이 정렬하시오.
	(3) 레이블이 있는 셀 병합 및 가운데 맞춤 적용과 빈 셀은 '＊＊'로 표시하시오.
	(4) 행의 총합계는 지우고, 나머지 사항은 ≪출력형태≫에 맞게 작성하시오.

출력형태

	대상					
	초등학생		일반인		대학생	
개강일	개수 : 강좌명	평균 : 교육비(단위:원)	개수 : 강좌명	평균 : 교육비(단위:원)	개수 : 강좌명	평균 : 교육비(단위:원)
10월	1	317,000	1	360,000	＊＊	＊＊
11월	＊＊	＊＊	1	439,000	2	375,000
12월	2	388,000	＊＊	＊＊	1	300,000
총합계	3	364,333	2	399,500	3	350,000

"제1작업" 시트를 이용하여 조건에 따라 ≪출력형태≫와 같이 작업하시오.

조건	(1) 차트 종류 ⇒ 〈묶은 세로 막대형〉으로 작업하시오.
	(2) 데이터 범위 ⇒ "제1작업" 시트의 내용을 이용하여 작업하시오.
	(3) 위치 ⇒ "새 시트"로 이동하고, "제4작업"으로 시트 이름을 바꾸시오.
	(4) 차트 디자인 도구 ⇒ 레이아웃 3, 스타일 1을 선택하여 ≪출력형태≫에 맞게 작업하시오.
	(5) 영역 서식 ⇒ 차트 : 글꼴(굴림, 11pt), 채우기 효과(질감 – 파랑 박엽지)
	                그림 : 채우기(흰색, 배경1)
	(6) 제목 서식 ⇒ 차트 제목 : 글꼴(굴림, 굵게, 20pt), 채우기(흰색, 배경1), 테두리
	(7) 서식 ⇒ 인원수 계열의 차트 종류를 〈표식이 있는 꺾은선형〉으로 변경한 후 보조 축으로 지정하시오.
	          계열 : ≪출력형태≫를 참조하여 표식(마름모, 크기 10)과 레이블 값을 표시하시오.
	          눈금선 : 선 스타일 – 파선
	          축 : ≪출력형태≫를 참조하시오.
	(8) 범례 ⇒ 범례명을 변경하고 ≪출력형태≫를 참조하시오.
	(9) 도형 ⇒ '모서리가 둥근 사각형 설명선'을 삽입한 후 ≪출력형태≫와 같이 내용을 입력하시오.
	(10) 나머지 사항은 ≪출력형태≫에 맞게 작성하시오.

출력형태	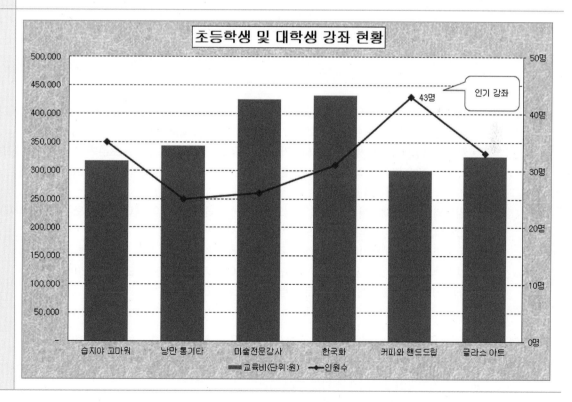

제 1 작업   표 서식 작성 및 값 계산   **240**점

다음은 '평생학습센터 온라인 수강신청 현황'에 대한 자료이다. 자료를 입력하고 조건에 맞도록 작업하시오.

출력형태

확인	담당	팀장	센터장

평생학습센터 온라인 수강신청 현황

수강코드	강좌명	분류	교육대상	개강날짜	신청인원	수강료 (단위:원)	교육장소	신청인원 순위
CS-210	소통스피치	인문교양	성인	2023-04-03	101	60,000	(1)	(2)
SL-101	체형교정 발레	생활스포츠	청소년	2023-03-06	56	75,000	(1)	(2)
ST-211	스토리텔링 한국사	인문교양	직장인	2023-03-13	97	40,000	(1)	(2)
CE-310	어린이 영어회화	외국어	청소년	2023-04-10	87	55,000	(1)	(2)
YL-112	요가	생활스포츠	성인	2023-03-04	124	45,000	(1)	(2)
ME-312	미드로 배우는 영어	외국어	직장인	2023-03-10	78	65,000	(1)	(2)
PL-122	필라테스	생활스포츠	성인	2023-03-06	135	45,000	(1)	(2)
SU-231	자신감 UP	인문교양	청소년	2023-04-03	43	45,000	(1)	(2)
필라테스 수강료(단위:원)			(3)			최저 수강료(단위:원)		(5)
인문교양 최대 신청인원			(4)			강좌명	소통스피치	개강날짜	(6)

조건

- 모든 데이터의 서식에는 글꼴(굴림, 11pt), 정렬은 숫자 및 회계 서식은 오른쪽 정렬, 나머지 서식은 가운데 정렬로 작성하며 예외적인 것은 《출력형태》를 참조하시오.
- 제목 ⇒ 도형(대각선 방향의 모서리가 잘린 사각형)과 그림자(오프셋 오른쪽)를 이용하여 작성하고 "평생학습센터 온라인 수강신청 현황"을 입력한 후 다음 서식을 적용하시오(글꼴 – 굴림, 24pt, 검정, 굵게, 채우기 – 노랑).
- 임의의 셀에 결재란을 작성하여 그림으로 복사 기능을 이용하여 붙이기 하시오(단, 원본 삭제).
- 「B4:J4, G14, I14」 영역은 '주황'으로 채우기 하시오.
- 유효성 검사를 이용하여 「H14」 셀에 강좌명(「C5:C12」 영역)이 선택 표시되도록 하시오.
- 셀 서식 ⇒ 「G5:G12」 영역에 셀 서식을 이용하여 숫자 뒤에 '명'을 표시하시오(예 : 30명).
- 「H5:H12」 영역에 대해 '수강료'로 이름정의를 하시오.

(1)~(6) 셀은 반드시 주어진 함수를 이용하여 값을 구하시오(결과값을 직접 입력하면 해당 셀은 0점 처리됨).

(1) 교육장소 ⇒ 수강코드의 네 번째 글자가 1이면 '제2강의실', 2이면 '제3강의실', 3이면 '제4강의실'로 구하시오(IF, MID 함수).

(2) 신청인원 순위 ⇒ 신청인원의 내림차순 순위를 구하시오(RANK.EQ 함수).

(3) 필라테스 수강료(단위:원) ⇒ (INDEX, MATCH 함수).

(4) 인문교양 최대 신청인원 ⇒ 인문교양 강좌 중에서 최대 신청인원을 구한 후 결과값에 '명'을 붙이시오. 단, 조건은 입력데이터를 이용하시오(DMAX 함수, & 연산자)(예 : 10명).

(5) 최저 수강료(단위:원) ⇒ 정의된 이름(수강료)을 이용하여 구하시오(SMALL 함수).

(6) 개강날짜 ⇒ 「H14」 셀에서 선택한 강좌명에 대한 개강날짜를 구하시오(VLOOKUP 함수).

(7) 조건부 서식의 수식을 이용하여 신청인원이 '100' 이상인 행 전체에 다음의 서식을 적용하시오
(글꼴 : 파랑, 굵게).

"제1작업" 시트의 「B4:H12」 영역을 복사하여 "제2작업" 시트의 「B2」 셀부터 모두 붙여넣기를 한 후 다음의 조건과 같이 작업하시오.

조건	
	(1) 목표값 찾기 – 「B11:G11」 셀을 병합하고 가운데 맞춤한 후 "인문교양 신청인원 평균"을 입력하고 「H11」 셀에 인문교양 신청인원 평균을 구하시오. 단, 조건은 입력데이터를 이용하시오 (DAVERAGE 함수, 테두리).
	– '인문교양 신청인원 평균'이 '85'가 되려면 소통스피치의 신청인원이 얼마가 되어야 하는지 목표값을 구하시오.
	(2) 고급필터 – 교육대상이 '성인'이 아니면서, 수강료(단위:원)가 '50,000' 이상인 자료의 강좌명, 개강날짜, 신청인원, 수강료(단위:원) 데이터만 추출하시오.
	– 조건 범위 : 「B14」 셀부터 입력하시오.
	– 복사 위치 : 「B18」 셀부터 나타나도록 하시오.

"제1작업" 시트의 「B4:H12」 영역을 복사하여 "제3작업" 시트의 「B2」 셀부터 모두 붙여넣기를 한 후 다음의 조건과 같이 작업하시오.

조건	
	(1) 부분합 – ≪출력형태≫처럼 정렬하고, 강좌명의 개수와 신청인원의 평균을 구하시오.
	(2) 개요【윤곽】 – 지우시오.
	(3) 나머지 사항은 ≪출력형태≫에 맞게 작성하시오.

출력형태

수강코드	강좌명	분류	교육대상	개강날짜	신청인원	수강료(단위:원)
CS-210	소통스피치	인문교양	성인	2023-04-03	101명	60,000
ST-211	스토리텔링 한국사	인문교양	직장인	2023-03-13	97명	40,000
SU-231	자신감 UP	인문교양	청소년	2023-04-03	43명	45,000
		인문교양 평균			80명	
	3	인문교양 개수				
CE-310	어린이 영어회화	외국어	청소년	2023-04-10	87명	55,000
ME-312	미드로 배우는 영어	외국어	직장인	2023-03-10	78명	65,000
		외국어 평균			83명	
	2	외국어 개수				
SL-101	체형교정 발레	생활스포츠	청소년	2023-03-06	56명	75,000
YL-112	요가	생활스포츠	성인	2023-03-04	124명	45,000
PL-122	필라테스	생활스포츠	성인	2023-03-06	135명	45,000
		생활스포츠 평균			105명	
	3	생활스포츠 개수				
		전체 평균			90명	
	8	전체 개수				

"제1작업" 시트를 이용하여 조건에 따라 ≪출력형태≫와 같이 작업하시오.

조건	
	(1) 차트 종류 ⇒ 〈묶은 세로 막대형〉으로 작업하시오.
	(2) 데이터 범위 ⇒ "제1작업" 시트의 내용을 이용하여 작업하시오.
	(3) 위치 ⇒ "새 시트"로 이동하고, "제4작업"으로 시트 이름을 바꾸시오.
	(4) 차트 디자인 도구 ⇒ 레이아웃 3, 스타일 1을 선택하여 ≪출력형태≫에 맞게 작업하시오.
	(5) 영역 서식 ⇒ 차트 : 글꼴(굴림, 11pt), 채우기 효과(질감 – 분홍 박엽지)
	그림 : 채우기(흰색, 배경1)
	(6) 제목 서식 ⇒ 차트 제목 : 글꼴(굴림, 굵게, 20pt), 채우기(흰색, 배경1), 테두리
	(7) 서식 ⇒ 신청인원 계열의 차트 종류를 〈표식이 있는 꺾은선형〉으로 변경한 후 보조 축으로 지정하시오.
	계열 : ≪출력형태≫를 참조하여 표식(세모, 크기 10)과 레이블 값을 표시하시오.
	눈금선 : 선 스타일 – 파선
	축 : ≪출력형태≫를 참조하시오.
	(8) 범례 ⇒ 범례명을 변경하고 ≪출력형태≫를 참조하시오.
	(9) 도형 ⇒ '모서리가 둥근 사각형 설명선'을 삽입한 후 ≪출력형태≫와 같이 내용을 입력하시오.
	(10) 나머지 사항은 ≪출력형태≫에 맞게 작성하시오.

출력형태	

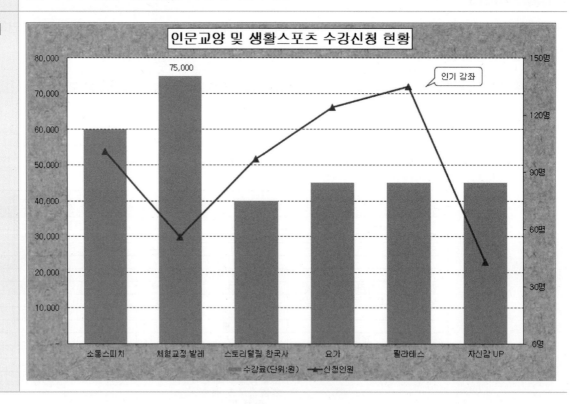

주의 시트명 순서가 차례대로 "제1작업", "제2작업", "제3작업", "제4작업"이 되도록 할 것

PART
04

실전 모의고사

실전 모의고사 01회   271

실전 모의고사 02회   274

실전 모의고사 03회   277

실전 모의고사 04회   280

실전 모의고사 05회   283

실전 모의고사 06회   286

실전 모의고사 07회   289

실전 모의고사 08회   292

실전 모의고사 09회   295

실전 모의고사 10회   298

정보기술자격(ITQ) 시험

MS오피스

과목	코드	문제유형	시험시간	수험번호	성명
한글엑셀	1122	A	60분		

※ 실전 모의고사 01~10회 학습 시 답안 작성요령을 동일하게 적용하세요.

수험자 유의사항

- 수험자는 문제지를 받는 즉시 문제지와 **수험표상의 시험과목(프로그램)이 동일한지 반드시 확인**하여야 합니다.
- 파일명은 본인의 "수험번호-성명"으로 입력하여 답안폴더(내 PC\문서\ITQ)에 하나의 파일로 저장해야 하며, 답안문서 파일명이 "수험번호-성명"과 일치하지 않거나, 답안파일을 전송하지 않아 미제출로 처리될 경우 실격 처리합니다(예: 12345678-홍길동.xlsx).
- 답안 작성을 마치면 파일을 저장하고, '답안 전송' 버튼을 선택하여 감독위원 PC로 답안을 전송하십시오. 수험생 정보와 저장한 파일명이 다를 경우 전송되지 않으므로 주의하시기 바랍니다.
- 답안 작성 중에도 **주기적으로 저장하고, '답안 전송'**하여야 문제 발생을 줄일 수 있습니다. 작업한 내용을 저장하지 않고 전송할 경우 이전에 저장된 내용이 전송되니 이점 유의하시기 바랍니다.
- 답안문서는 지정된 경로 외의 다른 보조기억장치에 저장하는 경우, 지정된 시험 시간 외에 작성된 파일을 활용할 경우, 기타 통신수단(이메일, 메신저, 네트워크 등)을 이용하여 타인에게 전달 또는 외부 반출하는 경우는 부정 처리합니다.
- 시험 중 부주의 또는 고의로 시스템을 파손한 경우는 수험자가 변상해야 하며, 〈수험자 유의사항〉에 기재된 방법대로 이행하지 않아 생기는 불이익은 수험생 당사자의 책임임을 알려 드립니다.
- 문제의 조건은 MS오피스 2021 버전으로 설정되어 있으며 MS오피스 2016은 【 】에 표기되어 있습니다. 이와 관련하여 작성한 답안의 출력형태가 문제지와 다를 수 있습니다.
- 시험을 완료한 수험자는 답안파일이 전송되었는지 확인한 후 감독위원의 지시에 따라 문제지를 제출하고 퇴실합니다.

답안 작성요령

- 온라인 답안 작성 절차
  수험자 등록 ⇒ 시험 시작 ⇒ 답안파일 저장 ⇒ 답안 전송 ⇒ 시험 종료
- 문제는 총 4단계, 즉 제1작업부터 제4작업까지 구성되어 있으며 반드시 제1작업부터 순서대로 작성하고 조건대로 작업하시오.
- 모든 작업시트의 A열은 열 너비 '1'로, 나머지 열은 적당하게 조절하시오.
- 모든 작업시트의 테두리는 《출력형태》와 같이 작업하시오.
- 해당 작업란에서는 각각 제시된 조건에 따라 《출력형태》와 같이 작업하시오.
- 답안 시트 이름은 "제1작업", "제2작업", "제3작업", "제4작업"이어야 하며 답안 시트 이외의 것은 감점 처리됩니다.
- 각 시트를 파일로 나누어 작업해서 저장할 경우 실격 처리됩니다.

제 1 작업 | 표 서식 작성 및 값 계산 | 240점

다음은 '미래 배달앱 등록업체 관리 현황'에 대한 자료이다. 자료를 입력하고 조건에 맞도록 작업하시오.

출력형태

코드번호	업체명	분류	등록일	메뉴수	최소주문금액 (단위:원)	전월배달건수	최소 배달비	등급
						결 재	팀장 부장 사장	

미래 배달앱 등록업체 관리 현황

코드번호	업체명	분류	등록일	메뉴수	최소주문금액 (단위:원)	전월배달건수	최소 배달비	등급
KA1-001	한옥마을	한식	2022-03-10	25	15,000	295	(1)	(2)
CH2-001	초이반점	중식	2020-12-20	20	16,000	422	(1)	(2)
WE2-001	영파스타	서양식	2021-10-10	15	15,000	198	(1)	(2)
KA3-002	오늘된장	한식	2022-05-20	12	9,000	343	(1)	(2)
CH3-002	사천성	중식	2021-08-10	17	11,000	385	(1)	(2)
CH1-003	북경	중식	2021-11-20	22	15,000	225	(1)	(2)
WE1-002	버텍스	서양식	2022-02-10	9	9,900	398	(1)	(2)
KA2-003	장수본가	한식	2022-01-20	16	13,000	415	(1)	(2)
한식 업체 개수			(3)			최소 메뉴수		(5)
한식 전월배달건수 합계			(4)			코드번호	KA1-001	전월배달건수 (6)

조건

- 모든 데이터의 서식에는 글꼴(굴림, 11pt), 정렬은 숫자 및 회계 서식은 오른쪽 정렬, 나머지 서식은 가운데 정렬로 작성하며 예외적인 것은 《출력형태》를 참조하시오.
- 제목 ⇒ 도형(십자형)과 그림자(오프셋 오른쪽)를 이용하여 작성하고 "미래 배달앱 등록업체 관리 현황"을 입력한 후 다음 서식을 적용하시오(글꼴 – 굴림, 24pt, 검정, 굵게, 채우기 – 노랑).
- 임의의 셀에 결재란을 작성하여 그림으로 복사 기능을 이용하여 붙이기 하시오(단, 원본 삭제).
- 「B4:J4, G14, I14」 영역은 '주황'으로 채우기 하시오.
- 유효성 검사를 이용하여 「H14」 셀에 코드번호(「B5:B12」 영역)가 선택 표시되도록 하시오.
- 셀 서식 ⇒ 「F5:F12」 영역에 셀 서식을 이용하여 숫자 뒤에 '개'를 표시하시오(예 : 25개).
- 「F5:F12」 영역에 대해 '메뉴수'로 이름정의를 하시오.

(1)~(6) 셀은 반드시 <u>주어진 함수</u>를 이용하여 값을 구하시오(결과값을 직접 입력하면 해당 셀은 0점 처리됨).

(1) 최소배달비 ⇒ 코드번호 세 번째 값이 1이면 '2,000', 2이면 '1,000', 3이면 '0'으로 구하시오
　　　　　　(CHOOSE, MID 함수).

(2) 등급 ⇒ 메뉴수가 15 이상이고, 전월배달건수가 300 이상이면 'A', 그 외에는 'B'로 구하시오(IF, AND 함수).

(3) 한식 업체 개수 ⇒ 결과값에 '개'를 붙이시오(COUNTIF 함수, & 연산자)(예 : 1개).

(4) 한식 전월배달건수 합계 ⇒ 조건은 입력 데이터를 이용하시오(DSUM 함수).

(5) 최소 메뉴수 ⇒ 정의된 이름(메뉴수)을 이용하여 구하시오(MIN 함수).

(6) 전월배달건수 ⇒ 「H14」 셀에서 선택한 코드번호에 대한 전월배달건수를 구하시오(VLOOKUP 함수).

(7) 조건부 서식의 수식을 이용하여 전월배달건수가 '300' 미만인 행 전체에 다음의 서식을 적용하시오
　　(글꼴 : 파랑, 굵게).

"제1작업" 시트의 「B4:H12」 영역을 복사하여 "제2작업" 시트의 「B2」 셀부터 모두 붙여넣기를 한 후 다음의 조건과 같이 작업하시오.

조건	(1) 고급 필터 － 분류가 '서양식'이거나 등록일이 '2021-09-01' 전인(해당일 미포함) 자료의 코드번호, 업체명, 메뉴수, 전월배달건수 데이터만 추출하시오. 　　　　　　－ 조건 범위 : 「B14」 셀부터 입력하시오. 　　　　　　－ 복사 위치 : 「B18」 셀부터 나타나도록 하시오. (2) 표 서식 － 고급필터의 결과셀을 채우기 없음으로 설정한 후 '표 스타일 보통 7'의 서식을 적용하시오. 　　　　　　－ 머리글 행, 줄무늬 행을 적용하시오.

"제1작업" 시트를 이용하여 "제3작업" 시트에 조건에 따라 ≪출력형태≫와 같이 작업하시오.

조건	(1) 메뉴수 및 분류별 업체명의 개수와 최소주문금액(단위:원)의 평균을 구하시오. (2) 메뉴수를 그룹화하고, 분류를 ≪출력형태≫와 같이 정렬하시오. (3) 레이블이 있는 셀 병합 및 가운데 맞춤 적용 및 빈 셀은 '＊＊＊'로 표시하시오. (4) 행의 총합계는 지우고, 나머지 사항은 ≪출력형태≫에 맞게 작성하시오.

출력형태	

	분류 ▼	한식		중식		서양식	
메뉴수 ▼	개수 : 업체명	평균 : 최소주문금액(단위:원)	개수 : 업체명	평균 : 최소주문금액(단위:원)	개수 : 업체명	평균 : 최소주문금액(단위:원)
1-10	＊＊＊	＊＊＊	＊＊＊	＊＊＊	1	9,900
11-20	2	11,000	2	13,500	1	15,000
21-30	1	15,000	1	15,000	＊＊＊	＊＊＊
총합계	3	12,333	3	14,000	2	12,450

"제1작업" 시트를 이용하여 조건에 따라 ≪출력형태≫와 같이 작업하시오.

조건	
	(1) 차트 종류 ⇒ 〈묶은 세로 막대형〉으로 작업하시오.
	(2) 데이터 범위 ⇒ "제1작업" 시트의 내용을 이용하여 작업하시오.
	(3) 위치 ⇒ "새 시트"로 이동하고, "제4작업"으로 시트 이름을 바꾸시오.
	(4) 차트 디자인 도구 ⇒ 레이아웃 3, 스타일 1을 선택하여 ≪출력형태≫에 맞게 작업하시오.
	(5) 영역 서식 ⇒ 차트 : 글꼴(굴림, 11pt), 채우기 효과(질감 – 분홍 박엽지)
	그림 : 채우기(흰색, 배경1)
	(6) 제목 서식 ⇒ 차트 제목 : 글꼴(굴림, 굵게, 20pt), 채우기(흰색, 배경1), 테두리
	(7) 서식 ⇒ 메뉴수 계열의 차트 종류를 〈표식이 있는 꺾은선형〉으로 변경한 후 보조 축으로 지정하시오.
	계열 : ≪출력형태≫를 참조하여 표식(세모, 크기 10)과 레이블 값을 표시하시오.
	눈금선 : 선 스타일 – 파선
	축 : ≪출력형태≫를 참조하시오.
	(8) 범례 ⇒ 범례명을 변경하고 ≪출력형태≫를 참조하시오.
	(9) 도형 ⇒ '모서리가 둥근 사각형 설명선'을 삽입한 후 ≪출력형태≫와 같이 내용을 입력하시오.
	(10) 나머지 사항은 ≪출력형태≫에 맞게 작성하시오.

출력형태

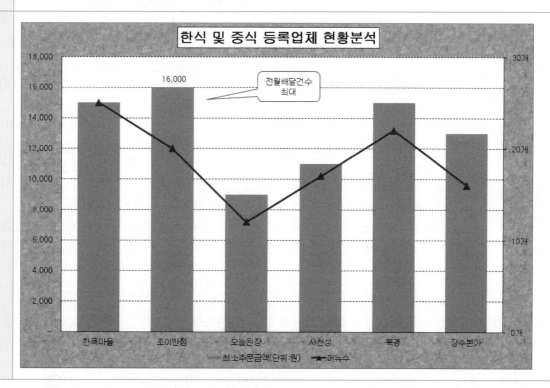

주의 시트명 순서가 차례대로 "제1작업", "제2작업", "제3작업", "제4작업"이 되도록 할 것

수험번호 20253012 　**정답파일** PART 04 실전 모의고사₩실전02회_정답.xlsx

▶ 합격 강의

제 1 작업 　표 서식 작성 및 값 계산 　　　　　　　　　　　　240점

다음은 '우리 인테리어 공사현황보고'에 대한 자료이다. 자료를 입력하고 조건에 맞도록 작업하시오.

출력형태

관리번호	주택명	지역	공사기간(일)	총공사비	공사시작일	공사내용	구분	선수금(단위:원)
B2-001	화이트빌	경기	5	8,558,000	2023-02-06	욕실	(1)	(2)
K1-001	푸르지오	서울	4	10,250,000	2023-03-20	주방	(1)	(2)
K3-002	시그마	경기	3	7,870,000	2023-01-30	주방	(1)	(2)
A1-001	아이파크	인천	13	28,850,000	2023-02-20	전체	(1)	(2)
B1-002	파크타운	서울	5	5,778,000	2023-03-06	욕실	(1)	(2)
B3-003	트레스벨	경기	6	9,560,000	2023-02-13	욕실	(1)	(2)
A2-002	그린빌	서울	17	32,170,000	2023-02-27	전체	(1)	(2)
K2-003	한솔마을	인천	4	6,768,000	2023-03-08	주방	(1)	(2)
서울지역 총 공사건수			(3)		가장 긴 공사기간(일)			(5)
욕실 총공사비 합계			(4)		관리번호	B2-001	총공사비	(6)

제목 영역: 우리 인테리어 공사현황보고 / 결재 점장 부장 대표

조건
- 모든 데이터의 서식에는 글꼴(굴림, 11pt), 정렬은 숫자 및 회계 서식은 오른쪽 정렬, 나머지 서식은 가운데 정렬로 작성하며 예외적인 것은 《출력형태》를 참조하시오.
- 제목 ⇒ 도형(배지)과 그림자(오프셋 오른쪽)를 이용하여 작성하고 "우리 인테리어 공사현황보고"를 입력한 후 다음 서식을 적용하시오(글꼴 – 굴림, 24pt, 검정, 굵게, 채우기 – 노랑).
- 임의의 셀에 결재란을 작성하여 그림으로 복사 기능을 이용하여 붙이기 하시오(단, 원본 삭제).
- 「B4:J4, G14, I14」 영역은 '주황'으로 채우기 하시오.
- 유효성 검사를 이용하여 「H14」 셀에 관리번호(「B5:B12」 영역)가 선택 표시되도록 하시오.
- 셀 서식 ⇒ 「F5:F12」 영역에 셀 서식을 이용하여 숫자 뒤에 '원'을 표시하시오(예 : 8,558,000원).
- 「E5:E12」 영역에 대해 '공사기간'으로 이름정의를 하시오.

(1)~(6) 셀은 반드시 주어진 함수를 이용하여 값을 구하시오(결과값을 직접 입력하면 해당 셀은 0점 처리됨).

(1) 구분 ⇒ 관리번호 2번째 글자가 1이면 '아파트', 2이면 '빌라' 3이면 '오피스텔'로 구하시오(CHOOSE, MID 함수).

(2) 선수금(단위:원) ⇒ 공사내용이 전체면 「총공사비×30%」, 그 외에는 「총공사비×20%」로 반올림하여 십만 단위까지 구하시오(ROUND, IF 함수)(예 : 1,456,273 → 1,500,000).

(3) 서울지역 총 공사건수 ⇒ 결과값에 '건'을 붙이시오(COUNTIF 함수, & 연산자)(예 : 1건).

(4) 욕실 총공사비 합계 ⇒ 공사내용이 욕실인 공사의 총공사비 합계를 구하시오. 단, 조건은 입력 데이터를 이용하시오(DSUM 함수).

(5) 가장 긴 공사기간(일) ⇒ 정의된 이름(공사기간)을 이용하여 구하시오(MAX 함수).

(6) 총공사비 ⇒ 「H14」 셀에서 선택한 관리번호에 대한 총공사비를 구하시오(VLOOKUP 함수).

(7) 조건부 서식의 수식을 이용하여 총공사비가 '8,000,000' 이하인 행 전체에 다음의 서식을 적용하시오(글꼴 : 파랑, 굵게).

"제1작업" 시트의 「B4:H12」 영역을 복사하여 "제2작업" 시트의 「B2」 셀부터 모두 붙여넣기를 한 후 다음의 조건과 같이 작업하시오.

조건	(1) 목표값 찾기 - 「B11:G11」 셀을 병합하여 "욕실의 총공사비 평균"을 입력한 후 「H11」 셀에 욕실의 총공사비 평균을 구하시오. 단 조건은 입력데이터를 이용하시오 (DAVERAGE 함수, 테두리, 가운데 맞춤).
	- '욕실의 총공사비 평균'이 '8,000,000'이 되려면 화이트빌의 총공사비가 얼마가 되어야 하는지 목표값을 구하시오.
	(2) 고급필터 - 지역이 '서울'이 아니면서 공사기간(일)이 '5' 이상인 자료의 관리번호, 주택명, 공사시작일, 공사내용 데이터만 추출하시오.
	- 조건 범위 : 「B14」 셀부터 입력하시오.
	- 복사 위치 : 「B18」 셀부터 나타나도록 하시오.

"제1작업" 시트의 「B4:H12」 영역을 복사하여 "제3작업" 시트의 「B2」 셀부터 모두 붙여넣기를 한 후 다음의 조건과 같이 작업하시오.

조건	(1) 부분합 - ≪출력형태≫처럼 정렬하고, 주택명의 개수와 총공사비의 평균을 구하시오.
	(2) 개요【윤곽】 - 지우시오.
	(3) 나머지 사항은 ≪출력형태≫에 맞게 작성하시오.

출력형태

	관리번호	주택명	지역	공사기간(일)	총공사비	공사시작일	공사내용
	A1-001	아이파크	인천	13	28,850,000원	2023-02-20	전체
	K2-003	한솔마을	인천	4	6,768,000원	2023-03-08	주방
			인천 평균		17,809,000원		
		2	인천 개수				
	K1-001	푸르지오	서울	4	10,250,000원	2023-03-20	주방
	B1-002	파크타운	서울	5	5,778,000원	2023-03-06	욕실
	A2-002	그린빌	서울	17	32,170,000원	2023-02-27	전체
			서울 평균		16,066,000원		
		3	서울 개수				
	B2-001	화이트빌	경기	5	8,558,000원	2023-02-06	욕실
	K3-002	시그마	경기	3	7,870,000원	2023-01-30	주방
	B3-003	트레스벨	경기	6	9,560,000원	2023-02-13	욕실
			경기 평균		8,662,667원		
		3	경기 개수				
			전체 평균		13,725,500원		
		8	전체 개수				

"제1작업" 시트를 이용하여 조건에 따라 ≪출력형태≫와 같이 작업하시오.

조건	
	(1) 차트 종류 ⇒ 〈묶은 세로 막대형〉으로 작업하시오.
	(2) 데이터 범위 ⇒ "제1작업" 시트의 내용을 이용하여 작업하시오.
	(3) 위치 ⇒ "새 시트"로 이동하고, "제4작업"으로 시트 이름을 바꾸시오.
	(4) 차트 디자인 도구 ⇒ 레이아웃 3, 스타일 1을 선택하여 ≪출력형태≫에 맞게 작업하시오.
	(5) 영역 서식 ⇒ 차트 : 글꼴(굴림, 11pt), 채우기 효과(질감 – 파랑 박엽지)
	그림 : 채우기(흰색, 배경1)
	(6) 제목 서식 ⇒ 차트 제목 : 글꼴(굴림, 굵게, 20pt), 채우기(흰색, 배경1), 테두리
	(7) 서식 ⇒ 공사기간(일) 계열의 차트 종류를 〈표식이 있는 꺾은선형〉으로 변경한 후 보조 축으로 지정하시오.
	계열 : ≪출력형태≫를 참조하여 표식(세모, 크기 10)과 레이블 값을 표시하시오.
	눈금선 : 선 스타일 – 파선
	축 : ≪출력형태≫를 참조하시오.
	(8) 범례 ⇒ 범례명을 변경하고 ≪출력형태≫를 참조하시오.
	(9) 도형 ⇒ '모서리가 둥근 사각형 설명선'을 삽입한 후 ≪출력형태≫와 같이 내용을 입력하시오.
	(10) 나머지 사항은 ≪출력형태≫에 맞게 작성하시오.
출력형태	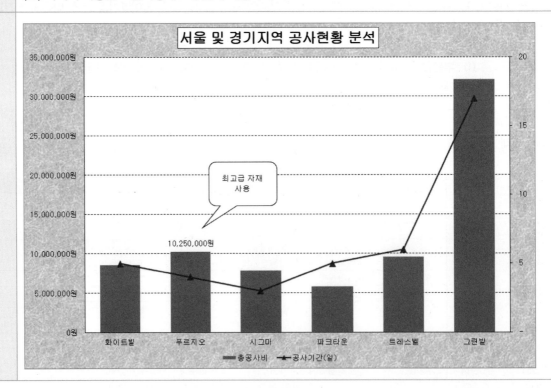

주의 시트명 순서가 차례대로 "제1작업", "제2작업", "제3작업", "제4작업"이 되도록 할 것

제 1 작업	표 서식 작성 및 값 계산	240점

다음은 '일반영화 박스오피스 현황'에 대한 자료이다. 자료를 입력하고 조건에 맞도록 작업하시오.

출력형태

일반영화 박스오피스 현황

	담당	팀장	부장
확인			

코드	영화명	장르	관람가능	개봉일	상영횟수 (단위:천회)	스크린수	감정포인트	상영횟수 순위
D1251	한산 용의 출현	드라마	12세이상	2022-07-27	218	2,223	(1)	(2)
D1261	비상선언	드라마	12세이상	2022-08-03	73	1,734	(1)	(2)
A2312	미니언즈2	애니메이션	전체관람가	2022-07-20	79	1,394	(1)	(2)
D1242	정직한 후보2	드라마	12세이상	2022-09-28	72	1,318	(1)	(2)
C1552	공조2	액션	15세이상	2022-09-07	257	2,389	(1)	(2)
C1223	외계인 1부	액션	12세이상	2022-07-20	68	1,959	(1)	(2)
C1571	.헌트	액션	15세이상	2022-08-10	171	1,625	(1)	(2)
A2313	극장판 헬로카봇	애니메이션	전체관람가	2022-09-28	11	790	(1)	(2)
12세이상 관람가능 개수			(3)		최대 스크린수			(5)
액션 장르 스크린수 평균			(4)		코드	D1251	영화명	(6)

조건

- 모든 데이터의 서식에는 글꼴(굴림, 11pt), 정렬은 숫자 및 회계 서식은 오른쪽 정렬, 나머지 서식은 가운데 정렬로 작성하며 예외적인 것은 ≪출력형태≫를 참조하시오.
- 제목 ⇒ 도형(한쪽 모서리가 잘린 사각형)과 그림자(오프셋 오른쪽)를 이용하여 작성하고 "일반영화 박스오피스 현황"을 입력한 후 다음 서식을 적용하시오(글꼴 – 굴림, 24pt, 검정, 굵게, 채우기 – 노랑).
- 임의의 셀에 결재란을 작성하여 그림으로 복사 기능을 이용하여 붙이기 하시오(단, 원본 삭제).
- 「B4:J4, G14, I14」 영역은 '주황'으로 채우기 하시오.
- 유효성 검사를 이용하여 「H14」 셀에 코드(「B5:B12」 영역)가 선택 표시되도록 하시오.
- 셀 서식 ⇒ 「H5:H12」 영역에 셀 서식을 이용하여 숫자 뒤에 '개'를 표시하시오(예 : 2,223개).
- 「D5:D12」 영역에 대해 '장르'로 이름정의를 하시오.

(1)~(6) 셀은 반드시 주어진 함수를 이용하여 값을 구하시오(결과값을 직접 입력하면 해당 셀은 0점 처리됨).

(1) 감정포인트 ⇒ 코드의 마지막 글자가 1이면 '몰입감', 2이면 '즐거움', 3이면 '상상력'으로 표시하시오 (CHOOSE, RIGHT 함수).

(2) 상영횟수 순위 ⇒ 상영횟수(단위:천회)의 내림차순 순위를 구한 결과값에 '위'를 붙이시오 (RANK.EQ 함수, & 연산자)(예 : 1위).

(3) 12세이상 관람가능 개수 ⇒ 조건은 입력데이터를 이용하시오(DCOUNTA 함수).

(4) 액션 장르 스크린수 평균 ⇒ 정의된 이름(장르)을 이용하여 구하시오(SUMIF, COUNTIF 함수).

(5) 최대 스크린수 ⇒ (MAX 함수)

(6) 영화명 ⇒ 「H14」 셀에서 선택한 코드에 대한 영화명을 구하시오(VLOOKUP 함수).

(7) 조건부 서식의 수식을 이용하여 상영횟수(단위:천회)가 '100' 이상인 행 전체에 다음의 서식을 적용하시오 (글꼴 : 파랑, 굵게).

"제1작업" 시트의 「B4:H12」 영역을 복사하여 "제2작업" 시트의 「B2」 셀부터 모두 붙여넣기를 한 후 다음의 조건과 같이 작업하시오.

조건	(1) 고급 필터 – 코드가 'A'로 시작하거나, 상영횟수(단위:천회)가 '200' 이상인 자료의 영화명, 장르, 상영횟수(단위:천회), 스크린수 데이터만 추출하시오. 　　　　　　– 조건 범위 : 「B14」 셀부터 입력하시오. 　　　　　　– 복사 위치 : 「B18」 셀부터 나타나도록 하시오. (2) 표 서식 – 고급필터의 결과셀을 채우기 없음으로 설정한 후 '표 스타일 보통 6'의 서식을 적용하시오. 　　　　　　– 머리글 행, 줄무늬 행을 적용하시오.

"제1작업" 시트를 이용하여 "제3작업" 시트에 조건에 따라 ≪출력형태≫와 같이 작업하시오.

조건	(1) 개봉일 및 장르별 영화명의 개수와 상영횟수(단위:천회)의 평균을 구하시오. (2) 개봉일은 그룹화하고, 장르를 ≪출력형태≫와 같이 정렬하시오. (3) 레이블이 있는 셀 병합 및 가운데 맞춤 적용 및 빈 셀은 '＊＊'로 표시하시오. (4) 행의 총합계는 지우고, 나머지 사항은 ≪출력형태≫에 맞게 작성하시오.

출력형태

개봉일	장르							
	액션		애니메이션		드라마			
	개수 : 영화명	평균 : 상영횟수(단위:천회)	개수 : 영화명	평균 : 상영횟수(단위:천회)	개수 : 영화명	평균 : 상영횟수(단위:천회)		
7월	1	68	1	79	1	218		
8월	1	171	＊＊	＊＊	1	73		
9월	1	257	1	11	1	72		
총합계	3	165	2	45	3	121		

"제1작업" 시트를 이용하여 조건에 따라 ≪출력형태≫와 같이 작업하시오.

조건	
	(1) 차트 종류 ⇒ 〈묶은 세로 막대형〉으로 작업하시오.
	(2) 데이터 범위 ⇒ "제1작업" 시트의 내용을 이용하여 작업하시오.
	(3) 위치 ⇒ "새 시트"로 이동하고, "제4작업"으로 시트 이름을 바꾸시오.
	(4) 차트 디자인 도구 ⇒ 레이아웃 3, 스타일 1을 선택하여 ≪출력형태≫에 맞게 작업하시오.
	(5) 영역 서식 ⇒ 차트 : 글꼴(굴림, 11pt), 채우기 효과(질감 – 파랑 박엽지)
	그림 : 채우기(흰색, 배경1)
	(6) 제목 서식 ⇒ 차트 제목 : 글꼴(굴림, 굵게, 20pt), 채우기(흰색, 배경1), 테두리
	(7) 서식 ⇒ 상영횟수(단위:천회) 계열의 차트 종류를 〈표식이 있는 꺾은선형〉으로 변경한 후 보조 축으로
	지정하시오.
	계열 : ≪출력형태≫를 참조하여 표식(세모, 크기 10)과 레이블 값을 표시하시오.
	눈금선 : 선 스타일 – 파선
	축 : ≪출력형태≫를 참조하시오.
	(8) 범례 ⇒ 범례명을 변경하고 ≪출력형태≫를 참조하시오.
	(9) 도형 ⇒ '모서리가 둥근 사각형 설명선'을 삽입한 후 ≪출력형태≫와 같이 내용을 입력하시오.
	(10) 나머지 사항은 ≪출력형태≫에 맞게 작성하시오.
출력형태	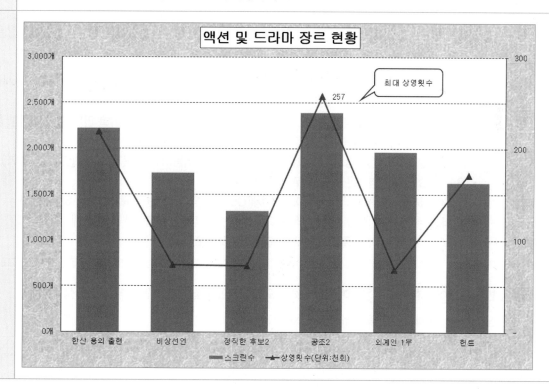

주의 시트명 순서가 차례대로 "제1작업", "제2작업", "제3작업", "제4작업"이 되도록 할 것

실전 모의고사 04회

수험번호 20253014　**정답파일** PART 04 실전 모의고사\실전04회_정답.xlsx

제 1 작업　표 서식 작성 및 값 계산　240점

다음은 '분야별 인기 검색어 현황'에 대한 자료이다. 자료를 입력하고 조건에 맞도록 작업하시오.

출력형태

검색코드	검색어	분야	연령대	PC 클릭 수	모바일 클릭 비율	환산점수	순위	검색엔진
						확인	담당　팀장　이사	
BO-112	인문 일반	도서	40대	2,950	28.5%	2.9	(1)	(2)
LH-361	차량 실내용품	생활/건강	30대	4,067	34.0%	4.1	(1)	(2)
BO-223	어린이 문학	도서	40대	2,432	52.6%	2.4	(1)	(2)
LH-131	먼지 차단 마스크	생활/건강	50대	4,875	78.5%	4.9	(1)	(2)
LC-381	국내 숙박	여가/생활편의	30대	1,210	48.9%	1.2	(1)	(2)
LH-155	안마기	생활/건강	60대	3,732	69.3%	3.7	(1)	(2)
BO-235	장르소설	도서	20대	4,632	37.8%	4.6	(1)	(2)
LC-122	꽃/케이크배달	여가/생활편의	30대	3,867	62.8%	3.9	(1)	(2)
어린이 문학 검색어의 환산점수			(3)		최대 모바일 클릭 비율			(5)
도서 분야의 PC 클릭 수 평균			(4)		검색어	인문 일반	PC 클릭 수	(6)

조건

- 모든 데이터의 서식에는 글꼴(굴림, 11pt), 정렬은 숫자 및 회계 서식은 오른쪽 정렬, 나머지 서식은 가운데 정렬로 작성하며 예외적인 것은 ≪출력형태≫를 참조하시오.
- 제목 ⇒ 도형(배지)과 그림자(오프셋 오른쪽)를 이용하여 작성하고 "분야별 인기 검색어 현황"을 입력한 후 다음 서식을 적용하시오(글꼴 – 굴림, 24pt, 검정, 굵게, 채우기 – 노랑).
- 임의의 셀에 결재란을 작성하여 그림으로 복사 기능을 이용하여 붙이기 하시오(단, 원본 삭제).
- 「B4:J4, G14, I14」 영역은 '주황'으로 채우기 하시오.
- 유효성 검사를 이용하여 「H14」 셀에 검색어(「C5:C12」 영역)가 선택 표시되도록 하시오.
- 셀 서식 ⇒ 「F5:F12」 영역에 셀 서식을 이용하여 숫자 뒤에 '회'를 표시하시오(예 : 2,950회).
- 「G5:G12」 영역에 대해 '클릭비율'로 이름정의를 하시오.

(1)~(6) 셀은 반드시 <u>주어진 함수를 이용</u>하여 값을 구하시오(결과값을 직접 입력하면 해당 셀은 0점 처리됨).

(1) 순위 ⇒ 환산점수의 내림차순 순위를 구하시오(RANK.EQ 함수).
(2) 검색엔진 ⇒ 검색코드의 네 번째 글자가 1이면 '네이버', 2이면 '구글', 그 외에는 '다음'으로 구하시오
　　 (IF, MID 함수).
(3) 어린이 문학 검색어의 환산점수 ⇒ 결과값에 '점'을 붙이시오(INDEX, MATCH 함수, & 연산자)(예 : 4.5점).
(4) 도서 분야의 PC 클릭 수 평균 ⇒ 단, 조건은 입력데이터를 이용하시오(DAVERAGE 함수).
(5) 최대 모바일 클릭 비율 ⇒ 정의된 이름(클릭비율)을 이용하여 구하시오(LARGE 함수).
(6) PC 클릭 수 ⇒ 「H14」 셀에서 선택한 검색어에 대한 PC 클릭 수를 구하시오(VLOOKUP 함수).
(7) 조건부 서식의 수식을 이용하여 PC 클릭 수가 '4,000' 이상인 행 전체에 다음의 서식을 적용하시오
　　 (글꼴 : 파랑, 굵게).

"제1작업" 시트의 「B4:H12」 영역을 복사하여 "제2작업" 시트의 「B2」 셀부터 모두 붙여넣기를 한 후 다음의 조건과 같이 작업하시오.

조건	
(1) 목표값 찾기	– 「B11:G11」 셀을 병합하여 "환산점수의 전체 평균"을 입력한 후 「H11」 셀에 환산점수의 전체 평균을 구하시오(AVERAGE 함수, 테두리, 가운데 맞춤). – '환산점수의 전체 평균'이 '3.6'이 되려면 인문 일반의 환산점수가 얼마가 되어야 하는지 목표값을 구하시오.
(2) 고급필터	– 검색코드가 'L'로 시작하면서 모바일 클릭 비율이 '50%' 이상인 자료의 검색어, 분야, PC 클릭 수, 환산점수 데이터만 추출하시오. – 조건 범위 : 「B14」 셀부터 입력하시오. – 복사 위치 : 「B18」 셀부터 나타나도록 하시오.

"제1작업" 시트의 「B4:H12」 영역을 복사하여 "제3작업" 시트의 「B2」 셀부터 모두 붙여넣기를 한 후 다음의 조건과 같이 작업하시오.

조건	
(1) 부분합	– ≪출력형태≫처럼 정렬하고, 검색어의 개수와 PC 클릭 수의 평균을 구하시오.
(2) 개요【윤곽】	– 지우시오.
(3) 나머지 사항은 ≪출력형태≫에 맞게 작성하시오.	

출력형태

	A	B	C	D	E	F	G	H
1								
2		검색코드	검색어	분야	연령대	PC 클릭 수	모바일 클릭 비율	환산점수
3		LC-381	국내 숙박	여가/생활편의	30대	1,210회	48.9%	1.2
4		LC-122	꽃/케이크배달	여가/생활편의	30대	3,867회	62.8%	3.9
5				여가/생활편의 평균		2,539회		
6			2	여가/생활편의 개수				
7		LH-361	차량 실내용품	생활/건강	30대	4,067회	34.0%	4.1
8		LH-131	먼지 차단 마스크	생활/건강	50대	4,875회	78.5%	4.9
9		LH-155	안마기	생활/건강	60대	3,732회	69.3%	3.7
10				생활/건강 평균		4,225회		
11				생활/건강 개수				
12		BO-112	인문 일반	도서	40대	2,950회	28.5%	2.9
13		BO-223	어린이 문학	도서	40대	2,432회	52.6%	2.4
14		BO-235	장르소설	도서	20대	4,632회	37.8%	4.6
15				도서 평균		3,338회		
16			3	도서 개수				
17				전체 평균		3,471회		
18			8	전체 개수				
19								

"제1작업" 시트를 이용하여 조건에 따라 ≪출력형태≫와 같이 작업하시오.

조건	(1) 차트 종류 ⇒ 〈묶은 세로 막대형〉으로 작업하시오.
	(2) 데이터 범위 ⇒ "제1작업" 시트의 내용을 이용하여 작업하시오.
	(3) 위치 ⇒ "새 시트"로 이동하고, "제4작업"으로 시트 이름을 바꾸시오.
	(4) 차트 디자인 도구 ⇒ 레이아웃 3, 스타일 1을 선택하여 ≪출력형태≫에 맞게 작업하시오.
	(5) 영역 서식 ⇒ 차트 : 글꼴(굴림, 11pt), 채우기 효과(질감 – 파랑 박엽지)
	                그림 : 채우기(흰색, 배경1)
	(6) 제목 서식 ⇒ 차트 제목 : 글꼴(굴림, 굵게, 20pt), 채우기(흰색, 배경1), 테두리
	(7) 서식 ⇒ PC 클릭 수 계열의 차트 종류를 〈표식이 있는 꺾은선형〉으로 변경한 후 보조 축으로 지정하시오.
	      계열 : ≪출력형태≫를 참조하여 표식(세모, 크기 10)과 레이블 값을 표시하시오.
	      눈금선 : 선 스타일 – 파선
	      축 : ≪출력형태≫를 참조하시오.
	(8) 범례 ⇒ 범례명을 변경하고 ≪출력형태≫를 참조하시오.
	(9) 도형 ⇒ '모서리가 둥근 사각형 설명선'을 삽입한 후 ≪출력형태≫와 같이 내용을 입력하시오.
	(10) 나머지 사항은 ≪출력형태≫에 맞게 작성하시오.

출력형태	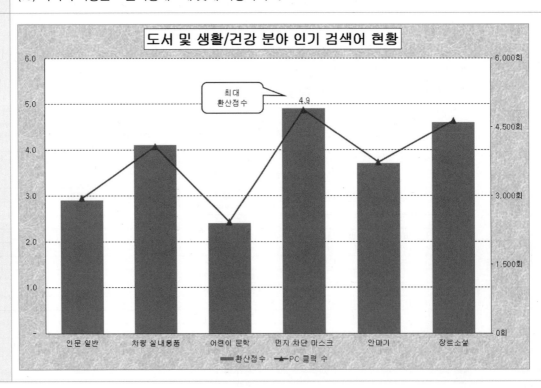

주의 시트명 순서가 차례대로 "제1작업", "제2작업", "제3작업", "제4작업"이 되도록 할 것

실전 모의고사 05회

수험번호 20253015　**정답파일** PART 04 실전 모의고사₩실전05회_정답.xlsx

▶합격 강의

제 1 작업 | 표 서식 작성 및 값 계산　　　　　　　　　　　　　　　　**240**점

다음은 'AI 여행사 여행상품 현황'에 대한 자료이다. 자료를 입력하고 조건에 맞도록 작업하시오.

출력형태									

AI 여행사 여행상품 현황

				확인	담당	팀장	부장

코드	여행지	분류	여행기간	출발일	출발인원	여행경비 (단위:원)	적립금	출발 시간
AS213	울릉도	섬여행	3박4일	2023-05-23	30	295,000	(1)	(2)
AE131	방콕 파타야	해외여행	4박6일	2023-04-20	20	639,000	(1)	(2)
AS122	제주도	섬여행	3박4일	2023-03-15	25	459,000	(1)	(2)
AT213	부산 명소 탐방	기차여행	1박2일	2023-05-12	30	324,000	(1)	(2)
AE231	북인도	해외여행	5박6일	2023-03-18	20	1,799,900	(1)	(2)
AE311	필리핀 세부	해외여행	4박5일	2023-06-01	25	799,000	(1)	(2)
AS223	독도	섬여행	2박3일	2023-04-10	30	239,000	(1)	(2)
AT132	남도 맛기행	기차여행	1박2일	2023-03-19	25	355,000	(1)	(2)
섬여행 여행경비(단위:원) 평균			(3)			최대 여행경비(단위:원)		(5)
5월 이후 출발하는 여행상품 수			(4)		여행지	울릉도	출발인원	(6)

조건

- 모든 데이터의 서식에는 글꼴(굴림, 11pt), 정렬은 숫자 및 회계 서식은 오른쪽 정렬, 나머지 서식은 가운데 정렬로 작성하며 예외적인 것은 ≪출력형태≫를 참조하시오.
- 제목 ⇒ 도형(평행 사변형)과 그림자(오프셋 오른쪽)를 이용하여 작성하고 "AI 여행사 여행상품 현황"을 입력한 후 다음 서식을 적용하시오(글꼴 – 굴림, 24pt, 검정, 굵게, 채우기 – 노랑).
- 임의의 셀에 결재란을 작성하여 그림으로 복사 기능을 이용하여 붙이기 하시오(단, 원본 삭제).
- 「B4:J4, G14, I14」 영역은 '주황'으로 채우기 하시오.
- 유효성 검사를 이용하여 「H14」 셀에 여행지(「C5:C12」 영역)가 선택 표시되도록 하시오.
- 셀 서식 ⇒ 「G5:G12」 영역에 셀 서식을 이용하여 숫자 뒤에 '명'을 표시하시오(예 : 10명).
- 「H5:H12」 영역에 대해 '여행경비'로 이름정의를 하시오.

(1)~(6) 셀은 반드시 <u>주어진 함수를 이용</u>하여 값을 구하시오(결과값을 직접 입력하면 해당 셀은 0점 처리됨).

(1) 적립금 ⇒ 「여행경비(단위:원)×적립율」로 구하시오. 단, 적립율은 코드의 마지막 글자가 1이면 '1%', 2이면 '0.5%', 3이면 '0'으로 지정하여 구하시오(CHOOSE, RIGHT 함수).

(2) 출발시간 ⇒ 출발일이 평일이면 '오전 8시', 주말이면 '오전 10시'로 구하시오(IF, WEEKDAY 함수).

(3) 섬여행 여행경비(단위:원) 평균 ⇒ 단, 조건은 입력데이터를 이용하시오(DAVERAGE 함수).

(4) 5월 이후 출발하는 여행상품 수 ⇒ 5월도 포함하여 구하고, 결과값 뒤에 '개'를 붙이시오
　　　　　　　　　　　　　　　　(COUNTIF 함수, & 연산자)(예 : 1개).

(5) 최대 여행경비(단위:원) ⇒ 정의된 이름(여행경비)을 이용하여 구하시오(LARGE 함수).

(6) 출발인원 ⇒ 「H14」 셀에서 선택한 여행지에 대한 출발인원을 구하시오(VLOOKUP 함수).

(7) 조건부 서식의 수식을 이용하여 여행경비(단위:원)가 '600,000' 이상인 행 전체에 다음의 서식을 적용하시오
　　(글꼴 : 파랑, 굵게).

"제1작업" 시트의 「B4:H12」 영역을 복사하여 "제2작업" 시트의 「B2」 셀부터 모두 붙여넣기를 한 후 다음의 조건과 같이 작업하시오.

조건	(1) 고급 필터 – 분류가 '기차여행'이거나, 여행경비(단위:원)가 '600,000' 이상인 자료의 여행지, 여행기간, 출발일, 여행경비(단위:원) 데이터만 추출하시오. 　　　　　 – 조건 범위 : 「B14」 셀부터 입력하시오. 　　　　　 – 복사 위치 : 「B18」 셀부터 나타나도록 하시오. (2) 표 서식 – 고급필터의 결과셀을 채우기 없음으로 설정한 후 '표 스타일 보통 4'의 서식을 적용하시오. 　　　　　 – 머리글 행, 줄무늬 행을 적용하시오.

"제1작업" 시트를 이용하여 "제3작업" 시트에 조건에 따라 ≪출력형태≫와 같이 작업하시오.

조건	(1) 출발일 및 분류별 여행지의 개수와 여행경비(단위:원)의 평균을 구하시오. (2) 출발일을 그룹화하고, 분류를 ≪출력형태≫와 같이 정렬하시오. (3) 레이블이 있는 셀 병합 및 가운데 맞춤 적용 및 빈 셀은 '**'로 표시하시오. (4) 행의 총합계는 지우고, 나머지 사항은 ≪출력형태≫에 맞게 작성하시오.

출력형태

	분류						
		해외여행		섬여행		기차여행	
출발일	개수 : 여행지	평균 : 여행경비(단위:원)	개수 : 여행지	평균 : 여행경비(단위:원)	개수 : 여행지	평균 : 여행경비(단위:원)
3월	1	1,799,900	1	459,000	1	355,000
4월	1	639,000	1	239,000	**	**
5월	**	**	1	295,000	1	324,000
6월	1	799,000	**	**	**	**
총합계	3	1,079,300	3	331,000	2	339,500

"제1작업" 시트를 이용하여 조건에 따라 ≪출력형태≫와 같이 작업하시오.

조건	
	(1) 차트 종류 ⇒ 〈묶은 세로 막대형〉으로 작업하시오.
	(2) 데이터 범위 ⇒ "제1작업" 시트의 내용을 이용하여 작업하시오.
	(3) 위치 ⇒ "새 시트"로 이동하고, "제4작업"으로 시트 이름을 바꾸시오.
	(4) 차트 디자인 도구 ⇒ 레이아웃 3, 스타일 1을 선택하여 ≪출력형태≫에 맞게 작업하시오.
	(5) 영역 서식 ⇒ 차트 : 글꼴(굴림, 11pt), 채우기 효과(질감 – 파랑 박엽지)
	그림 : 채우기(흰색, 배경1)
	(6) 제목 서식 ⇒ 차트 제목 : 글꼴(굴림, 굵게, 20pt), 채우기(흰색, 배경1), 테두리
	(7) 서식 ⇒ 여행경비(단위:원) 계열의 차트 종류를 〈표식이 있는 꺾은선형〉으로 변경한 후 보조 축으로 지정하시오.
	계열 : ≪출력형태≫를 참조하여 표식(마름모, 크기 10)과 레이블 값을 표시하시오.
	눈금선 : 선 스타일 – 파선
	축 : ≪출력형태≫를 참조하시오.
	(8) 범례 ⇒ 범례명을 변경하고 ≪출력형태≫를 참조하시오.
	(9) 도형 ⇒ '모서리가 둥근 사각형 설명선'을 삽입한 후 ≪출력형태≫와 같이 내용을 입력하시오.
	(10) 나머지 사항은 ≪출력형태≫에 맞게 작성하시오.
출력형태	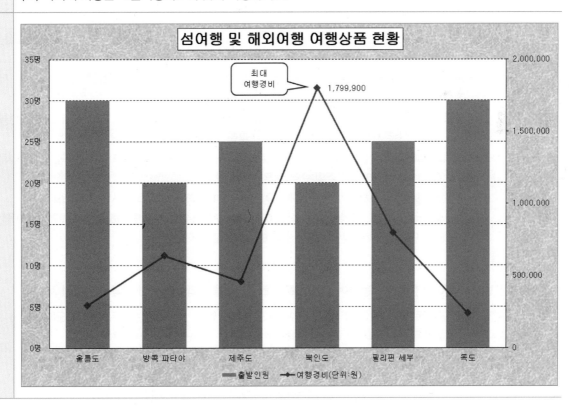

주의 시트명 순서가 차례대로 "제1작업", "제2작업", "제3작업", "제4작업"이 되도록 할 것

제 1 작업　표 서식 작성 및 값 계산　240점

다음은 '경기지역 요양원 현황'에 대한 자료이다. 자료를 입력하고 조건에 맞도록 작업하시오.

출력형태

	팀장	과장	대표
결재			

경기지역 요양원 현황

관리번호	지역	요양원	설립일	본인부담금	현재인원(명)	요양보호사수(명)	등급	시설구분
S1-001	수원	행복나라	2013-01-02	731,400	210	101	(1)	(2)
N2-001	남양주	늘봄실버	2010-07-10	791,400	70	37	(1)	(2)
S3-002	수원	중앙실버케어	2014-02-20	678,300	25	12	(1)	(2)
Y1-001	용인	민들레	2015-07-10	728,400	130	62	(1)	(2)
N1-002	남양주	하나케어	2009-02-10	731,400	200	103	(1)	(2)
N3-003	남양주	행복한집	2008-06-20	648,300	27	15	(1)	(2)
Y3-002	용인	온누리	2019-02-10	783,900	20	9	(1)	(2)
S2-003	수원	봄날실버	2016-12-20	737,400	62	29	(1)	(2)
수원 지역 본인부담금 평균			(3)			최저 본인부담금		(5)
현재인원(명) 100 미만인 요양원 수			(4)		요양원	행복나라	본인부담금	(6)

조건

- 모든 데이터의 서식에는 글꼴(굴림, 11pt), 정렬은 숫자 및 회계 서식은 오른쪽 정렬, 나머지 서식은 가운데 정렬로 작성하며 예외적인 것은 ≪출력형태≫를 참조하시오.
- 제목 ⇒ 도형(사다리꼴)과 그림자(오프셋 오른쪽)를 이용하여 작성하고 "경기지역 요양원 현황"을 입력한 후 다음 서식을 적용하시오(글꼴 – 굴림, 24pt, 검정, 굵게, 채우기 – 노랑).
- 임의의 셀에 결재란을 작성하여 그림으로 복사 기능을 이용하여 붙이기 하시오(단, 원본 삭제).
- 「B4:J4, G14, I14」 영역은 '주황'으로 채우기 하시오.
- 유효성 검사를 이용하여 「H14」 셀에 요양원(「D5:D12」 영역)이 선택 표시되도록 하시오.
- 셀 서식 ⇒ 「F5:F12」 영역에 셀 서식을 이용하여 숫자 뒤에 '원'을 표시하시오(예 : 731,400원).
- 「F5:F12」 영역에 대해 '본인부담금'으로 이름정의를 하시오.

(1)~(6) 셀은 반드시 **주어진 함수를 이용**하여 값을 구하시오(결과값을 직접 입력하면 해당 셀은 0점 처리됨).

(1) 등급 ⇒ 현재인원(명)을 2로 나눈 값이 요양보호사수(명) 보다 작으면 'A', 그 외에는 'B'로 구하시오(IF 함수).

(2) 시설구분 ⇒ 관리번호의 두 번째 글자가 1이면 '대형', 2이면 '중형', 3이면 '소형'으로 구하시오 (CHOOSE, MID 함수).

(3) 수원 지역 본인부담금 평균 ⇒ 반올림하여 천원 단위까지 구하고, 조건은 입력데이터를 이용하시오 (ROUND, DAVERAGE 함수)(예 : 624,700 → 625,000).

(4) 현재인원(명) 100 미만인 요양원 수 ⇒ 결과값에 '개'를 붙이시오(COUNTIF 함수, & 연산자)(예 : 2개).

(5) 최저 본인부담금 ⇒ 정의된 이름(본인부담금)을 이용하여 구하시오(MIN 함수).

(6) 본인부담금 ⇒ 「H14」 셀에서 선택한 요양원에 대한 본인부담금을 구하시오(VLOOKUP 함수).

(7) 조건부 서식의 수식을 이용하여 요양보호사수(명)가 '100' 이상인 행 전체에 다음의 서식을 적용하시오 (글꼴 : 파랑, 굵게).

"제1작업" 시트의 「B4:H12」 영역을 복사하여 "제2작업" 시트의 「B2」 셀부터 모두 붙여넣기를 한 후 다음의 조건과 같이 작업하시오.

조건	(1) 목표값 찾기 – 「B11:G11」 셀을 병합하여 "본인부담금 전체 평균"을 입력한 후 「H11」 셀에 본인부담금의 전체 평균을 구하시오(AVERAGE 함수, 테두리, 가운데 맞춤).
	– '본인부담금 전체 평균'이 '725,000'이 되려면 행복나라의 본인부담금이 얼마가 되어야 하는지 목표값을 구하시오.
	(2) 고급필터 – 지역이 '수원'이 아니면서 현재인원(명)이 '50' 이상인 자료의 데이터만 추출하시오.
	– 조건 범위 : 「B14」 셀부터 입력하시오.
	– 복사 위치 : 「B18」 셀부터 나타나도록 하시오.

"제1작업" 시트의 「B4:H12」 영역을 복사하여 "제3작업" 시트의 「B2」 셀부터 모두 붙여넣기를 한 후 다음의 조건과 같이 작업하시오.

조건	(1) 부분합 – ≪출력형태≫처럼 정렬하고, 요양원의 개수와 본인부담금의 평균을 구하시오.
	(2) 개요【윤곽】 – 지우시오.
	(3) 나머지 사항은 ≪출력형태≫에 맞게 작성하시오.

출력형태

	B	C	D	E	F	G	H
2	관리번호	지역	요양원	설립일	본인부담금	현재인원(명)	요양보호사수(명)
3	Y1-001	용인	민들레	2015-07-10	728,400원	130	62
4	Y3-002	용인	온누리	2019-02-10	783,900원	20	9
5		용인 평균			756,150원		
6		용인 개수	2				
7	S1-001	수원	행복나라	2013-01-02	731,400원	210	101
8	S3-002	수원	중앙실버케어	2014-02-20	678,300원	25	12
9	S2-003	수원	봄날실버	2016-12-20	737,400원	62	29
10		수원 평균			715,700원		
11		수원 개수	3				
12	N2-001	남양주	늘봄실버	2010-07-10	791,400원	70	37
13	N1-002	남양주	하나케어	2009-02-10	731,400원	200	103
14	N3-003	남양주	행복한집	2008-06-20	648,300원	27	15
15		남양주 평균			723,700원		
16		남양주 개수	3				
17		전체 평균			728,813원		
18		전체 개수	8				

"제1작업" 시트를 이용하여 조건에 따라 ≪출력형태≫와 같이 작업하시오.

조건	(1) 차트 종류 ⇒ 〈묶은 세로 막대형〉으로 작업하시오.
	(2) 데이터 범위 ⇒ "제1작업" 시트의 내용을 이용하여 작업하시오.
	(3) 위치 ⇒ "새 시트"로 이동하고, "제4작업"으로 시트 이름을 바꾸시오.
	(4) 차트 디자인 도구 ⇒ 레이아웃 3, 스타일 1를 선택하여 ≪출력형태≫에 맞게 작업하시오.
	(5) 영역 서식 ⇒ 차트 : 글꼴(굴림, 11pt), 채우기 효과(질감 – 파랑 박엽지)
	그림 : 채우기(흰색, 배경1)
	(6) 제목 서식 ⇒ 차트 제목 : 글꼴(굴림, 굵게, 20pt), 채우기(흰색, 배경1), 테두리
	(7) 서식 ⇒ 현재인원(명) 계열의 차트 종류를 〈표식이 있는 꺾은선형〉으로 변경한 후 보조 축으로 지정하시오.
	계열 : ≪출력형태≫를 참조하여 표식(마름모, 크기 10)과 레이블 값을 표시하시오.
	눈금선 : 선 스타일 – 파선
	축 : ≪출력형태≫를 참조하시오.
	(8) 범례 ⇒ 범례명을 변경하고 ≪출력형태≫를 참조하시오.
	(9) 도형 ⇒ '타원형 설명선'을 삽입한 후 ≪출력형태≫와 같이 내용을 입력하시오.
	(10) 나머지 사항은 ≪출력형태≫에 맞게 작성하시오.

출력형태	

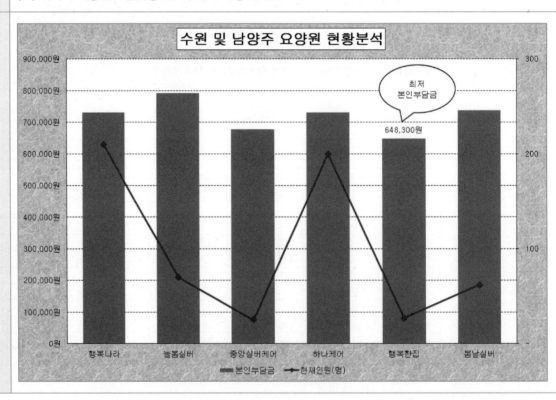

주의 시트명 순서가 차례대로 "제1작업", "제2작업", "제3작업", "제4작업"이 되도록 할 것

실전 모의고사 07회

수험번호 20253017　정답파일 PART 04 실전 모의고사\실전07회_정답.xlsx

 ▶합격 강의

제 1 작업　표 서식 작성 및 값 계산　240점

다음은 '앱개발 경진대회 신청 현황'에 대한 자료이다. 자료를 입력하고 조건에 맞도록 작업하시오.

출력형태

코드	팀명	지도교수	지원분야	신청일	활동비 (단위:원)	활동시간	서류심사 담당자	문자 발송일
E1451	지혜의 샘	이지은	교육	2022-09-01	55,000	152	(1)	(2)
H2512	사물헬스케어	박순호	건강	2022-08-15	180,000	205	(1)	(2)
C3613	자연힐링	김경호	문화	2022-09-03	65,500	115	(1)	(2)
E1452	메타미래	정유미	교육	2022-09-15	195,500	235	(1)	(2)
H2513	건강자가진단	손기현	건강	2022-08-27	178,000	170	(1)	(2)
E1458	늘탐구	김철수	교육	2022-09-05	134,000	155	(1)	(2)
H2518	코로나19	서영희	건강	2022-09-10	85,000	88	(1)	(2)
C3615	시공담문화	장민호	문화	2022-08-25	195,000	190	(1)	(2)
교육분야 평균 활동시간			(3)		최대 활동비(단위:원)			(5)
문화분야 신청 건수			(4)		팀명	지혜의 샘	활동시간	(6)

제목 영역: **앱개발 경진대회 신청 현황**

확인 | 담당 | 팀장 | 부장

조건

- 모든 데이터의 서식에는 글꼴(굴림, 11pt), 정렬은 숫자 및 회계 서식은 오른쪽 정렬, 나머지 서식은 가운데 정렬로 작성하며 예외적인 것은 《출력형태》를 참조하시오.
- 제목 ⇒ 도형(육각형)과 그림자(오프셋 아래쪽)를 이용하여 작성하고 "앱개발 경진대회 신청 현황"을 입력한 후 다음 서식을 적용하시오(글꼴 – 굴림, 24pt, 검정, 굵게, 채우기 – 노랑).
- 임의의 셀에 결재란을 작성하여 그림으로 복사 기능을 이용하여 붙이기 하시오(단, 원본 삭제).
- 「B4:J4, G14, I14」 영역은 '주황'으로 채우기 하시오.
- 유효성 검사를 이용하여 「H14」 셀에 팀명(「C5:C12」 영역)가 선택 표시되도록 하시오.
- 셀 서식 ⇒ 「H5:H12」 영역에 셀 서식을 이용하여 숫자 뒤에 '시간'을 표시하시오(예 : 100시간).
- 「G5:G12」 영역에 대해 '활동비'로 이름정의를 하시오.

(1)~(6) 셀은 반드시 **주어진 함수를 이용하여** 값을 구하시오(결과값을 직접 입력하면 해당 셀은 0점 처리됨).

(1) 서류심사 담당자 ⇒ 지원분야가 교육이면 '민수진', 건강이면 '변정훈', 문화이면 '신동진'으로 표시하시오 (IF 함수).

(2) 문자 발송일 ⇒ 신청일의 요일이 평일이면 「신청일+3」, 주말이면 「신청일+5」로 구하시오 (CHOOSE, WEEKDAY 함수).

(3) 교육분야 평균 활동시간 ⇒ 평균을 올림하여 정수로 표시하시오. 단, 조건은 입력데이터를 이용하시오 (ROUNDUP, DAVERAGE 함수).

(4) 문화분야 신청 건수 ⇒ 결과값에 '건'을 붙이시오(COUNTIF 함수, & 연산자)(예 : 1건).

(5) 최대 활동비(단위:원) ⇒ 정의된 이름(활동비)을 이용하여 구하시오(LARGE 함수).

(6) 활동시간 ⇒ 「H14」 셀에서 선택한 팀명에 대한 활동시간을 구하시오(VLOOKUP 함수).

(7) 조건부 서식의 수식을 이용하여 활동시간이 '200' 이상인 행 전체에 다음의 서식을 적용하시오 (글꼴 : 파랑, 굵게).

"제1작업" 시트의 「B4:H12」 영역을 복사하여 "제2작업" 시트의 「B2」 셀부터 모두 붙여넣기를 한 후 다음의 조건과 같이 작업하시오.

조건	
	(1) 고급 필터 – 지원분야가 '교육'이거나, 활동비(단위:원)이 '190,000' 이상인 자료의 팀명, 지도교수, 활동비(단위:원), 활동시간 데이터만 추출하시오. 　　　　　– 조건 범위 : 「B14」 셀부터 입력하시오. 　　　　　– 복사 위치 : 「B18」 셀부터 나타나도록 하시오. (2) 표 서식 – 고급필터의 결과셀을 채우기 없음으로 설정한 후 '표 스타일 보통 5'의 서식을 적용하시오. 　　　　　– 머리글 행, 줄무늬 행을 적용하시오.

"제1작업" 시트를 이용하여 "제3작업" 시트에 조건에 따라 ≪출력형태≫와 같이 작업하시오.

조건	
	(1) 활동시간 및 지원분야별 팀명의 개수와 활동비(단위:원)의 평균을 구하시오. (2) 활동시간을 그룹화하고, 지원분야를 ≪출력형태≫와 같이 정렬하시오. (3) 레이블이 있는 셀 병합 및 가운데 맞춤 적용 및 빈 셀은 '**'로 표시하시오. (4) 행의 총합계는 지우고, 나머지 사항은 ≪출력형태≫에 맞게 작성하시오.

출력형태

활동시간	개수 : 팀명 (문화)	평균 : 활동비(단위:원) (문화)	개수 : 팀명 (교육)	평균 : 활동비(단위:원) (교육)	개수 : 팀명 (건강)	평균 : 활동비(단위:원) (건강)
1-100	**	**	**	**	1	85,000
101-200	2	130,250	2	94,500	1	178,000
201-300	**	**	1	195,500	1	180,000
총합계	2	130,250	3	128,167	3	147,667

"제1작업" 시트를 이용하여 조건에 따라 ≪출력형태≫와 같이 작업하시오.

조건	(1) 차트 종류 ⇒ 〈묶은 세로 막대형〉으로 작업하시오.
	(2) 데이터 범위 ⇒ "제1작업" 시트의 내용을 이용하여 작업하시오.
	(3) 위치 ⇒ "새 시트"로 이동하고, "제4작업"으로 시트 이름을 바꾸시오.
	(4) 차트 디자인 도구 ⇒ 레이아웃 3, 스타일 1을 선택하여 ≪출력형태≫에 맞게 작업하시오.
	(5) 영역 서식 ⇒ 차트 : 글꼴(굴림, 11pt), 채우기 효과(질감 – 파랑 박엽지)
	그림 : 채우기(흰색, 배경1)
	(6) 제목 서식 ⇒ 차트 제목 : 글꼴(굴림, 굵게, 20pt), 채우기(흰색, 배경1), 테두리
	(7) 서식 ⇒ 활동비(단위:원) 계열의 차트 종류를 〈표식이 있는 꺾은선형〉으로 변경한 후 보조 축으로 지정
	하시오.
	계열 : ≪출력형태≫를 참조하여 표식(세모, 크기 10)과 레이블 값을 표시하시오.
	눈금선 : 선 스타일 – 파선
	축 : ≪출력형태≫를 참조하시오.
	(8) 범례 ⇒ 범례명을 변경하고 ≪출력형태≫를 참조하시오.
	(9) 도형 ⇒ '모서리가 둥근 사각형 설명선'을 삽입한 후 ≪출력형태≫와 같이 내용을 입력하시오.
	(10) 나머지 사항은 ≪출력형태≫에 맞게 작성하시오.
출력형태	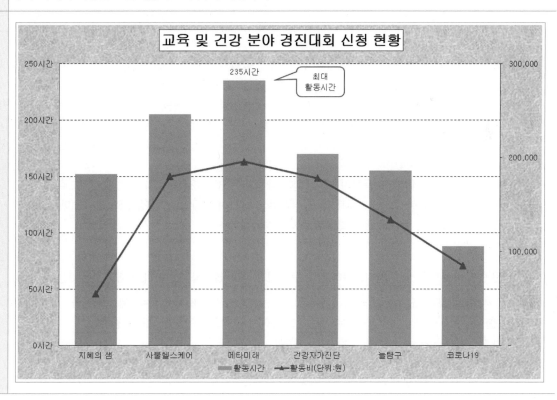

주의 시트명 순서가 차례대로 "제1작업", "제2작업", "제3작업", "제4작업"이 되도록 할 것

실전 모의고사 08회

수험번호	20253018	정답파일	PART 04 실전 모의고사₩실전08회_정답.xlsx

합격 강의

제 1 작업   표 서식 작성 및 값 계산   240점

다음은 '1월 사원 출장 현황'에 대한 자료이다. 자료를 입력하고 조건에 맞도록 작업하시오.

출력형태

1월 사원 출장 현황

	담당	팀장	부장
결재			

사원번호	사원명	직급	부서명	출장비(단위:원)	출장일수	출발일자	출발요일	비고
C11-23	민시후	사원	영업부	520,000	6	2023-01-07	(1)	(2)
C10-25	한창훈	사원	인사부	128,000	2	2023-01-21	(1)	(2)
A07-01	윤정은	대리	영업부	225,000	2	2023-01-07	(1)	(2)
A07-45	조재은	사원	기획부	415,000	3	2023-01-03	(1)	(2)
E10-25	박금희	대리	인사부	280,000	2	2023-01-15	(1)	(2)
A08-23	한효빈	과장	기획부	546,000	5	2023-01-17	(1)	(2)
E09-53	김지은	과장	영업부	197,000	3	2023-01-06	(1)	(2)
E09-12	김지효	대리	기획부	150,000	2	2023-01-12	(1)	(2)
인사부의 출장일수 평균			(3)		최대 출장비(단위:원)			(5)
사원의 출장일수 합계			(4)		사원번호	C11-23	출장일수	(6)

조건

- 모든 데이터의 서식에는 글꼴(굴림, 11pt), 정렬은 숫자 및 회계 서식은 오른쪽 정렬, 나머지 서식은 가운데 정렬로 작성하며 예외적인 것은 ≪출력형태≫를 참조하시오.
- 제목 ⇒ 도형(평행 사변형)과 그림자(오프셋 오른쪽)를 이용하여 작성하고 "1월 사원 출장 현황"을 입력한 후 다음 서식을 적용하시오(글꼴 – 굴림, 24pt, 검정, 굵게, 채우기 – 노랑).
- 임의의 셀에 결재란을 작성하여 그림으로 복사 기능을 이용하여 붙이기 하시오(단, 원본 삭제).
- 「B4:J4, G14, I14」 영역은 '주황'으로 채우기 하시오.
- 유효성 검사를 이용하여 「H14」 셀에 사원번호(「B5:B12」 영역)가 선택 표시되도록 하시오.
- 셀 서식 ⇒ 「G5:G12」 영역에 셀 서식을 이용하여 숫자 뒤에 '일'을 표시하시오(예 : 6일).
- 「F5:F12」 영역에 대해 '출장비'로 이름정의를 하시오.

(1)~(6) 셀은 반드시 <u>주어진 함수</u>를 이용하여 값을 구하시오(결과값을 직접 입력하면 해당 셀은 0점 처리됨).

(1) 출발요일 ⇒ 출발일자의 요일을 예와 같이 구하시오(CHOOSE, WEEKDAY 함수)(예 : 월요일).

(2) 비고 ⇒ 출장일수가 5 이상이면 '출장일수 많음', 그 외에는 공백으로 표시하시오(IF 함수).

(3) 인사부의 출장일수 평균 ⇒ (SUMIF, COUNTIF 함수)

(4) 사원의 출장일수 합계 ⇒ 결과값에 '일'을 붙이시오. 단, 조건은 입력데이터를 이용하시오 (DSUM 함수, & 연산자)(예 : 1일).

(5) 최대 출장비(단위:원) ⇒ 정의된 이름(출장비)을 이용하여 구하시오(MAX 함수).

(6) 출장일수 ⇒ 「H14」 셀에서 선택한 사원번호에 대한 출장일수를 표시하시오(VLOOKUP 함수).

(7) 조건부 서식의 수식을 이용하여 출장비(단위:원)가 '200,000' 이하인 행 전체에 다음의 서식을 적용하시오 (글꼴 : 파랑, 굵게).

"제1작업" 시트의 「B4:H12」 영역을 복사하여 "제2작업" 시트의 「B2」 셀부터 모두 붙여넣기를 한 후 다음의 조건과 같이 작업하시오.

조건	
(1) 목표값 찾기	– 「B11:G11」 셀을 병합하여 "영업부의 출장비(단위:원) 평균"을 입력한 후 「H11」 셀에 영업부의 출장비(단위:원) 평균을 구하시오. 단 조건은 입력데이터를 이용하시오 (DAVERAGE 함수, 테두리, 가운데 맞춤).
	– '영업부의 출장비(단위:원) 평균'이 '300,000'이 되려면 민시후의 출장비(단위:원)가 얼마가 되어야 하는지 목표값을 구하시오.
(2) 고급필터	– 부서명이 '영업부'가 아니면서 출장일수가 '4' 이하인 자료의 사원명, 직급, 출장일수, 출발일자 데이터만 추출하시오.
	– 조건 범위 : 「B14」 셀부터 입력하시오.
	– 복사 위치 : 「B18」 셀부터 나타나도록 하시오.

"제1작업" 시트의 「B4:H12」 영역을 복사하여 "제3작업" 시트의 「B2」 셀부터 모두 붙여넣기를 한 후 다음의 조건과 같이 작업하시오.

조건	
(1) 부분합	– ≪출력형태≫처럼 정렬하고, 사원명의 개수와 출장비(단위:원)의 평균을 구하시오.
(2) 개요【윤곽】 – 지우시오.	
(3) 나머지 사항은 ≪출력형태≫에 맞게 작성하시오.	

출력형태

	A	B	C	D	E	F	G	H
1								
2		사원번호	사원명	직급	부서명	출장비 (단위:원)	출장일수	출발일자
3		C10-25	한창훈	사원	인사부	128,000	2	2023-01-21
4		E10-25	박금희	대리	인사부	280,000	2	2023-01-15
5					인사부 평균	204,000		
6			2		인사부 개수			
7		C11-23	민시후	사원	영업부	520,000	6	2023-01-07
8		A07-01	윤정은	대리	영업부	225,000	2	2023-01-07
9		E09-53	김지은	과장	영업부	197,000	3	2023-01-06
10					영업부 평균	314,000		
11			3		영업부 개수			
12		A07-45	조재은	사원	기획부	415,000	3	2023-01-03
13		A08-23	한효빈	과장	기획부	546,000	5	2023-01-17
14		E09-12	김지효	대리	기획부	150,000	2	2023-01-12
15					기획부 평균	370,333		
16			3		기획부 개수			
17					전체 평균	307,625		
18			8		전체 개수			
19								

"제1작업" 시트를 이용하여 조건에 따라 ≪출력형태≫와 같이 작업하시오.

조건	(1) 차트 종류 ⇒ 〈묶은 세로 막대형〉으로 작업하시오.
	(2) 데이터 범위 ⇒ "제1작업" 시트의 내용을 이용하여 작업하시오.
	(3) 위치 ⇒ "새 시트"로 이동하고, "제4작업"으로 시트 이름을 바꾸시오.
	(4) 차트 디자인 도구 ⇒ 레이아웃 3, 스타일 1을 선택하여 ≪출력형태≫에 맞게 작업하시오.
	(5) 영역 서식 ⇒ 차트 : 글꼴(굴림, 11pt), 채우기 효과(질감 – 파랑 박엽지)
	그림 : 채우기(흰색, 배경1)
	(6) 제목 서식 ⇒ 차트 제목 : 글꼴(굴림, 굵게, 20pt), 채우기(흰색, 배경1), 테두리
	(7) 서식 ⇒ 출장일수 계열의 차트 종류를 〈표식이 있는 꺾은선형〉으로 변경한 후 보조 축으로 지정하시오.
	계열 : ≪출력형태≫를 참조하여 표식(세모, 크기 10)과 레이블 값을 표시하시오.
	눈금선 : 선 스타일 – 파선
	축 : ≪출력형태≫를 참조하시오.
	(8) 범례 ⇒ 범례명을 변경하고 ≪출력형태≫를 참조하시오.
	(9) 도형 ⇒ '모서리가 둥근 사각형 설명선'을 삽입한 후 ≪출력형태≫와 같이 내용을 입력하시오.
	(10) 나머지 사항은 ≪출력형태≫에 맞게 작성하시오.
출력형태	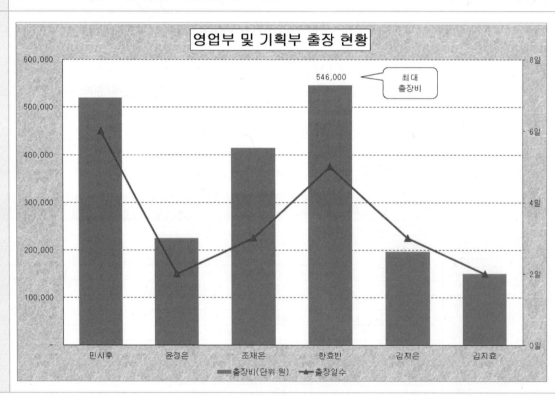

주의 시트명 순서가 차례대로 "제1작업", "제2작업", "제3작업", "제4작업"이 되도록 할 것

수험번호 20253019   정답파일 PART 04 실전 모의고사₩실전09회_정답.xlsx

▶합격 강의

제 1 작업   표 서식 작성 및 값 계산   240점

다음은 '사원 실비보험 가입 현황'에 대한 자료이다. 자료를 입력하고 조건에 맞도록 작업하시오.

출력형태

사원 실비보험 가입 현황

사원코드	사원명	생년월일	가입연수	구분	월 보험료 (단위:원)	자기부담금 (치료시)	근무지	나이
SK8-122	정은지	1982-04-12	14	단체	43,600	10,000	(1)	(2)
DP8-234	성희도	1979-03-16	7	가족	50,000	5,000	(1)	(2)
EP7-145	안영자	1984-01-07	8	가족	109,000	11,500	(1)	(2)
SP7-165	금희윤	1976-05-14	9	개인	26,000	10,000	(1)	(2)
DP7-221	박승호	1991-08-15	11	단체	57,000	5,000	(1)	(2)
EP8-145	정재량	1990-12-03	6	개인	82,000	5,000	(1)	(2)
DP6-288	이승아	1989-09-19	10	가족	32,000	12,000	(1)	(2)
EP6-137	김지호	1985-04-08	12	개인	25,000	10,000	(1)	(2)
월 보험료(단위:원) 최고 금액			(3)		단체 가입자 수			(5)
10년 이상된 가입자 수			(4)		사원코드	SK8-122	가입연수	(6)

결재 담당 팀장 센터장

조건

- 모든 데이터의 서식에는 글꼴(굴림, 11pt), 정렬은 숫자 및 회계 서식은 오른쪽 정렬, 나머지 서식은 가운데 정렬로 작성하며 예외적인 것은 《출력형태》를 참조하시오.
- 제목 ⇒ 도형(십자형)과 그림자(오프셋 오른쪽)를 이용하여 작성하고 "사원 실비보험 가입 현황"을 입력한 후 다음 서식을 적용하시오(글꼴 – 굴림, 24pt, 검정, 굵게, 채우기 – 노랑).
- 임의의 셀에 결재란을 작성하여 그림으로 복사 기능을 이용하여 붙이기 하시오(단, 원본 삭제).
- 「B4:J4, G14, I14」 영역은 '주황'으로 채우기 하시오.
- 유효성 검사를 이용하여 「H14」 셀에 사원코드(「B5:B12」 영역)가 선택 표시되도록 하시오.
- 셀 서식 ⇒ 「H5:H12」 영역에 셀 서식을 이용하여 숫자 뒤에 '원'을 표시하시오(예 : 10,000원).
- 「G5:G12」 영역에 대해 '보험료'로 이름정의를 하시오.

(1)~(6) 셀은 반드시 <u>주어진 함수</u>를 이용하여 값을 구하시오(결과값을 직접 입력하면 해당 셀은 0점 처리됨).

(1) 근무지 ⇒ 사원코드의 첫 번째 글자가 S이면 '본부', D이면 '연수원', 그 외에는 '센터'로 구하시오. (IF, LEFT 함수).

(2) 나이 ⇒ 「현재 시스템의 연도 – 생년월일의 연도」로 구하시오(TODAY, YEAR 함수).

(3) 월 보험료(단위:원) 최고 금액 ⇒ 정의된 이름(보험료)을 이용하여 구하시오(MAX 함수).

(4) 10년 이상된 가입자 수 ⇒ 가입연수가 10 이상인 수를 구한 결과값 뒤에 '명'을 붙이시오 (COUNTIF 함수, & 연산자)(예 : 2명).

(5) 단체 가입자 수 ⇒ 조건은 입력 데이터를 이용하시오(DCOUNTA 함수).

(6) 가입연수 ⇒ 「H14」 셀에서 선택한 사원코드에 대한 가입연수를 구하시오(VLOOKUP 함수).

(7) 조건부 서식의 수식을 이용하여 가입연수가 '10' 이상인 행 전체에 다음의 서식을 적용하시오 (글꼴 : 파랑, 굵게).

"제1작업" 시트의 「B4:H12」 영역을 복사하여 "제2작업" 시트의 「B2」 셀부터 모두 붙여넣기를 한 후 다음의 조건과 같이 작업하시오.

조건	
	(1) 고급 필터 – 생년월일이 '1990–01–01' 이후(해당일 포함)이거나 구분이 '단체'인 자료의 사원코드, 가입연수, 월 보험료(단위:원), 자기부담금(치료시) 데이터만 추출하시오. 　　　　　　– 조건 범위 : 「B14」 셀부터 입력하시오. 　　　　　　– 복사 위치 : 「B18」 셀부터 나타나도록 하시오. (2) 표 서식 – 고급필터의 결과셀을 채우기 없음으로 설정한 후 '표 스타일 보통 7'의 서식을 적용하시오. 　　　　　　– 머리글 행, 줄무늬 행을 적용하시오.

"제1작업" 시트를 이용하여 "제3작업" 시트에 조건에 따라 ≪출력형태≫와 같이 작업하시오.

조건	
	(1) 가입연수 및 구분별 사원명의 개수와 월 보험료(단위:원)의 평균을 구하시오. (2) 가입연수를 그룹화하고, 구분을 ≪출력형태≫와 같이 정렬하시오. (3) 레이블이 있는 셀 병합 및 가운데 맞춤 적용 및 빈 셀은 '＊＊＊'로 표시하시오. (4) 행의 총합계는 지우고, 나머지 사항은 ≪출력형태≫에 맞게 작성하시오.

출력형태

A	B	C	D	E	F	G	H
		구분					
		단체		개인		가족	
	가입연수	개수 : 사원명	평균 : 월 보험료(단위:원)	개수 : 사원명	평균 : 월 보험료(단위:원)	개수 : 사원명	평균 : 월 보험료(단위:원)
	6-8	＊＊＊	＊＊＊	1	82,000	2	79,500
	9-11	1	57,000	1	26,000	1	32,000
	12-14	1	43,600	1	25,000	＊＊＊	＊＊＊
	총합계	2	50,300	3	44,333	3	63,667

"제1작업" 시트를 이용하여 조건에 따라 ≪출력형태≫와 같이 작업하시오.

조건	
	(1) 차트 종류 ⇒ 〈묶은 세로 막대형〉으로 작업하시오.
	(2) 데이터 범위 ⇒ "제1작업" 시트의 내용을 이용하여 작업하시오.
	(3) 위치 ⇒ "새 시트"로 이동하고, "제4작업"으로 시트 이름을 바꾸시오.
	(4) 차트 디자인 도구 ⇒ 레이아웃 3, 스타일 1을 선택하여 ≪출력형태≫에 맞게 작업하시오.
	(5) 영역 서식 ⇒ 차트 : 글꼴(굴림, 11pt), 채우기 효과(질감 – 분홍 박엽지)
	그림 : 채우기(흰색, 배경1)
	(6) 제목 서식 ⇒ 차트 제목 : 글꼴(굴림, 굵게, 20pt), 채우기(흰색, 배경1), 테두리
	(7) 서식 ⇒ 가입연수 계열의 차트 종류를 〈표식이 있는 꺾은선형〉으로 변경한 후 보조 축으로 지정하시오.
	계열 : ≪출력형태≫를 참조하여 표식(세모, 크기 10)과 레이블 값을 표시하시오.
	눈금선 : 선 스타일 – 파선
	축 : ≪출력형태≫를 참조하시오.
	(8) 범례 ⇒ 범례명을 변경하고 ≪출력형태≫를 참조하시오.
	(9) 도형 ⇒ '모서리가 둥근 사각형 설명선'을 삽입한 후 ≪출력형태≫와 같이 내용을 입력하시오.
	(10) 나머지 사항은 ≪출력형태≫에 맞게 작성하시오.

출력형태	
	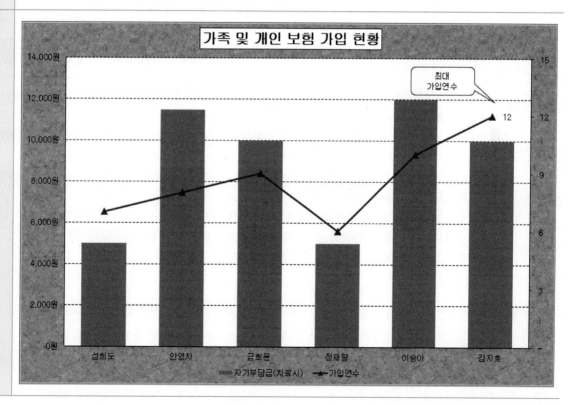

주의 시트명 순서가 차례대로 "제1작업", "제2작업", "제3작업", "제4작업"이 되도록 할 것

실전 모의고사 10회

수험번호 20253020 **정답파일** PART 04 실전 모의고사₩실전10회_정답.xlsx

제 1 작업　표 서식 작성 및 값 계산　　　　　　　　　　240점

다음은 '세계의 마천루 빌딩 현황'에 대한 자료이다. 자료를 입력하고 조건에 맞도록 작업하시오.

출력형태

건물코드	건물명	주요 용도	완공 연도	높이	층수	연면적 (제곱미터)	순위	지역
FC-452	CTF 빌딩	사무/호텔	2015년	530	111	398,000	(1)	(2)
TC-143	제1 세계무역센터	사무/관광	2013년	541	108	325,279	(1)	(2)
PA-212	평안 국제금융센터	사무/호텔	2017년	599	115	385,918	(1)	(2)
SH-122	상하이 타워	사무/관광	2015년	632	128	380,000	(1)	(2)
BR-341	부르즈 할리파	사무/호텔/주거	2010년	830	130	344,000	(1)	(2)
AB-211	아브라즈 알 바이트	사무/호텔/주거	2012년	601	120	310,638	(1)	(2)
TC-422	타이베이 101	사무/관광	2004년	509	101	412,500	(1)	(2)
LT-102	롯데월드타워	사무/호텔/주거	2016년	556	123	328,351	(1)	(2)
주요 용도에 호텔이 포함된 건물의 개수			(3)			최대 연면적(제곱미터)		(5)
아브라즈 알 바이트의 층수			(4)		건물명	CTF 빌딩	연면적 (제곱미터)	(6)

상단 우측 확인란: 확인 / 담당 / 팀장 / 부장

제목 도형: **세계의 마천루 빌딩 현황**

조건

- 모든 데이터의 서식에는 글꼴(굴림, 11pt), 정렬은 숫자 및 회계 서식은 오른쪽 정렬, 나머지 서식은 가운데 정렬로 작성하며 예외적인 것은 ≪출력형태≫를 참조하시오.
- 제목 ⇒ 도형(육각형)과 그림자(오프셋 오른쪽)를 이용하여 작성하고 "세계의 마천루 빌딩 현황"을 입력한 후 다음 서식을 적용하시오(글꼴 – 굴림, 24pt, 검정, 굵게, 채우기 – 노랑).
- 임의의 셀에 결재란을 작성하여 그림으로 복사 기능을 이용하여 붙이기 하시오(단, 원본 삭제).
- 「B4:J4, G14, I14」 영역은 '주황'으로 채우기 하시오.
- 유효성 검사를 이용하여 「H14」 셀에 건물명(「C5:C12」 영역)이 선택 표시되도록 하시오.
- 셀 서식 ⇒ 「F5:F12」 영역에 셀 서식을 이용하여 숫자 뒤에 'm'를 표시하시오(예 : 530m).
- 「D5:D12」 영역에 대해 '용도'로 이름정의를 하시오.

(1)~(6) 셀은 반드시 주어진 함수를 이용하여 값을 구하시오(결과값을 직접 입력하면 해당 셀은 0점 처리됨).

(1) 순위 ⇒ 높이의 내림차순 순위를 구한 결과값에 '위'를 붙이시오(RANK.EQ 함수, & 연산자)(예 : 1위).

(2) 지역 ⇒ 건물코드의 마지막 글자가 1이면 '서아시아', 2이면 '동아시아', 3이면 '미주'로 구하시오. (CHOOSE, RIGHT 함수).

(3) 주요 용도에 호텔이 포함된 건물의 개수 ⇒ 정의된 이름(용도)을 이용하여 구하시오(COUNTIF 함수).

(4) 아브라즈 알 바이트의 층수 ⇒ (INDEX, MATCH 함수)

(5) 최대 연면적(제곱미터) ⇒ (MAX 함수)

(6) 연면적(제곱미터) ⇒ 「H14」 셀에서 선택한 건물명에 대한 연면적(제곱미터)를 구하시오(VLOOKUP 함수).

(7) 조건부 서식의 수식을 이용하여 연면적(제곱미터)이 '380,000' 이상인 행 전체에 다음의 서식을 적용하시오 (글꼴 : 파랑, 굵게).

"제1작업" 시트의 「B4:H12」 영역을 복사하여 "제2작업" 시트의 「B2」 셀부터 모두 붙여넣기를 한 후 다음의 조건과 같이 작업하시오.

조건	(1) 목표값 찾기 – 「B11:G11」 셀을 병합하여 "연면적(제곱미터)의 전체 평균"을 입력한 후 「H11」 셀에 연면적(제곱미터)의 전체 평균을 구하시오(AVERAGE 함수, 테두리, 가운데 맞춤).
	– '연면적(제곱미터)의 전체 평균'이 '361,000'가 되려면 CTF 빌딩의 연면적(제곱미터)이 얼마가 되어야 하는지 목표값을 구하시오.
	(2) 고급필터 – 건물코드가 'T'로 시작하거나 높이가 '800' 이상인 자료의 건물명, 높이, 층수, 연면적(제곱미터) 데이터만 추출하시오.
	– 조건 범위 : 「B14」 셀부터 입력하시오.
	– 복사 위치 : 「B18」 셀부터 나타나도록 하시오.

"제1작업" 시트의 「B4:H12」 영역을 복사하여 "제3작업" 시트의 「B2」 셀부터 모두 붙여넣기를 한 후 다음의 조건과 같이 작업하시오.

조건	(1) 부분합 – ≪출력형태≫처럼 정렬하고, 건물명의 개수와 연면적(제곱미터)의 평균을 구하시오.
	(2) 개요【윤곽】 – 지우시오.
	(3) 나머지 사항은 ≪출력형태≫에 맞게 작성하시오.

출력형태

A	B	C	D	E	F	G	H
1							
2	건물코드	건물명	주요 용도	완공 연도	높이	층수	연면적 (제곱미터)
3	BR-341	부르즈 할리파	사무/호텔/주거	2010년	830m	130	344,000
4	AB-211	아브라즈 알 바이트	사무/호텔/주거	2012년	601m	120	310,638
5	LT-102	롯데월드타워	사무/호텔/주거	2016년	556m	123	328,351
6			사무/호텔/주거 평균				327,663
7		3	사무/호텔/주거 개수				
8	FC-452	CTF 빌딩	사무/호텔	2015년	530m	111	398,000
9	PA-212	핑안 국제금융센터	사무/호텔	2017년	599m	115	385,918
10			사무/호텔 평균				391,959
11		2	사무/호텔 개수				
12	TC-143	제1 세계무역센터	사무/관광	2013년	541m	108	325,279
13	SH-122	상하이 타워	사무/관광	2015년	632m	128	380,000
14	TC-422	타이베이 101	사무/관광	2004년	509m	101	412,500
15			사무/관광 평균				372,593
16		3	사무/관광 개수				
17			전체 평균				360,586
18		8	전체 개수				
19							

"제1작업" 시트를 이용하여 조건에 따라 ≪출력형태≫와 같이 작업하시오.

조건	
	(1) 차트 종류 ⇒ 〈묶은 세로 막대형〉으로 작업하시오.
	(2) 데이터 범위 ⇒ "제1작업" 시트의 내용을 이용하여 작업하시오.
	(3) 위치 ⇒ "새 시트"로 이동하고, "제4작업"으로 시트 이름을 바꾸시오.
	(4) 차트 디자인 도구 ⇒ 레이아웃 3, 스타일 1을 선택하여 ≪출력형태≫에 맞게 작업하시오.
	(5) 영역 서식 ⇒ 차트 : 글꼴(굴림, 11pt), 채우기 효과(질감 – 파랑 박엽지)
	그림 : 채우기(흰색, 배경1)
	(6) 제목 서식 ⇒ 차트 제목 : 글꼴(굴림, 굵게, 20pt), 채우기(흰색, 배경1), 테두리
	(7) 서식 ⇒ 높이 계열의 차트 종류를 〈표식이 있는 꺾은선형〉으로 변경한 후 보조 축으로 지정하시오.
	계열 : ≪출력형태≫를 참조하여 표식(세모, 크기 10)과 레이블 값을 표시하시오.
	눈금선 : 선 스타일 – 파선
	축 : ≪출력형태≫를 참조하시오.
	(8) 범례 ⇒ 범례명을 변경하고 ≪출력형태≫를 참조하시오.
	(9) 도형 ⇒ '모서리가 둥근 사각형 설명선'을 삽입한 후 ≪출력형태≫와 같이 내용을 입력하시오.
	(10) 나머지 사항은 ≪출력형태≫에 맞게 작성하시오.

출력형태	

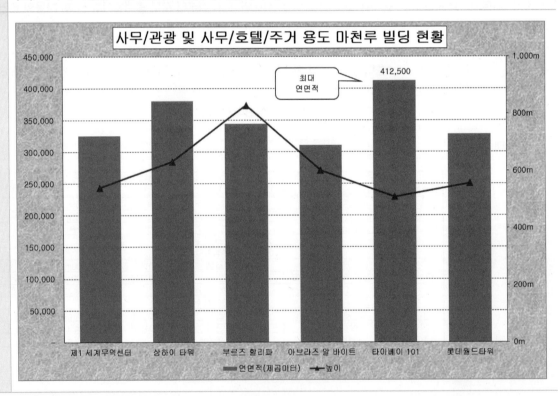

주의 시트명 순서가 차례대로 "제1작업", "제2작업", "제3작업", "제4작업"이 되도록 할 것

자격증은 이기적!

합격입니다.

MEMO

MEMO

MEMO